Sie haben sich für dieses Buch entschieden?
Danke – in der Hoffnung, dass Sie es nicht bereuen..
Denn es ist kein Kuschel–Buch.
Es kann verletzen, betroffen machen..
Weder Fakten noch Sprache sind geschönt.

Wichtige Anmerkungen zum Titel:

POLITIK MACHT nicht grundsätzlich WUT, logisch!
Die Provokation ist dem Autor also bewusst, genauso wie
die Tatsache, dass Politik und Macht alias Verantwortung
unverzichtbar sind. Betonung liegt auf Verantwortung.
Oder – dass er, der Autor auch selbst immer wieder Macht
übt – und Wut oder Resignation auslöst.
Also dass wir alle unsere Fehler haben ...

Die Gesinnung hinter diesen Fehlern jedoch ist entscheidend.
Denn aus kranker Gesinnung heraus entwickelt sich
zwangsläufig Zerstörung – wie im Projekt ausgearbeitet.

Vielleicht war es noch nie anders? Aber globale Probleme
erfordern Änderung. Und wissenschaftliche Erkenntnisse
machen Änderungen möglich.
Aus Fehlern nicht lernen – heißt Stillstand!

D1726732

Ein Fehler des Autors z.B. war, zu früh den Titel für Teil 1
LIEBE'.
Die Provokation mittels WUT ist zutreffender für das verwirrend komplexe, oft kranke
Geschehen in unserer Gesellschaft.

Lebenserfahrungen – acht Jahrzehnte Irrtum

jm olbrich

GAUNER DER MACHT II
SEELENMORDE

Projekt Teil 2

POLITIK MACHT WUT
oder
DUMMHEIT DER INTELLIGENZ

Überall – auch unter Christen -
werden Schwache mit Selbstverständnis benutzt,
um Starke stärker zu machen.
Demnach ist
unsoziales, unchristliches Verhalten 'normal',
wenn auch - logischer Weise - nicht intelligent.

Doch nur wer genau hinschaut,
erkennt die Dummheit selbst ernannter Eliten.

© Johannes-Maria Olbrich
Text und Bild
www.seelenmorde.de

Printed in Germany 2013
ISBN: 9783732256662
Herstellung und Verlag: BoD – Books on Demand, Norderstedt

Pladoyer für die Schwachen*

Es ist nahezu unmöglich als Normalbürger nicht wütend zu werden angesichts der vielen Elite-Verfehlungen, angesichts des Gespürs für Arroganz der Macht, im Wissen um taktische Lügen, um Verdrehungen, um verbale Kurzsichtigkeit und - unverschämten Banker-Spott.
Und es ist auch nicht leicht, sachlich über die ungezählten Verfehlungen zu schreiben. - Ob Überheblichkeit von Großprojekten, Berlin, Stuttgart, Euro-Hawk, Pflegedesaster durch MDK-Willkür, ob illegales Abhören, Täuschungsmanöver der Lebensmittel- und Autoindustrie u.a., ob Ausbeutungsverhalten von Politik oder Wirtschaft - z.B. Banglasdesh, ob Terror Oslo, Erfurt, Winnenden usw.usw.. Man mag das alles gar nicht mehr in sich hineinlassen. Und dazu die andere politisch taktierende Behauptung: 'DEUTSCHLAND IST AUF EINEM GUTEN WEG!' -
Wer genau: *ausgegrenzte Jugendliche, jedes 5.Kind (weil arm), Kranke, Schwache – oder jene, die nicht wissen, wohin mit ihrem Geld?*
Deshalb ein Pladoyer für die Schwachen.
*Oder Gedanken über die **Dummheit überheblicher Intelligenz.***
Oder - über das noch Ungelernte. Oder über das, was offenbar kaum Chancen hat, gelernt zu werden:
Sozialempfinden, Sozialdenken - Sozialverhalten.
Nahezu alle zwischenmenschlichen Probleme haben ihren Ursprung in sozialer oder wenn man so will

IN CHRISTLICHER UNTERERNÄHRUNG.

Ob Sozialverhalten nun wirklich von Religionen abhängt oder nicht, erlernbar ist oder nicht, darauf versucht das Projekt GAUNER DER MACHT Antworten zu geben.
*GAUNER DER MACHT ist also eine Herausforderung an neues Denken und - eigentlich ein böses Buch. Mit einem Thema, das komplex und ungewöhnlich ist. Mit provozierenden, verwirrenden Fragen zur **NORMALITÄT DES UNNORMALEN.***

* Siehe auch Diskussions-Schrift SCHON MENSCH-NOCH AFFE, **ISBN:** 978-3-7309-3372-5

NORMALITÄT DES UNNORMALEN
Was soll das sein?

Ist es vielleicht ein Produkt aus

$$\begin{array}{ll} & \textbf{M}\text{oral}\textbf{M}\text{üll} \\ + & \textbf{M}\text{acht}\textbf{M}\text{issbrauch} \\ \hline = & \textbf{SUBTILE GEWALT?} \end{array}$$

Wenn ja - von wem wird dieser **'Müll SUBTILE GEWALT'** produziert: von **'schon Mensch'** oder **'noch Affe'?**

Ist Gewalt – ob subtil oder offen, psychisch oder physisch - Natur pur? Also normal? - Oder unormal?

Ist das Motto NORMALITÄT DES UNNORMALEN unsinnig?

Oder gibt es (weltweit) ein verleugnetes, sehr widersprüchlich verharmlostes 'Theater' um eine tückische, teuflische Gewalt? Wer ist Opfer, wer Täter - in diesem 'Welt-Theater'?

Gibt es einen Weg aus diesem Teufelskreis der Gewalt?

EIN ALLTÄGLICHER LIEBESAKT

Dargestellt am Beispiel Hundekot. Vielleicht auch eine Art Erklärung der göttlichen Vorsehung. - Oh, pardon, - unverschämt forsch diese Formulierung! ... Oder – vielleicht doch zutreffend?

Ein Hund erledigt sein Geschäft vor der Haustür des Nachbarn Marco. Herr Fiffik, das 'Herrchen' entsorgt den Kot seines Hundes ordnungsgemäß – und zwar nicht deshalb, weil er (durch des Nachbarn Wut oder gesetzlich pekuniär) bestraft werden könnte, sondern weil er den Anspruch auf Sauberkeit, folglich Marcos Rechte achtet; besser noch: den Menschen Marco selber achtet, dessen Würde, dessen Psyche achtet.

Und - vorausgesetzt Marco ist psychisch nicht geschädigt, strukturiert sich in dessen Hirn die Vorstellung (gemäß neurophysiologischer Erkenntnisse, Damasio u.a.): Fiffik ist ein rücksichtsvoller Mann. Dem musst du ebenfalls rücksichtsvoll begegnen. Mit Achtung, Respekt.

Aus diesen Gedanken heraus entwickelt sich eine Art Intuition (oder Vorsehung) in Marcos Hirn: *Da kommt Fiffik mit seinem Hund. Denen kannst du vertrauen.*

Dieses alltägliche Ereignis ist – durch die Brille des MITEINAN-DER – letztlich ein Liebesakt - vorausgesetzt, die Vorstellung von Liebe basiert nicht auf Kopulation, Sex, Erotik.

Wenn außerdem in der genannten Vorstellung (also gedanklich) GOTT die Eigenschaft LIEBE ist, also nicht eine imaginäre Figur, wird jener Liebesakt zum göttlichen Akt und die oben angesprochene VORSEHUNG zur göttlichen Vorsehung.

Ist an diesem Denkmuster etwas falsch? Oder trifft es zu?

Vielleicht stellen Sie sich das Ereignis mal genau entgegengesetzt vor: Fiffik entsorgt den Kot nicht, und Nachbar Marco ist psychisch ohnedies schon angekratzt …

Ist die Achtung vor dem anderen im Sinn von LIEBE, GOTT, MITEINANDER – wirklich so schwer zu realisieren?
Oder nur dann schwer (und das zu häufig), wenn das Innenleben (die Psyche) der Akteure geschädigt ist – durch Überheblichkeit, Arroganz (Machtgier), Erniedrigung, Missachtung (Frust). Überlastung, Zeitdruck (Stress).

Und was machen wir – *Wie es da drinnen aussieht, geht niemand was an.* **Und falls wir mal richtig sündigen (und wer tut das nicht gelegentlich), da ist noch Gott, der Barmherzige. Die Beichte wird es schon richten (Katholiken-Mentalität).**

Und auch andere ('Ungläubige') sehen selten über den Tellerrand ihrer Weltanschauung hinaus, stützen sich auf veraltete, überholte Sittenregeln und zementieren permanent eine Moral der Macht. Also des ÜBEREINANDER (u.a. auch der Vatikan).

WER HAT MAGRET F. GETÖTET?
(Magret F. - Zwillingschwester der Protagonistin, Buch I)

Sie starb mit 62.
Sie starb schnell.
Sie starb in der Wohnung ihrer Tante mütterlicherseits.
Die Staatsanwaltschaft ordnete Obduktion an.
Ergebnis: Hirnblutung.
Magret F. hatte keine Chance!
Ein 'normaler' Tod
– so schien es zunächst: Schicksal! -
Oder - ein Netz vermeidbarer Stressoren dahinter?
Könnte sie noch leben wie ihre Zwillingssschwester
- ebenfalls Hirnblutung ?

AUSUFERNDER REICHTUM – WARUM?

LEID fühlen
steht keineswegs an oberster Stelle
auf der Werteskala menschlichen Daseins.
Im Gegenteil:
Die NATUR DES MENSCHEN benötigt
für ein gesundes Leben -
WOHLfühlen.

Die Evolution hat in uns Menschen – und zwar in jedem – ob reich ob arm – eine Besonderheit wachsen lassen (und zwar deutlich ausgeprägter als in jedem anderen Wirbeltier): die **PSYCHE**. Es ist jenes NEUROPHYSIOLOGISCHE GESCHEHEN, jener Prozess, der in der katholischen Sittenlehre/Katechismus, wie ich es deute, mit MENSCHLICHER NATUR umschrieben wird.
Und wenn die Sittenlehre das tatsächlich so meint – anderes kann ich nicht erkennen – dann 'sündigt' der Vatikan und das wie bekannt seit knapp zweitausend Jahren.

PSYCHE - jenes neurophysiologische Geschehen - ist, vereinfacht formuliert, im Normalfall ein Bündel aus zwei wesentlichen neurologischen Vorgängen im Gehirn: einerseits EMPFINDUNGEN, andererseits VERNUNFT *(entlang eines Kontinuums, Damasio)*, also genau in dieser Reihenfolge: Erst EMPFINDUNG (Emotion, Gefühl), dann VERNUNFT (Verstand, Ratio).
PSYCHE steuert tatsächlich - obwohl das schwer zu akzeptieren ist – in der Regel <u>maßgeblich</u> und <u>primär</u> das Verhalten jedes Individuums – selbst von total 'verkopften' Menschen.

Dieser von der Natur, chronologisch begründet, vorgegebene Verlauf ist deshalb schwer zu akzeptieren, weil er in Millisekunden abläuft, für die wir Menschen zwar keine Wahrnehmung haben. Doch wer sich mit diesem Thema beschäftigt, stößt zwingend auf diese wesentliche Gesetzmäßigkeit.

Die für Menschen typische und hoch entwickelte PSYCHE benötigt logischer Weise wie alles Lebende auch 'Nahrung'. Und 'psychische Nahrung' wird auf der Basis biochemischer Prozesse durch zwischenmenschliche Beziehungen (Sozial-Verhalten) 'eingespeist' – in der Bandbreite von positiv bis negativ.

> **BANGLADESH:** Ein Hochhaus stürzt ein, über tausend Tote. Mitmenschen, Artgenossen - erbärmlich unter Trümmern verreckt ...
> **BUNDESREPUBLIK:** Eine halbseitig gelähmte Frau spürt unerträgliche Schmerzen - in einem Land mit guter ärztlicher Versorgung ...

Noch streitet die Wissenschaft um die Antwort zur Frage 'ab wann menschliches Leben entsteht?' (Stammzellen-Disput).
Gleichberechtigt jedoch auch die Frage: 'Ab wann wird es inhuman, Menschen leiden zu lassen?' Etwa durch profit- alias machtgierige Entscheidungen.
Und: Wer entscheidet, ab wann Leid einsetzt?
Wer entscheidet, ab wann und wo es gelindert wird?
Unter Umständen bleibt ein Patient am Wochenende unter 'Trümmern einer kurzsichtigen Gesundheits-Politik' unterversorgt mit unerträglichen Schmerzen in der überlasteten Notaufnahme erst mal liegen. Und in der christlich humanen Gesellschaft wühlt niemand wirklich unter Bürokraten-Trümmern, um diesen Missstand einer Gesundheitsreform abzustellen. Zeitmangel, Geldmangel, Überforderung: Zynismus oder Realität? (Schließlich gibt es weitaus schlechtere Systeme. - Also ist dieses System gut?)
Andererseits 'BRD-Sintflut 2013': Ungezählte Menschen packen freiwillig an - und einige wenige 'machen sich vor Ort selbst ein Bild' - und dazu 'schöne Worte' alias Versprechungen.
Einerseits naturgemachte Probleme – fast nicht beeinflussbar, anderseits hausgemachtes Leid. Dort wie gesagt: Zeitmangel, Überforderung, auch Gleichgültigkeit – aber aus Überforderung oft.
Dazu allerdings das Kernproblem im Hausgemachten: die Lobby-Interessen: Geld über alles und allem: das Wichtigste! Rentabilität STATT Humanität! – Und wer wird jetzt nicht sagen: So einfach

ist das Leben nicht. - Das Leben leider nicht, der Lösungsansatz aber ja, der ist so einfach: Rentabilität DURCH Humanität.

Vielleicht wären - als fassbares Beispiel - 20 % mehr Geld auch 20 % mehr Zeit für richtige Diagnosen, für rechtzeitige Hilfe, geringere Spätfolgekosten inklusive. OK: 20 % mehr für Pflegekräfte summiert sich, logisch. Andererseits: Milliarden für kranke Banken? Für kranke Krankenhäuser Peanuts? Allein diese Gegenüberstellung beweist schon, dass Physis der Gesellschaft mehr bedeutet als Psyche alias die NATUR DES MENSCHEN, um die politische Entscheidungsträger (von Ausnahmen abgesehen) jedoch nicht so sehr kämpfen wie um Machterhalt: Gefühle steuern nun mal das Verhalten, Psyche dominiert. Und Politiker beschweren sich, wenn man Luschen dieser Art für unwillig, überheblich, gar unfähig hält. Menschen, die keinerlei Ahnung haben, welche psychische Last auf Kranken und Pflegepersonal liegt.

Für mich also ist logisch: Nach meinen bescheidenen Kenntnissen darf die Frage, ab wann menschliches Leben und Leid entstehen, primär nicht über die physische, also 'materielle' Schiene beantwortet werden. Lösungen müssen grundsätzlich über die Psyche (NATUR DES MENSCHEN) gesucht werden, soll Versorgung wirklich human werden. Die Staatsgewalt, verantwortlich für das Wohl der Bürger, dürfte Gier (Bangladesh) und Planungsfehler ärztlicher Wochenendversorgung (Gesundheitsreform) - wenn auch in der Auswirkung nicht vergleichbar - gar nicht erst zulassen.

Alle ethischen Fragen und Probleme müssten tatsächlich primär über die psychische Schiene diskutiert und gelöst werden. - Primär 'materielle' Antworten auf die vielen Probleme können nicht funktionieren (und 'materiell' allein erst recht nicht, auch wenn vom Geld viel abhängt), eben weil – chronologisch vorher - immer schon die Psyche mitspielt – in Millisekunden vorher.

Und genau auch deshalb hängt WOHLFÜHLEN – zwar ein subjektives Empfinden – nicht, wie das derzeitige Bewusstsein uns vorgaukelt, hauptsächlich von der 'Nahrung Geld' (Besitz) ab, sondern von ANERKENNUNG (Gleichwertigkeit, Achtung voreinander: psychische Prozesse, ein Bewusstsein, das die lebensnotwendige 'Umfairteilung' leichter machen würde) – denn der Anspruch auf unverzichtbare materielle Grund-Versorgung besteht nun mal selbstverständlich, und zwar weltweit: Nahrung, Kleidung, Wohnung (also u.a. korrekt belohnte Arbeit, ausreichender Wohnraum - in Summe Gesundheit).

Zwar sind subjektives Wunsch-Verhalten: Ruhm, Reichtum usw. auch psychisch gesteuert, jedoch Ziele mit einer Wertigkeit, die *anerzogen* (einprogrammiert) wurden, also nicht von der Natur vorgegeben sind (falsche Erziehung - ist die wahre Unzucht?).

> Nach Neurowissenschaftler Damasio und vielen anderen Experten ist das Gehirn ein Abbild des Organismus und umgekehrt, also wechselseitig voneinander abhängig. Somit ist Verhalten zum einen zwar die Folge aus **psychischen** und physischen Komponenten (Vernetzung); aber zum anderen eben abhängig von der Qualität der dominierenden Gefühlswelt.

Diese Gefühlswelten werden seit undenklichen Zeiten überwiegend – und das mit wachsender Tendenz – jedoch materiell programmiert (Siegerdenken: der Reichste, Beste, Schnellste), obwohl der eigentliche Wert die **Gleichwertigkeit der Artgenossen** ist (selbstlose Fluthilfe, Trümmerhilfe sprechende Beispiele).

Denn jeder Mensch möchte sich als wertvoll empfinden. Signale in Richtung Minderwertigkeit verbiegen das Bewusstsein.

*

Ein Mensch, der nach außen immer Haltung bewahren muss (Politiker, Manager usw.), baut an einer Hirnstruktur, die Empathie unterdrückt.

WIRKSAME 'SOZIALE ANSTECKUNG'

Neue Forschungen aus den USA zeigen

> *... Andere entscheiden mit, ob wir (an Gewicht) zunehmen, aufhören zu rauchen und <u>wie gut wir uns fühlen</u> – darunter auch Menschen, die wir persönlich gar nicht kennen.*
> *... die eigene Position in einem Netzwerk von Beziehungen bestimmt die Lebensgewohnheiten mit ...* Apotheken-Umschau März 2011

Anerkennung oder Missachtung – auch aus dem weiteren Umfeld - wirken nun mal erheblich auf die Psyche ein.
Die MENSCHLICHE NATUR benötigt folglich für eine gesunde Entwicklung ein artgerechtes Umfeld gleich menschenwürdiges Klima (also nicht nur Tiere im Zoo sind auf 'artgerecht' angewiesen, eigentlich jedes höhere Lebewesen).
Folgerichtig benötigt also auch jeder Arme, Schwache, Kranke ein (durchaus individuelles) Maß an positiven Empfindungen alias WOHLFÜHLEN, das beachtlicher Weise weit unter dem Level von Luxus liegt. Der pauschale Begriff ANERKENNUNG - dürfte dieses Gefühls-Bedürfnis inklusive ausreichender Grundversorgung treffend kennzeichnen.

> **Daraus resultiert: Jede MISSACHTUNG (Überheblichkeit) bedeutet eine Verletzung der Psyche - des neurophysiologischen Geschehens im Hirn mit Wirkung in den Körper hinein.**

Folglich ist tatsächlich jede Überheblichkeit – und zwar <u>jede</u> (kirchlich, politisch, finanziell) eine Verwundung der Psyche, also der MENSCHLICHEN NATUR – gleich welcher Farbe und welcher Religion die Natur ist. Einerseits sind den meisten Menschen Krieg, Unfälle, Katastrophen, Streit höchst zuwider? Nur eine kranke Minderheit ergötzt sich an Gewalt – auch subtiler Gewalt (Mobbing, Waffen für Kinder usw.). Andererseits leben wir dennoch ein contraproduktives (dummes) Programm, und tatsächlich gefördert auch durch den Vatikan, den Hauptverantwortlichen der westlichen Welt für Seelen- alias Psychenfragen.

Auch das 'Christentum' (32% der Weltbevölkerung) ist – von Ausnahmen abgesehen – tatsächlich durchsetzt von Heuchelei, Verfälschungen, Lügen, Überheblichkeit (= **MM** alias **M**oral**M**üll oder **M**acht**M**issbrauch = gesteuert zumeist von subtiler Gewalt contra Psyche, contra NATUR DES MENSCHEN). Das Christentum ist zwar durchsetzt von diesem **Multi-Fehlverhalten**, das bedauerlicher Weise allgemein tatsächlich (außerhalb von Katastrophen) als 'normal' gewertet wird - in Kirche, Politik, Wirtschaft, Werbung und - folgerichtig auch im Volk (Motto: So ist das Leben, so ist der Mensch). Dazu die Schuldverschiebung von oben nach unten (das Volk will es so).

Aber ist dieses Verhalten wirklich 'Natur'? Also Genetisch gesteuert? Hunger, Durst – ja! Sicher aber nicht die immer häufiger zu beobachtende ausufernde Gier, Schwächere zu demütigen, auszubeuten (Mobbing schon in Schulen)?

Was ist der Motor dieses – trotz guten Willens – oft widersinnigen Verhaltens, das 'epigenetisch' gewachsen' ist.**

Wer Friedlichkeit will, muss Verletzungen der Psyche vermeiden. Den eigenen Willen schwächeren Individuen aufzwingen (nach M. Weber,) bedeutet nun mal Verletzung – sobald sich Individuen dem nicht entziehen können.

Denn

+ Psyche ist verletzlich, wenn auch individuell sehr unterschiedlich verletzlich.

+ Durch **M**acht**M**issbrauch (Überheblichkeit, Arroganz usw.) wird Psyche zwar oft unerkannt, also 'nur' schleichend gestört, jedoch oft erheblich verletzt – oder zerstört - und mehr als allgemein bewusst wird.

** Epigenetik bezeichnet den Einfluss äußerer Signale, die sich über mehrere Generationen hinweg in den Genen verankern, also auch genetisch wirksam werden.

+ Die Folgen: Kriege - von Gartenzaun über Klinik, Betrieb bis Schlachtfeld - werden uns täglich vor Augen geführt – deutlicher, schneller und häufiger als früher - dank Elektronik.

Übereinander ist immer verantwortungslose Macht (siehe auch DIE 'SÜNDE' DES VATIKAN - Schon Mensch oder noch Affe? E-book - ISBN: 978-3-7309-3372-5)

Da wir KLEINEN nun mal im Netz der Entscheidungsträger hängen, also abhängig sind auch von der **Überheblichkeit falscher Entscheidungen** (z.B. Eurohawk, DB), was offener oder auch subtiler Missachtung entspricht (alte Menschen aus Wohnungen ekeln uvm.) ist es widersinnig und teuflisch, die Schuld nach 'unten' zu verlagern (das Volk will es so). Beteiligt sind wir alle, ja, doch die steuernde Verantwortung liegt oben.

Und **M**acht**M**issbrauch agiert als Teufelskreis, weil dahinter ein Bewusstsein wirkt, das stört und letztlich zerstört. Brandherde alias Kriege aller Arten weltweit (Utøya, Boston, Bangladesh, Berlin Alexanderplatz uvm.). Wer das nicht sieht, will es nicht sehen.

> *Umdenken unverzichtbar!*
> *Ein neues Bewusstsein,*
> *eine friedliche Gesinnung,*
> *eine neue Sichtweise schaffen!*

NEUE SICHTWEISE - was ist das?

Was wäre, wenn wir die Psyche eines jeden Menschen sehen könnten – wie einen Film?

Etwa die akribischen Vorbereitungen eines Massenmörders (siehe Bluttaten der letzten Jahre)? Oder die Machtgier von Päpsten,

Kanzlern, Ministern; die Habsucht von Managern, Kollegen, Händlern, die Heimtücke eines Nachbarn, Ehepartners, die Hässlichkeit eines Mitschülers usw., usw..

Wäre eine solche Sicht-Fähigkeit entsetzlich – oder nützlich? Man bedenke, wie viel Leid z.B. zu verhindern wäre? Aber auch, wie viel Selbstjustiz gefördert würde ... Kurz: Die absolute Durchschaubarkeit menschlicher Psyche ist sicher nicht erstrebenswert.

Dennoch: Würden wir wenigstens einen Teil dessen rechtzeitig erkennen, was Menschen empfinden, würde manches Urteil, manches Verhalten gerechter, zutreffender ausfallen.

Trotz wissenschaftlicher Erkenntnisse in der Psychoneurologie tun wir jedoch mehr dafür, unser Innenleben zu tabuisieren – statt es zu öffnen - *Doch wie's da drinnen aussieht, geht niemand was an ...*

Geht uns das wirklich nichts an? Oder steckt hinter der Tabuisierung vielleicht ein überholtes - steinzeitliches Bewusstsein? Warum bringt der 165. Papst (Franziskus, Pontifikat-Beginn 2013) das Denken der Bescheidenheit durch sein Verhalten ins Bewusstsein? Warum seine Forderung: Achtung vor jedem Geschöpf?'

PR-Masche oder Überzeugung?

Und was hat das mit Psyche zu tun?

Wir Menschen können neben sehen, hören, riechen sogar fühlen und empfinden usw ...

ABER PSYCHE IST NICHT SICHTBAR

Logisch: Psyche selbst kann niemand sehen. Die Auswirkungen einer belasteten Psyche sind jedoch mehr als deutlich erkennbar. Und nicht nur durch mehr oder weniger extreme Gewalttaten: Amokläufe, Familiendramen usw.. Auch die Statisktik der Todesursachen ist ein Spiegel überlasteter Psychen. An erster Stelle der Todesursachen vor allem älterer Menschen (2011mit 41,2%) Herz- Kreislaufbelastungen. An zweiter Stelle Krebs.

Heute weiß jeder, dass beide Krankheitsarten nicht nur genetische Ursachen haben, sondern auch durch hausgemachte (also vermeidbare) Belastungen - Stressoren aller Art - verstärkt werden. Dabei wird fälschlicherweise sowohl Stressbelastung als auch -Verarbeitung dem Individuum zugeschoben. Die Hauptverursacher sitzen jedoch in den Entscheidungsschichten (herrschende Schicht), die das Gesellschaftsleben nicht stressfrei genug steuern. Etwa der von der Wirtschaft gesteuerte und von der Politik geduldete (Lobbyismus) Rentabilitätswahn. Slogan: Rentabilität **STATT** Humanität.

Die Möglichkeit zur individuellen Stressbewältigung ist jedenfalls aus verschiedenen Gründen weitaus geringer, als uns Normalbürgern von Lobbyisten weis gemacht wird.

60 000 TOTE PRO JAHR – IN ETWA

2010 wurden 41,1% tödliche Schlaganfälle amtlich registriert. Das entspricht grob 60 000 Toten und fast der Hälfte aller Sterbefälle eines Jahres.

Warum diese Häufigkeit des Sterbens durch Gefäßprobleme? Diese Frage dürfte u.a. auch, durch die Brille der Hirnphysiologie betrachtet, Antworten finden. Zumindest im Fall der 'Hauptfiguren' des Projekts. Eineiige Zwillinge: gleiche Gene, gleicher Schaden; jedoch unterschiedliche Stressoren: eine tot, eine lebt.

SIE, die noch Lebende – gerät 2005 nach einer schnellen und hervorragenden Stroke Unit fataler Weise in eine kümmerliche Klinik. Und nicht weil das Personal dort oberflächlich handelt oder aus Unmenschen besteht, sondern weil es für zu viele Kranke zu wenig Personal gibt. **RENTABILITÄT STATT HUMANITÄT**

Keine Frage: Es gibt viele Bemühungen im Sinn von sozialer Gerechtigkeit; angesichts der hohen demografischen Wandlung auch vieles Gute für Behinderte, Senioren usw. - Auf dem Papier jedenfalls. Doch in Praxi oft Würde verletzend. Denn jene positiven

Ansätze dürfen nicht darüber hinwegtäuschen, dass in noch zu großen Kreisen der Bevölkerung ein katastrophales Denken herrscht: AD – alt und doof, einbezogen alle Schwachen; Motto: Jeder ist seines Glückes Schmied, oder!

Das Schicksal Behinderter rückt zwar endlich immer öfter ins öffentliche Bewusstsein (Paralympics, London, eine gute Entwicklung); doch die Praxis bringt Gedankenlosigkeit, Unkenntnis, dümmliche Schwächen – und Arroganz der Macht ans Tageslicht. Auch Juristischer Macht. z.B.. Die Komplexität des Themas **M**acht**M**issbrauch ist so riesig, dass Tausende von Seiten nicht reichen würden, um auch nur die wesentlichsten Ursachen/Verfehlungen aufzulisten. Und diese Häufigkeit macht besorgt, was durch Schönreden von Fakten nicht wegzuwischen ist.

Und noch immer glauben zu viele - obwohl es zweifelsohne seriöse verantwortungsbewusste Politiker gibt - an die Integrität der Politik und Executive.

„Doch die sehen, haben nicht das sagen, und die das Sagen haben, sehen nicht". Golo Manns Feststellung fürs Mittelalter gilt leider auch heute noch.

Ohnmacht, Verzweiflung, Suizid-Förderung; Ausweglosigkeit treibt Menschen in den Suizid. Und die staatsgewaltliche 'Einlieferung' nach einem Suizid-Versuch ist typisches Merkmal für den Wahnsinn unseres veralteten Denkens. Prävention Fehlanzeige. Einsperren nach Verzweiflung. Oft bürokratisch feindliche Lebensanschauung contra alt, contra schwach? Contra Mensch. 'Löffel abgeben' z.B. (Phrase eines unbedarften Christdemokraten). **MM -** christliches Verhalten.

Trotz 'Marslandung' keine Akzeptanz der Erdkugel. Immer noch Scheibe im Hirn. Und Psyche nichts als Spinnerei, Träumerei. Bravo! Homo sapiens! Lustgefühle beschneiden, verteufeln gar, und Gewalt durch Waffengeschäfte fördern. Bravo! Homo sapiens!

Benötigen wir ein echtes, durchgreifendes soziales Bewusstsein oder benötigen wir nicht? Wäre ein solches Bewusstsein Friedens

förderlicher oder nicht? - Doch wohin mit der Gier nach Wettbewerb: der Schönste, Beste, Dümmste!
Wir haben leider kein Organ, MM zu erkennen – oder noch kein Organ dafür, um z.b. folgenden Unsinn wahrzunehmen:

> **Zdf-Meldung, 2013, USA**: Ballerspiele zunächst offiziell geprüft, klar, und dann diese Spiele für vierjährige Kinder freigegeben. Jedem Vernunftbegabten verschlägt es die Sprache. Selbst Obama, der mächtige Mann, ist ohnmächtig gegen die Unvernunft der Masse (sogenannte Freiheit). Privatpersonen rüsten auf durch Waffenkäufe (4 Mio um die Jahreswende 2012/13) Angst der Polizei vor fehlenden Patronen zu Übungszwecken wegen Hamsterkäufen uvm..

Wer macht sich wirklich über psychische Belastungen eine Vorstellung in einer Gesellschaft, die sich über Äußerlichkeiten definiert?

DUMMHEIT DER INTELLIGENZ … das ist also keineswegs ein Kokettieren mit Sprache. Im Gegenteil. Es meint jenen 'Schuss' durchs Hirn, der den Vorarbeiter Gage 1848 mittels einer Eisenstange vom liebenswerten Menschen zum Ekel 'geschossen' hat. Durch ein Loch in jenem Teil des Hirns, wo (offenbar) normalerweise das 'Programm' sozialer Intelligenz zur Verfügung steht. - Logisch: Dieses tragische Unglück mit den aktuellen Verhaltensweisen etlicher Manager und Chefs und Entscheidungsträger aller Schichten in Verbindung zu bringen, scheint verwegen.
*Durch die wahre Geschichte 'DENN LIEBE TICKT ANDERS' (Buch I.) und die Fortsetzung LAST DER LIEBE (Buch II) wird anhand vom Alltag-Leben deutlich, wie viele Probleme aus scheinbaren Nebensächlichkeiten alias **MM** entstehen und (besonders nachteilig für Kranke) eskalieren. Krankes Machtverhalten (ohne Verantwortung dahinter) bringt immer nur vordergründig und nur Minderheiten finanzielle Vorteile. Der Gesamtheit jedoch wird immer auch sehr viel finanzieller Schaden zufügt.*

Okay, Unterhaltungslektüre ist das weniger - und doch nicht ganz ohne Unterhaltungswert, vor allem dann, wenn dem Begriff 'Wert' auch soziales Bewusstsein beigemessen würde: etwa dass ein generelles Umdenken in der Gesellschaft unverzichtbar ist.

Vielleicht in der Tat RENTABILITÄT **DURCH** HUMANITÄT ...

Seele – das Zentrum - Körper – die Executive ...

juni 2013 jm olbrich

In diesem Buch GAUNER DER MACHT II –

POLITIK MACHT WUT
oder
Dummheit der Intelligenz?

2. BUCH

POLITIK MACHT WUT
oder
DUMMHEIT DER INTELLIGENZ

PROLOG

AUGENHÖHE BEDEUTET BEACHTUNG DER PSYCHE

SIE also 2005 Hirnblutung auf Leben und Tod. Stroke unit rettet. Dann reißt die Kette der Hilfen für SIE plötzlich ab. Politisch verursacht und unterstützt von vorauseilenden finanziellen Ängsten verschiedener Ärzte und Bürokraten. Überheblichkeit, Anpassung: unverantwortliches Machtverhalten! Wie bei IHR (und ungezählten anderen Opfern): ErstReha dreimal fast verdurstet. Abbruch erforderlich. Und danach so etwas wie eine psychische Hölle!

Zweifellos ist das Mittelalter, sind die Kreuzzüge brutaler gewesen. Zweifellos ist Gewalttätigkeit nicht mehr die früherer Zeiten. Es wäre auch entsetzlich, hätte die Menschheit absolut nichts gelernt.

Dennoch sollte die MUTATION VON PHYSISCHER ZU **PSYCHISCHER GEWALT** nicht übersehen und so früh wie nur möglich bewusst und gezielt geächtet werden. Denn jede Form von Gewalt schädigt die NATUR DES MENSCHEN.

Und was ist diese Natur? Wem ist das wirklich bewusst? Wie lange es gedauert hat, bis der Homo auch wirklich sapiens war, falls er es überhaupt schon ist (Loch im Hirn) uvm. - trotz technisch unglaublicher Errungenschaften. Was steckt hinter dem Begriff Gott? Oder hinter dem klangvollen Namen Koncupiszentia?

Warum starb Magret F.? Was hat letztlich ihren Tod beschleunigt? Und warum hat SIE – die Protagonistin dieser Geschichte – mehr als nötig leiden müssen? Und zusätzliche unnötige Kosten verursacht? Warum wohl? Warum leiden die einen – während andere prassen? Gibt es da Zusammenhänge, Abhängigkeiten, Wechselwirkungen? Ist wirklich jeder seines Glückes Schmied? Ist der Mensch an sich wirklich ein Raubtier: fressen – oder gefressen werden?

Ist unser Wissen über die Prozesse unserer Hirnmasse schon groß genug, um zutreffende Antworten geben zu können?

Wie verträgt sich das mit der Verachtung all derjenigen, die weniger Glück haben (oder nicht genügend Rücksichtslosigkeit aufbringen, sich nach oben zu boxen); mit der insgesamt öffentlich abwertenden Einstellung Schwachen gegenüber? Wie mit der Schönschreibung des Reichtumberichts 2012?

07.12.12, Meldung über zu viele vermeidbare Operationen. Warum z.B. 2010 eine fast aufgezwungene Bluttransfusion bei IHR. Zwar abgewehrt, aber Klinik-Verweis. Und Ärztekammer vertuscht. - Jeder ist seines Glückes Schmied: Schwache, Kranke, Behinderte – die besonders, oder? Krokodilstränen für diese Spezies, aber hallo!

Wer prägt diese wachsende altenfeindliche Lebensanschauung? Die Betroffenen? Oder die herrschende Schicht? Politische Schelte oder Geschwätz? Zu hart bewertet, oder trifft das die Realität weitaus genauer als politisches alexhithymes Phrasen-Dreschen? (Alexhithymie – Gefühlsarmut). Phrase = Allgemeinplatz, der jedoch seltener der Überzeugung des 'Täters' entspricht. Phrasen also gleich politische Taktik?

2 Lesermeinungen zur Griechenland-Debatte, 4.12.12 Spiegel online:
… So agieren heute die Euro-Heiligen und-Samariter allein und
glauben die Mehrheit hinter sich […]
… die zeigen, nämlich kein Verständnis für die desaströse Politik
dieser Regierung und Ihrer infantilen Art dies zu rechtfertigen …

Der Mensch der zivilisierten Welt lebt (heute oder schon immer?)
zwischen den Stühlen. Zwischen Caritas (lat. caritas = Hochach-
tung, uneigennütziges Wohlwollen. Und im Christentum die Bezeichnung für die tätige Nächstenliebe, Wohltätigkeit, wertschät-
zende, helfende Liebe) also zwischen Wertschätzung und Lügen,
Heuchelei. Schönfärberei usw..
Gauner der Macht plus Elniete-Politik, und die Mäuse tanzen auf
dem Tisch. 2,9 Milliarden hinterzogene Steuern. 2,9 Mia Mäuse
(Volksmund, in Griechenland vermutlich Ratten). *Okay, 2,9*
Milliarden, icke kann nich nachzählen, aba öhjenwatt is da
voller Schiet in Staats–Jehirne. Bürgschaften, Steuergelder:
für Ahmut von jriechische Milliardäre. Tätije Nächstenliebe.
Caritas, wa! Und rotzige Bänker–Arroganz, was tatsächlich
Dümlichkeit signalisiert.
Also irgend etwas stimmt da wirklich nicht. Redliche Normalbürger (auch Normalrentner) die Fehler von Elnieten ausbaden zu
lassen, dass ist doch irgendwie krank, oder nicht?
Okay, schwer durchschaubar ist Ausbeutung schon und in so
großem Stil kaum beweisbar. Also im Angebot ein griffigeres,
leichter vorstellbares Beispiel, zudem auch Tatsache (die Grundlage dieses Projekts):

Die oberflächliche Einschätzung zweier verantwortlicher
Ärzte, (Denkmuster 'Das wird nichts mehr') hat einer
Schlaganfall-Patientin einen inhumanen, unchristlichen
und das Sozialnetz sinnlos belastenden Leidensweg aufgezwungen. Und wie gesagt: Das ist Fakt, also nicht ausgedacht.

Einzelfall? - Vermutlich nicht. Die verantwortlichen Täter: ein Oberarzt und ein Chefarzt. Logisch: Da es sich bei der Patientin um die bessere Hälfte meines Lebens handelt – um SIE – würde ich liebend gern beide Ärzte ... Naja, abgesehen davon, dass ich jegliche Gewalt ablehne, ich weiß nun wirklich nicht ...

Staatsanwaltliche Reaktion 2012/2013: Betrugsvergehen - 600,-€ Vermögensschaden, der Täter staatsanwaltlich geschont, wörtliche Begründung: *... der Beschuldigte ist strafrechtlich bisher nicht in Erscheinung getreten. Der Schaden ist relativ gering. Es handelt sich vorrangig um eine zivilrechtliche Streitigkeit [...] Unter diesen Umständen wäre das Verschulden als gering anzusehen. Ein öffentliches Interesse an der Strafverfolgung besteht in diesem Fall nicht ...*

Mann, eh, Erhabener, Patientin is doch Hälfte von mir. Icke also Mordlust, logo. Aba Herr, ike weeß nu in echt nich, wie Staatsanwalts so een Doppelmord unta jenannte Gesichtspunkte bewerten würde. Na, icke zwar Täter, aba ick ...strafrechtlich bisher ooch nich in Erscheinung jetreten... *Da müsste doch - logisch jedacht – een Ermittlungsverfahren eingestellt werden. Zumal ooch der Schaden – zwee Sozial-Schädlinge runter von Hof – eher von positive Bedeutung wäre (zumal ooch Beerdigung privat jelöhnt werden muss). Ergo nix Schaden für'n Staat - Un sowieso: Abwendung von Schaden ist Verpflichtung humaner alias christlicher Staatsgewalt. Und wenn diese versagt – siehe oben - wäre doch* ...unter diesen Umständen mein Verschulden *(okay, ßwar een Doppelmord, jaaa, aba nützlich)* dennoch als gering anzusehen?... *Und sogar een Teil der staatsanwaltlichen Pflicht erledigt. Andererseits – o verzwickt, bestünde durchaus* ...ein öffentliches Interesse an der Strafverfolgung... *oder doch nich, ehmt weil et um ahme Ärzte und nicht um Harzt-IV-Kinder oder um Obdachlose oda Behinderte jeht? Villeicht könnt ick mir ooch nur uff* een Mord *beschränken, zumal, ick meene – ähm, beide*

24

Untaten geschickt so zu verkasematuckeln, dass der Doppelmord wie __eine__ Untat staatsanwaltschaftlich ausgelegt werden könnte (Zeit, Ort, Tatgegenstand).

Doch Scherz ade! Wie stufen wir folgendes ein, staatsanwaltlich betrachtet:

> *Alle Mädchen eines Kinderheims mit der in Deutschland einzigen therapeutischen Gruppe speziell für sexuell grenzverletzende Mädchen unter 14 Jahren haben andere Kinder, kleinere und schwächere, gegen deren Willen sexuell missbraucht - bis zum Geschlechtsverkehr. Eine 15-jährige verging sich schon als Achtjährige an anderen Kindern immer wieder sexuell. Ihre Mutter war gewalttätig, ihr Vater hat sie sexuell missbraucht. Sie selbst, sagt sie, verspürte Druck, Wut und Ärger, den sie so loswerden konnte.*

Warum wohl tanzen Mäuse immer wieder auf den Tischen? - Vielleicht weil doch Elniete-Bildung die wohl durchgreifenste Art von 'Bildung' ist? Hässliche, unerträgliche Gesinnung (Einbildung). - Okay, viele kompensieren Frust mit Machtgier (Geld). Und anderen stinkts. Wohl auch eine Frage des Alters, der Reife. Oder der Ohnmacht (wiederum Frage des Geldes).

Muss man sich wirklich noch wundern, wenn Linienrichter von 'Sportlern' zu Tode geprügelt werden (2012 Niederlande) oder Winnenden, Utøya, Newtown usw.? Wundern über die politischen Reaktionen – nein! Jedoch über das Entsetzen, über die Hilflosigkeit, über das Aussitzen, über das 'Weiter-so' , über Führungselite, die immer noch das Kapital stärkt und die Schwachen auf subtilste Weise schwächt. Wundern über Menschen, die nach wie vor an das Glücksschmieden glauben, die nicht wahrhaben wollen (oder können), welche Bedeutung die Erkenntnisse der Hirnforschung haben; die weiterhin durch 'Glauben' ihre Denkfähigkeit zuschütten. Beginnend mit der Normalisierung der Gewalt durch Medien, Politik, Wirtschaft. Gepflegt durch den ganzen Schlamassel des Irrglaubens der Macht – ohne Verantwortung. Irrglaube der Elnieten: Wirkliche Elite denkt anders. Doch wo gibt es die noch – angesichts von Korruption und Vetternwirtschaft? BRD an 13 Stelle der Skala. Nicht schlecht, Bestechlichkeit inklusive. Was läuft schief (oder ist schief gelaufen), dass ein sehr verkorkstes Bewusstsein die Gesellschaft bestimmt? - Gestörte Gefühlswelten. Unreife Gefühlswelten. Gierige Gefühlswelten, die fataler Weise als normal gewertet werden. ... Ihre Mutter war gewalttätig, ihr Vater hat sie sexuell missbraucht. Sie selbst, sagt sie, verspürte Druck, Wut und Ärger, den sie so loswerden konnte...

Passiert natürlich auch reichen Kindern. Wo aber eher und häufiger? Logo, das hat nichts mit Elnieten-Politik zu tun, oder? Also irres Denken dahinter. Oder einfach nur Akzeptanz von Tatsachen:

> Der Begriff Libido (lat. libido: „Begehren, Begierde" [...]stammt aus der Psychoanalyse und bezeichnet jene **psychische Energie**, die mit den Trieben der Sexualität verknüpft ist ... wiki.

Es gibt nicht nur sehr individuell unterschiedliche sexuelle Energien; sie werden auch von sehr unterschiedlichen Kanälen gespeist: von Bedürfnissen, Wünschen, Phantasien usw.; logisch, auch von individueller Neugier. - Und lassen sich alle diese subjektiven Kanäle durch Gebote oder Verbote wirklich steuern? In diesem Punkt liegt nach meiner Überzeugung die Ursache für die Entgleisungen von Sex, Gewalt, letztlich der Gefühlswelten.

> **Gestörte Gefühlswelten von immer mehr Menschen**
> Statt angesichts der enger werdenden Welt zum MITEINANDER (friedliche Gesinnung) zu erziehen, lebt die industrialisierte, kapitalisierte, vom Gewinndenken durchsetzte Gesellschaft das GEGENEINANDER. Permanent! -

Friedliche Gesinnung ergibt zwar nicht zwingend hohe Moral, dürfte aber effektiver sein als das Muster vergangener Jahrhunderte. Doch was tun wir: Wir stützen Gewinndenken, gieren danach und erlauben diesbezüglich jede Heuchelei, jede Lüge. Und schönen solches u.a. auch mit dem Begriff Werbung. Und glauben daran, dass es ohne dieses kein gutes Leben gibt.

Wer erkennt z.B. hinter dem Totprügeln des niederländischen Lininienrichters die eigentlichen Gründe? Wer die vom frühzeitigen Tod von Magret F.? Oder die vieler ungenannter Toter? Oder IHRE seelische Last, verstärkt durch das unbedachte Signal eines kurzsichtigen Arztes.

Vielleicht handeln 'Täter' gleich welcher Ebene in dem Glauben, es sei alles bestens geregelt, gesetzliche Vorgaben tragen den Bedürfnissen auch der Schwachen genügend Rechnung. Doch die Praxis sieht anders aus. Die Folgen Trostlosigkeit, was außerhalb der Welt der Kranken/Schwachen nur selten bemerkt wird. Und die meisten Betroffenen schweigen. Nur wenige spektakuläre Fälle kommen ans Tageslicht: werden kurz genannt, sind rasch vergessen. – Und Hölle angeblich Illusion. Wirklich? Das zu oft (alexhithyme) vom Alltag belastete Verhalten von Normalbürgern (z.B. belegen von Behinderten-Parkplätzen) erzeugt zwar keine Höllenqualen, aber belastet zusammen mit dem oft eiskalten Verhaltend der Entscheidungsschicht enorm.

2012 sagte ein TV-Kommissar (öffentlich): „Gott ist eine Illusion, die das Leben leichter gestaltet." Ergänzend: Gott ist jene Illusion, welche 'die Trostlosigkeit' (im weitesten Sinn Mobben) in ein erträgliches Leben umfärbt, für den, der glaubt. Viele, die im Sog bürokratischen Bewusstseins stecken, können nicht mehr glauben. Sie leiden, dulden und lassen sich von der Kurzsichtigkeit mancher politischer oder allgemeiner Aussagen einwickeln. Primitiv-Beispiel Herbst 2012: Meldung - Glücksatlas geboren! Unglaublich wichtige Meldung! - Jener Atlas, der klarmacht, wo die Zentren der Armen liegen – immerhin fast 14% in der BRD – den gibt es nicht. Oder: Wie viele Schwache täglich von der *Dummheit der Intelligenz* überrollt werden, auch dazu gibt es keinen Atlas. - Im Bewusstsein der Bürger Wohlstand, Gesundheit, Spaß? Und durchaus berechtigt, ohne Zweifel für eine größere Schicht. - Was allerdings gilt für Bürger mit Mini-Chancen? Nicht jeder kann ein Glücks-Schmied sein. Und ein 'bestimmtes materielles Glück' ist

in der globalen Gesellschaft längst unverzichtbar geworden. 8,- €
mehr für Hartz-IV-Bürger (2012), ein Kinoeintritt – für eine Person. Das ist diskriminierend. Und ein Oberhirte geniest derweil
seinen Luxusbau (Domberg, spiegel 22.08.12) oder Flüge nach Indien per Luxusklasse: Kirche oben. Materielles Glück für ihn
oben, oder wie oder was? *Logo, is ooch näher dran, der Kerl, an
Hümmel!*

Die 'Trostlosigkeit des grausamen Alltags' vor allem Behinderter,
kranker Menschen ist die Summe aus den vielen Nadelstichen
winziger Fehlentscheidungen und Fehleinschätzungen. Diese berechnend alexhithymen Stiche aus Bürokratie und Politik machen
Betroffenen das Leben wahrlich zur Hölle. Da ist die 'Illusion
Gott' echte Hilfe. Und das darf niemandem genommen werden.

Leider kräftigt diese barmherzige, verzeihende Illusion auch das
Reueverhalten der Spaßgesellschaft: Verlagerung der Eigenverantwortung auf Gottes Barmherzigkeit. - So ist das Leben, stellen
viele fest. Die meisten? Okay, so ist das Leben. Und wer das nicht
aushält, *hat kein Anrecht darauf.* Eine zynische, aber vor Jahren
tatsächlich öffentlich geäußerte, eine traurige Schlussfolgerung? -
Und unumkehrbar vielleicht?

Keineswegs, wenn auch mit Einschränkungen. Denn es gibt auch
eine andere Sichtweise der 'Illusion Gott', eine, die bedeutend klarer ist und viel leichter durchschaubar:

> LIEBE! Liebe ist keine Illusion, wenn LIEBE als Sozialverhalten, als
> Miteinander verstanden und gelebt wird. Wenn LIEBE als das, was sie
> wirklich ist, ins Bewusstsein dringt (also weit weg von Sex, Kommerz,
> Ausbeutung, Überheblichkeit, Gier usw), dann ist sie keine Illusion.
> Denn Liebe muss zwar Traurigkeit dulden, lässt jedoch niemals Trostlosigkeit zu.

Das zumindest hat IHR Schicksal, IHR Verhalten, das Leben von
uns dreien – SIE, Tochter und ich - seit dem Crash uns sehr deut-

lich mitgeteilt. Und diese Tatsache allein ist schon Grund genug, für soziales Verhalten immer und immer wieder zu streiten. Und zu schreiben – auch gegen überhebliche Ignoranz. Gegen die Arroganz der Macht. - Und natürlich gegen den eigenen „Schweinehund": Bequemlichkeit, Resignation, gegen den Satz: 'Hat ja doch alles keinen Sinn."

Denn dieses in der Tat, man darf ruhig sagen, verblödete Denken gründet viel zu häufig auf einer längst überholten, ururalten Sichtweise: auf jener, die Psyche grundsätzlich als Nebensache einstuft: Ob Fluglärm, monumentale Bauwerke mit unübersehbaren Kosten, Schlafmützigkeit im staatlichen Kontrollverhalten/Lebensmittel: in Summe ein Verhalten ohne Vernunft, ohne soziale Intelligenz, ohne Verantwortung für das ganze – inklusibe Psyche: typisches Elniete-Denken! Gestützt allerdings auch von der Schlafmützigkeit und Bequemlichkeit der Benutzten - mit oft naivem Glauben – und/oder ihrer Ohnmacht. Und Resignation. Und wem dieses Bild zu einfach erscheint, sollte vielleicht mal Ursache und Wirkung - rein chronologisch durchdenken!

> Das Beunruhigende ist, dass über den Weg der Seilschaft per MM ungerechte, inhumane, unsoziale Entscheidungen getroffen werden. Und damit wird das Problem zum politischen Problem.

Denn es ist nicht immer nur das Geld – sondern primär die Gesinnung. Das Denkmuster. Das Bewusstsein ...

VII.

SITTLICHES UND ANDERE SÜNDEN

Loch im Hirn
Was ist Gefühlswelt: Scheibe oder Kugel?
Katastrophen-Klinik – sündiges Paradies
Doch kann den Macht Sünde sein?
Entlassungsskandal
Huhn oder Ei?
Wann Adam wann du?
So was wie Hölle
Was würgt Seele wirklich?
Todesangst
Unglaubliche Concupiscentia
Liebe oder Kopulation
Eine Schnecke ist ein Ferrari

Was ist Liebe? - Was Sünde?
Was Macht? - Was – Gott?

LOCH IM HIRN

In IHRER Klinik X war nun wirklich nichts weiter passiert. Bis auf die Gesinnung als Basis. Defizit im Denken: 'Das wird nichts mehr'. Zwar Null Sterbehilfe, doch so etwas wie Sterbe-Aussitzen. Vernachlässigung mit System. Ja, es ist die Gesinnung, das Bewusstsein in Entscheidungsschichten von gefühlskalt bis gefühlsblind. Eben **Loch im Hirn,** Sozial-Idiotie. Diese Sozial-Schande ist in allen Schichten zu finden. *Viel Geld, wenig Leistung ...* oder eingebildete Leistung. Denn die, die wahrhaftig leisten, sind oft miserabel bezahlt.

Mein halbes Jahr Psychoterror: Gefühlskälte pur in den Köpfen der Entscheidungsträger. Doch nicht nur Chefs, Kollegen mobben, auch die Öffentlichkeit kann. Auch Medien können. Die Gesinnung eben, das Bewusstsein: Beispiel öffentliche Diskussion 2012 über den 'Bundespräsidenten-Jährling 2010, auch journalistisches 'Mitgefühl' - okay. Dennoch die Anklage vernachlässigter 'Vorbildfunktionen' - wo? Wo Ansätze gegen unzulängliches Denken, gegen zerstörerische Gesinnungen, wo?

Okay, SIE dreimal dehydriert, mit Blaulicht von Reha X in ein Krankenhaus. Dennoch nichts Spektakuläres. Es sei denn, das deutliche Signal von überfordertem Pflegepersonal und Blindheit der Klinikleitung würde als spektakulär gewertet; oder gar die alexhithym verklebten Augen der Politik als widersinnig erkannt, die (wieder mal) ahnungslos von der Sachlage arrogant entschieden hat. Kurzsichtige Gesundheitsreform.

Die Jahre nach der Hirnblutung, Oktober 2005, verliefen also weiter wie bisher: Es passierte nichts Besonderes mehr. Ausgenommen: immer wieder kein oder zu wenig Verständnis für eine Situa-

tion, die subjektiv erfahren werden muss, um sie zu verstehen. Zwar nichts, was nicht von jedem aufmerksamen, gefühlsfähigen Menschen ohnedies erkannt wird: Wer krank ist (oder alt), hat nicht mehr viel, oft nichts mehr zu melden. Ja, Paralympics London, 2012, das große Verständnis. Doch wie lange wird es anhalten? Die gedankenlosen, scheinbar unbedeutenden Stiche arroganten Verhaltens im Alltag lassen sich kaum vermeiden, weil Sichtweise, Gesinnung unterkühlt, oft defekt sind. Und weil Verursacher - Funktionsträger und Erfüllungsgehilfen der Macht – kaum merken, was sie anrichten, glauben sie, richtig zu handeln, im Rücken Auftraggeber, die noch Mächtigeren; mit Loch im Hirn, Sozial-Idiotie im Sinn (Spekulanten, Banker, Lobbyisten)! Ein Verhalten, das Schwachen das Leben oft zur Hölle macht. Schwache sind tagaus tagein subtilen 'Sticheleien' ausgesetzt. Und Abwehr verstärkt das 'Sticheln' (nicht immer) oft genug und mündet im Mobben. Und mobben macht krank und tötet gegebenenfalls.
Die Zdf-Sendung TÄTER UND OPFER ZUGLEICH, Mona Lisa, September 2012 ließ den Schleichweg von Normalverhalten bis hin zu MM (Machtverhalten ohne Verantwortung) gut erkennen:

+ erziehungsbedingte Verklemmungsfolgen: *...Viele Eltern tun sich immer noch schwer damit, ihren Kindern gegenüber unbefangen über Sexualität zu sprechen ...*
+ *Sexuell übergriffige Jungen und Mädchen [...] wurden fast immer selbst Opfer von Gewalt und sexuellem Missbrauch [...] Sie gleichen die eigenen Ohnmachtsgefühle aus, in dem sie Gewalt über andere ausüben. Das ist ihr Ventil für ihre Wut.* **Sie haben in ihrem Leben keine anderen Strategien gelernt ...**
*... Dass auch schon Kinder, Jungen wie Mädchen, sexuell auffälliges Verhalten zeigen, verunsichert. Die Kriminalstatistik von 2010 zeigt, dass von 7 314 angezeigten Sexualstraftaten im Jahr 2009 78 Prozent von Erwachsenen verübt wurden, elf Prozent von Jugendlichen zwischen 14 und 18 Jahren, sieben Prozent von Heranwachsenden zwischen 18 und 21 Jahren und **vier Prozent tatsächlich von Kindern unter 14 Jahren.** Da dies aber nur die angezeigten Fälle betrifft und Kinder ganz selten tatsächlich angezeigt werden, schätzen Experten die Dunkelziffer weit höher.* 07.09.2012 Quelle:ZDF, Mona Lisa

Das muss man sich durch den Kopf gehen lassen: **Annähernd 300 Sexualstraftaten (4% von 7 314 = 292,56) verübt von Kindern unter 14 Jahren** - ohne Dunkelziffer! - Statistik 2010. Ob das zu früheren Zeiten wesentlich anders war? Dem gegenüber stehen viele, auch unerkannte wirklich soziale mitfühlende Ansätze (das Gegenteil von alexhithym). Mitgefühl auch von Jugendlichen. Doch wenn diese Ansätze scheitern, dann fast immer an bei Eltern hilfloser, oft jedoch auch oberhirtlich überheblicher Kurzsichtigkeit (vatikanische Sittenlehre), wenn auch zumeist nur schlecht erkennbar, weil der subtilsten Art.

Das Schicksal der Hauptfiguren dieser Story ist tatsächlich weit weg von leicht wahrnehmbaren Grausamkeiten (Mord, Vergewaltigung), also nicht spektakulär genug für eine wirklich große Geschichte.

Die Wirkung in die Gesellschaft hinein ist jedoch nachhaltig negativ.

In IHREM Fall zum Nachteil von IHR. Aber auch zum Nachteil von Patienten allgemein, eben weil alexhithyme Arroganz die Basis für permanenten Unfrieden ist. Von oben provozierter Unfrieden. Denn wie schon betont: Wer meckert, ist suspekt.

> **Kranke OPFER-TÄTER-LOGIK** 15.Januar 2013
> Eine Ärztin, die unter Narkose vergewaltigt wurde (OPFER), wird zur Mörderin (TÄTER).   Interessanter Plot eines Krimis. Immer mehr Krimi-Autoren fahren heute ihre Geschichten auf dieser Schiene. Dagegen wäre nichts einzuwenden, eben auch weil es real ist, wenn …
> Wenn das **seelische Leid**, das zur Gewalttat führte, nicht unreflektiert bliebe. Die Häufigkeit solcher Geschichten infiltriert schleichend eine falsche Normalität von Ursache und Wirkung ('schleichende falsche Erziehung, letztlich Unzucht'). Ohne Frage ist Selbstjustiz nicht zu akzeptieren, dennoch brauchen wir Regeln, die zum Nachdenken über die Bedeutung des Seelischen, der Gefühlswelten zwingen. Auch oder erst recht in der Unterhaltungsbranche. Sich über ausuferndes Gewaltverhalten zu mokieren und gleichzeitig 'schleichende Unzucht' zuzulassen, ist schizophren. Wasch mir den Pelz, doch mach mich nicht nass!

WAS IST GEFÜHLSWELT: SCHEIBE ODER KUGEL?

STREIT AUF KOSTEN DER FRÜHCHEN - Manka Heise
Etwa 60.000 Babys werden hierzulande vor der 37. Schwangerschafts-
woche geboren. Streit gibt es jetzt um die Kleinsten - um die Frühge-
borenen, die bei ihrer Geburt weniger als 1500 Gramm wiegen. Ihre
Chance zu überleben hängt Studien zufolge vor allem von der Erfah-
rung der behandelnden Ärzte ab. 02.08.11 zdf frontal 21: Versorgung von
Frühgeborenen

SIE war 68, aber wieder hilflos wie ein Baby und <u>abhängig</u> von
der Erfahrung der behandelnden Ärzte, die sicher genügend
Erfahrung hatten (Assistenzärzte aber zu wenig Zeit, und Chefarzt
zu wenig Interesse).

ES GIBT ZU WENIGE VON UNS - Dana Nowak
Andreas Soljan arbeitet als Psychotherapeut in einer Praxisgemein-
schaft in Düsseldorf. Er beklagt, dass es zu wenig Psychotherapeuten
in der Stadt gibt. Täglich müssten er und seine Kollegen mehrere Pati-
enten abweisen, die Hilfe suchen, berichtet er gegenüber Frontal21.
Das führe möglicherweise dazu, dass sich die Krankheit verschlechte-
re und der Patient in eine Klinik eingewiesen werden müsse, warnt der
Therapeut. - beide Zitate 02.08.11 zdf frontal 21: Versorgung von Frühgeborenen

Zu wenig Zeit, zu wenig Fachkräfte, zu wenig Leistung - zu wenig
gesund. Es ging bei IHR tatsächlich immer so weiter. Mit jenen
Sünden, die von der Gesellschaft kaum als Kavaliersdelikt betrachtet werden und doch viel nachhaltiger wirken als unschamhafte Blicke, weshalb sich mir die Frage stellt: Was ist wirklich
Sünde? Bitte keine Zweifel: Die Ächtung sexueller Auswüchse
kann nicht ernst genug genommen werden. Denn leider haben
Menschen aus dem Fortpflanzungsgeschehen, das prinzipiell seelisch und körperlich gesund ist, das ein Lust- und Spaßgeschehen
ist, eine Ware gemacht, ein Produkt, einen Produktionsfaktor.

Max (der fiktive Jugendliche, Buch I) knallt virtuell haufenweise und permanent und oft im Wettstreit mit anderen – Feinde ab: Killerspiele.
Moritz empfindet permanent Spaß und Entspannung beim Betrachten aufreizender weiblicher Geschöpfe: Softpornos.
Wer von beiden wird wohl kritischer von der Öffentlichkeit bewertet? Motto: Mensch, Moritz, was ist los mit deinem Hirn?
Achtung: Aber die Vermischung aus Sex und Gewalt, Hardcore also, ist – wie ich denke - die dreckigste Art. Indiskutabel.

Dieser Entwicklung voran gegangen sind die verklemmten Gedanken von Moralisten. Dahinter oft taktische, Interessen gebundene Gründe. Geschäftlicher Art. Letztlich ausgenutzt von 'Gierologen', die keine Grenzen kennen, wenn es nur Geld bringt. Und natürlich unterstützt von dem Heer seelisch verbogener Konsumenten, die sich alles aufschwätzen lassen – von verlogener Politik, über schlechte Waren bis zu hinterwäldlerischer bürokratischer Moral, falls es so was gibt.
Verschrobene Welt, Theater! – Ja, aber nur von einer kranken deformierten Minderheit immer und immer wieder gepuscht. Warum? Warum einerseits die subtile Duldung bis Verherrlichung von Gewalt? - Warum keine ähnlich rigide Ächtung **psychischer Gewalt** (gegen das Übereinander)? Warum Widerstand gegen Obamas Pläne mehr sozialer Gerechtigkeit (Rede Feb. 2013).
Warum gleichzeitig - bei aller Akzeptanz hygienischer und ästhetischer Standarts - seit ewig und immer noch (wenn auch gelockert) als Sittenlehre die Ablehnung bis zur Verachtung außerehelicher sexueller Vorgänge (außerhalb jeglicher Gewalt!?) Die Realität des Alltags dahinter ohnedies eine ganz andere. Überholte Sittenlehre also! Logisch! Aber warum? Warum überhaupt diese Art UNZUCHT (züchten, anerziehen). Diese Fehlprägung gegen urchristliches Gedankengut des Miteinander? Und was hat zu diesem als normal erachteten Bewusstsein geführt?
Hat sich vatikanische Überheblichkeit (Vollmacht-Denken) über die lange Zeit vielleicht tatsächlich epigenetisch in die Hirne ge-

fressen? Denn trotz Christianisierung; nicht nur Mittelalter (Kreuzzüge) und Kaiserzeit waren von der *Arroganz der Macht* geprägt; auch die Jetztzeit ist trotz demokratischer Ansätze noch lange nicht von Machtwahn freigeschaufelt. Euro-Krise z.B.: wer hat denn abgesahnt? Wer sahnt weiterhin ab? Normalbürger oder Elite (Blödsinn: Elniete, logo! Cypern, deutlicher geht es kaum)?

Aus dem sinnvoll nützlichen ausbaufähigen Begriff Volksvertretung ist längst wieder Volks-Verdummung geworden (oder ist es noch nie anders gewesen?) Wenn auch die schleichende Verarschung heute weniger pauschal wirkt, sondern nur der Teil der Bürger betroffen ist, die wenig oder kein Kapital haben: der Schwachen. Sie werden verdummend untergebuttert – mit der Rechtfertigung: Jeder ist seines Glückes Schmied. Und sie lassen es sich (immer noch, vielleicht auch immer weniger) gefallen; was auch wieder eine sehr gewagte Behauptung ist. Denn viele haben gar keine Chancen sich zu wehren – weil sie über zu wenig oder kein Kapital verfügen. Oder zu bequem sind. Auch das.

Die Antwort auf die Frage 'Was wirklich Sünde ist', ergibt sich aus folgender Logik (persönliche Einschätzung, und diese muss nicht zutreffend sein): Machtgier kennt keine Verantwortung und schadet damit der 'NATUR DES MENSCHEN', der Psyche, weil Gier grundsätzlich Ängste auslöst. Außerdem ist Machtgier ein Kunstprodukt aus Unkenntnis und Einbildung. Und kein Naturprodukt im Gegensatz zu KÖNNEN (Potentia). Zudem ist Machtgier inhuman, logischerweise, sündig, teuflisch.

Und die Lösung ist im Prinzip einfach und scheint gleichzeitig doch fast unmöglich ...

KATASTROPHEN-KLINIK – SÜNDIGES PARADIES

Am 6. Februar 2006 war SIE wieder zuhaus. Nach einer lebensgefährlichen Hirnblutung und rund 12 Wochen merkwürdig oberflächlicher, folglich nicht sachgerechter Reha-Maßnahmen. Zwar in einer gut ausgerüsteten Fachklinik mit überwiegend gutem

36

Pflegepersonal, das leider aber überfordert war wie die Assistens-
ärzte dort ebenfalls. Und die Leitung Interessen geprägt ...
Aber wieder daheim, endlich! Dem sozial kalten Klima in X entkommen. Im privaten wärmenden Umfeld. Und dennoch bedrück-
te SIE etwas. Aber SIE redete nicht. Meine Vermutung und - Be-
ruhigung meines Gemüts: die Nachwehen der Klinik. Aber es war
mehr. Die Missachtung dieser Klinik nagte an IHR dauerhaft und
lang anhaltend. Die Folge: apathisches Sesselhocken statt Üben.
Natürlich, SIE lebt. - Der Körper lebt. Und SIE, lebt SIE auch –
IHRE Seele. Lebt sie oder vegetiert sie? 'Der Mensch im
Mittelpunkt' in X, aber hallo! In der praktischen Durchführung
jedoch – nun ja - oft allzu gewissenlos. Oberflächlich, sündig
irgendwie? IHRE MENSCHLICHE NATUR ist zutiefst verletzt
worden. Und nicht nur in X.
Doch was ist Sünde: außerehelicher Sex, logo. Nach herkömmli-
cher Meinung tatsächlich mehr als Gewalt? - Verrückt irgendwie!

> *Mord wird verziehen, eine zweite Ehe nicht. Der römische Gedanke
> ist folgender: Die Ehe ist ein Sakrament und damit unauflöslich. Will
> jemand eine zweite Ehe schließen, dann zerbricht diese Bindung in der
> Realität. Aber das Sakrament der Ehe kann man nach Ansicht der
> Kirche nicht zerbrechen, weil sie unauflöslich ist. Das heißt, er oder
> sie geht eine neue Beziehung ein und lebt damit in Sünde. Ausnahme:
> Wenn beide versprechen, dass die neue Ehe sexuell enthaltsam, das
> heißt ohne Kinder, bleibt. Nur das erlaubt das Kirchenrecht. Dann lebt
> man nicht in Sünde. Aus Interview mit Pfarrer Irslinger, Mitinitiator des
> Freiburger Aufrufs, spiegel online, 14.06.12*

Dazu muss man sich auch folgendes Bild vor Augen führen: Es
werden für den Bau von z.B. Sport-Stätten Richtlinien benötigt.
Also setzen sich Experten zusammen; als da sind Professoren und
Doktoren - der Musik, der Literatur, der Philosophie usw..
Männer, die weder Ball-Spiele wirklich kennen noch an einen Ball
überhaupt denken. Statiker, Sport-, Sicherheits- und Verkehrs-
Experten usw. in dieser Runde Null. - Klar, verrückt. Totaler
Unsinn. Nicht oder nur schwer vorstellbar. (Andererseits: Berlin-

Flughafen? Stuttgart, DB Mainz, Euro-Hawk uvm.. – Also alles nur menschlich – oder Systemfehler?)
Ich ziehe ihren Rollstuhl dicht an mein Gesicht heran. „Ich will in deine strahlenden Augen sehen." Und ich empfinde etwas, das – ich kann es nur so sagen - das Leben ausmacht. Romantik oder kitschig: Ich nenne es die 'Basis des Miteinander': Vertrauen, Zuneigung, Verantwortung, Caritas! Eine Gesinnung, ein Bewusstsein, das sicherlich nicht auf diese Weise durchweg praktiziert werden kann. Doch schon jeder Ansatz oder Versuch ist zumindest wertvoller als neidische, hinterhältige, wertende, heuchlerische Augensignale aus Köpfen, denen es aus Überzeugung darum geht, besser als der andere zu sein, gepuscht von Geld-, Werbe- und Wettbewerbsgier.
Paradiesträume – mag sein. Doch wer nicht zumindest bemüht ist, ein solches Bewusstsein gleich Verhalten anzustreben, sollte endlich aufhören, sich christlich zu nennen. Elitäre Denkweisen, auch all jener Priester – vom Kaplan bis zum Papst – die mit Menschen – auch Kindern – nicht auf Augenhöhe umzugehen verstehen, die über den Dingen zu schweben scheinen aufgrund z.B. einer fragwürdigen Vollmachterteilung, sind unchristlich (siehe: wesentlichen Unterschied zwischen Franziskus und Benedikt).
Seit Augustinus ('Bekehrungserlebnis' 386, getauft 387, Priesterweihe 391 n.Ch) arbeitet der Vatikan an Richtlinien für den Umgang mit Sexualität, erstellt von Männern, die an Lustgefühle nicht mal denken, geschweige denn in praxi üben dürfen.
Übertreibung? Wer oder was ist letztlich z.B. wirklich verantwortlich für die vielen durch Priester missbrauchten Kinder?

DOCH KANN DENN MACHT SÜNDE SEIN?

Ick meine, jroßa Meesta, de 'Anleitung' for de Benutzung von Sexualität, na, – Sittenvorjabe Vatikan, wa – is soo jeheimnisvoll als wie ne Jebrauchsanweisung for nen Toasta, oda? Wat also is Sünde nu?

Meesta, wat icke darf und wat nich? Wer bestimmt das und warum? Für mich ist Gewissen z.B. das, was mich treibt, viele Ereignisse und Fakten ungeschönt zu benennen – im Widerspruch zu schönjegeigtem oder geheucheltem Verschleiern. Logo, bin ooch Teil des auf Friedlosigkeit geprägten Gesellschafts-Bewusstseins, weiß ich doch. Und eben als solcher Teil ohnedies schon sündig bis ins Gehirne? Tja, und wenn ich dann zusätzlich tue und doch nicht darf, bin ich dann een Sünder plus? Also lässlicher oder Tod-Sünder? Knifflige Frage det, wa! Vielleicht sollte ich also, ähm, herauspopeln, was Sünde überhaupt ist. Bei Kompetenz in Rom, wo ik wohl kaum Audienz zum Löchern erhalten werde, kleener Kacker, wo ik bin. Bodensatz. Nüscht Eliete. Untajrund. Aba et jibt da ehmt schriftliche Festlegungen: DIE SITTENLEHRE DER WELTKIRCHE KATHOLIZISMUS. Wo ehmt – unter wirklich Wichtigem anderen – de Jebrauchsanweisung beßüglich Lust besagten Finger hebt. Zwar, also wat'n Sex betrifft, mit jekünstelt anerßogener Jeheimniskrämerei, wat nu ma den Sex inne ßu hohe Bedeutung jehievt hat. Wat aba ooch nu ma de echte Bedeutung von eene Beziehung so mittenmang untabuttert. Na, is die seelische, psychische Gefühlsverschmelzung etwan nich det wahre Bindemittel und dauerhafter als jedet Lustempfinden, oda wat, oda wie! Nu is det janze Gedöns durch Vabote aba uffjemotzt un uff die Art furzinteressant. Und Magnet in ville Liebesjeschichten. De Sex-Beßiehung, ehmt nich de seelische. Aba 'Jeheimniskrämerei' in geistige Grundlage unserer christlichen Gesellschaft. Immerhin sind ein gutes Drittel der Weltbevölkerung christlichen Glaubens (2005 etwa 2,2 Milliarden, der geringere Teil katholischen Glaubens). Und de Sittenlehre, nach Augustinus, natürlich die aktuellste: Volkskatechismus 2005 (KKK), 1 286 Seiten, Kompetenter geht's wohl kaum – dachte ich. Denn die eindeutige Definition, was Sünde ist, war dort zwischen Fragen von 0 bis 598 ziemlich versteckt. Icke also jroße Oogen: warum Verwirrung solche? Sind die Macher nicht so kompetent oder sich nicht so sicher?

Zur aktuellen Ausgabe 2005 eine Wertung aus wiki (wobei man wissen muss, dass das elektronische Nachschlagewerk Wiki in manchen Teilen Überarbeitungs-Bedarf hat. Ist jeweils gekennzeichnet):

> *„Es dominiert die Theologie der Katechismusverfasser über die der neutestamentlichen Autoren, die wieder nur als Lieferanten von Belegstellen fungieren. "* wiki

Lieba Hümmel, wat Wunda, wenn so verkoddelt wie det Jedrehe 2010 nach dem priesterlichen Missbrauchskandal? So was wie bewusste Verschleierungstaktik, oda wie oda wat? Doch das erst mal nur nebenbei, zumal ich in deren Köpfe auch nicht schauen kann. Steht mir als nicht Auserwählter auch gar nicht zu. Aba Auseinandersetzung mit Sexuallehre, so' een bisschen intensiver det ja, um das zu kapieren, was dort – durchaus sinniger Weise – jedenfalls zum Teil – vorgesehen ist, ehrlich! Nun ja, Herr, selbst mein blödes Hirn möchte ja irgendwie dazu gehören, ich meine zur Menschheit. Möchte sich so sittlich verhalten, wie es nur eben geht. Das wollte ich in echt. Also kluge Sprüche, kluges Buch – und alles paletti, dachte ich, du verstehst, Herr? Zum Beispiel die Antwort auf

> *KKK, Frage 372: Was ist das Gewissen?*
> *Das Gewissen, das im Innersten des Menschen wirkt, ist ein Urteil der Vernunft, das ihm zum gegebenen Zeitpunkt gebietet, das Gute zu tun und das Böse zu unterlassen ...*

Na, das ist doch gar nicht so übel formuliert. Und so habe ich das auch einigermaßen hingekriegt, das mit dem Gewissen, denke ich. Meine Vernunft sagt und gebietet mir jedenfalls, Ereignisse und Fak-

ten ungeschönt zu benennen, damit Klarheit herrscht. Hängt irgendwie mit Wahrheit zusammen, denke ich. Dann allerdings Verwirrung. Also das mit der Sünde, Herr des Himmels, also bei Gott, ich bin nicht dahinter gekommen. Ich hab's einfach nicht geschnallt. Klar, ich müsste eigentlich nur glauben, was mir der Katechismus sagt. Zum Beispiel eine der Erklärungen der Erbsünde (Augustinus basiert), KKK 2005, z.B. das mit ...der Einheit des Ursprungs aller Menschen, die sich auf die Nachkommen Adams mit der menschlichen Natur überträgt [...] nicht durch Nachahmung, sondern durch Fortpflanzung. Diese Weitergabe ist ein Geheimnis, das wir nicht völlig verstehen können... *Aha! – Na ja, Hauptsache, du kapierst, Herr? Ich meine, glauben an soo een Jeheimnis in der heute weitgehend uffjeklärten Zeit?*

Und eine weitere wiki-Bewertung des KKK 2005:

> *Neben einer breiten Würdigung des KKK als Gesamtdarstellung des christlichen Glaubens nach römisch-katholischem Verständnis wurde grundsätzlich am KKK bemängelt, dass die unklare bzw. divergierende Zielgruppe den Sinn und Zweck verfehle, eine Einheitlichkeit des Werkes nur oberflächlich vorliege, der KKK ein ungeschichtliches Selbstverständnis zeige und er dem heutigen Glaubensverständnis bzw. der heutigen christlichen Lebensgestaltung zu wenig Rechnung trage.*

Ähm, hm, siehste, Erhabener, ik will nu ma jenau wissn. Wissen zum Beispiel, warum trotz humaner und christlicher Gesinnung Seelsorger Kinder missbrauchen. Oder auch, ja, auch, warum SIE die unverzichtbaren physiotherapeutischen Anwendungen nach IHREM Crash vom (vermutlich christlichen) Arzt halbiert bekam? Passt nicht zusammen, meinst du? Tja, und wenn doch! Wenn das Leiden der Kinder und IHR Leiden an der gleichen Stelle im Menschlein geschieht, also irgendwo im Hirn, was dann! Ich will jedenfalls wissen, warum SIE so leiden musste und immer wieder muss. Und nicht nur SIE. Ihr Schwesterchen ooch un andere) Wissen, warum

Unterdrücken, Ausbeuten, Missachten weniger sündhaft ist als außereheliches Bumsen, was nicht grundsätzlich Freispruch fürs Bumsen bedeutet, Mensch! Jedoch een bissken jenauer sollte man et schon bejluppschen, denn kann ma imma noch und villeicht sojar bejründet vateufeln. Na ja, kurz: Ich will wissen, ob es nicht Schlimmeres gibt als sogenanntes Unschamhaftes in Gedanken, Worten und Werken.

Die Erbsünde vielleicht? Erbsünde! Was ist das überhaupt – Erbsünde? Der Ursprung der Sünde an sich? Notariell oder göttlich beglaubigt? Adam-und-Evas-Sünde-Spezial, was! Verflixt, ist Sünde im Paradies entstanden oder hat Ramapithecus (Urzeit-Primat) solches vor vielleicht 10 Millionen Jahren in weiser Voraussicht der Macht erfunden?

Jedenfalls merkwürdig, was im **KKK** Sünde so alles sein kann:

> *KKK 392. Was ist die Sünde?*
> *Die Sünde ist „ein Wort, eine Tat oder ein Begehren im Widerspruch zum ewigen Gesetz" (hl. Augustinus). Die Sünde ist eine Beleidigung Gottes im Ungehorsam gegenüber seiner Liebe. Sie verwundet die Natur des Menschen und beeinträchtigt das menschliche Zusammenleben [...].*

Autsch noch mal! Also das mit der Verwundung ... DER NATUR DES MENSCHEN ... okay, das leuchtet mir ein, Erhabener. Ist ja auch nicht schwer: Was du nicht willst, das man dir tu, usw.. Okay! Nur, verflixt – theologisch ist Sünde ja auch ... Entfernung von Gott ... ; also ... im christlichen Verständnis der unvollkommene Zustand des Menschen, der von Gott getrennt ist (wikipedia) *... Oder nach Bibel, 1 Joh. 4,16, die christliche Überzeugung:* ...Gott ist die Liebe, und wer in der Liebe bleibt, bleibt in Gott, und Gott bleibt in ihm ... *Wunderbar! Wunderbar! Denn solange ich in Gott bin alias in Liebe, bin ich folglich ohne Sünde. Phantastisch! Wenngleich ich mich auch frage, was die vielen machen, die von Gott* *nichts wissen? Jeder nicht Getaufte sündig? Die armen Schweine. Na ja, nich auserwählt ehmt. Uff de falschen Seite jeboren ehmt, der Fluch der Geburt! Pech gehabt, arme Luder! – Oder Glück? Denn Sünde ist ja – o je – dies und das, also wie man's brauchen kann: VERLETZUNGSVORGANG der menschlichen Natur, ENTFERNUNGS-VORGANG von Gott und WIDERSPRÜCHLICHES VERHALTEN zu einem Gesetz, oder? All das. – Baukastensystem! Klar, um sich von jemandem zu entfernen, muss man in seiner Nähe gewesen sein, keine Frage! Oder um einem Gesetz widersprechen zu können, muss man es kennen. Wobei ein Gesetz ohnedies immer nur Menschenwerk ist, oder! Und Menschen machen nun mal Fehler, oder! Wenn ich z.B. ... ein Begehren im Widerspruch zum ewigen Gesetz ... so was wie Hass, Missachtung, Böses durchzusetzen versuche, verwunde ich ... DIE NATUR DES MENSCHEN ... Logisch, begehe also eine Sünde. Eindeutig, diese Logik!* ...Verwundung der menschlichen Natur!... *Folglich leicht zugänglich, umsetzbar, praktikabel, eine vernünftige ethische Betrachtungsweise, oder?* ...Verwundung der menschlichen Natur..., *wenn auch zunächst offen bleibt, was menschliche Natur ist. Und was die-se Natur so richtig bis auf die Knochen quälend verwunden kann. Nun ja, das mit der* ...Einheit des Ursprungs aller Menschen... *wohl kaum, was sich da geheimnisvoll überträgt auf die Nachkommen Adams. KKK 76 Erbsünde, also diese mysteriöse Weitergabe, nein, die wohl nicht. Dann vielleicht eher* ...das Feingefühl der Keuschheit... *530 Glau-benslehre? Na, ick weeß nich, Meesta? Is de Keuschheit von miss-brauchtn Kinda valetzt oder wat Jrößeres in Kopp von kleene Görn? Wirf doch ma de Janglien an! Quetscht da nich so'n Knüppel janz di-cke ins Hirnchen von Kinda? Wat se jrausamst vawundet, wa!*

Sprach- und menschheitsgeschichtlich gesehen, ist der Begriff SÜNDE jedenfalls erst sehr spät auf die Welt gekommen. Es ist ein Begriff *insbesondere der abrahamitischen Religionen Judentum, Christentum, Islam,* also ein eher jüngerer Begriff, jedenfalls lange, lange nach Beginn der Hominisation. Der ursprüngliche Sinn des Wortes SÜNDE ist 'das *Verfehlen eines Ziels* (griechisch harmatia)'. Gemäß der Lehre von der Sünde (Harmatiologie) wurde jener Begriff erstmals in deutschen Bibelübersetzungen benutzt. SÜNDE in Bezug auf ein gefühlsfähiges existentielles Geschehen wie z.B. Sexualität gab es am Anfang der Hominisation – vor Millionen von Jahren jedenfalls nicht. Auch später noch nicht. Okay, irgendwann begann sich auch eine Gefühlswelt zu entwickeln: Wut, Neid, Gewalt. Verfehlungen: Fressen und gefressen werden. Also ein Anfangs-Gefühl für Gut oder Böse. Aber erst mit der Vergrößerung des Gehirns – vermutlich vor etwa 2,4 Millionen Jahren - dürften Gefühle wie Unrechtsbewusstsein oder Liebe u.ä. bei Hominiden zu wachsen begonnen haben. Der Weg vom Einzeller über Reptilien bis zu Homo sapiens verlief nun mal anders, als in der Bibel zu lesen ist, und der von Gefühlen bis zur Sprachfähigkeit eben auch, wie jeder normal Denkende weiß oder bei heutigen Erkenntnissen sich vorstellen oder anlesen kann. Erbsünde also – pure Erfindung.

Dennoch ist Sünde existent: Jede zumindest bewusste Verfehlung 'des sozialen Zieles einer Gemeinschaft' ist Sünde. Oder? **KKK 392** ...Sünde verwundet die Natur des Menschen und beeinträchtigt das menschliche Zusammenleben... So isoliert eine unmissverständliche Vorgabe in der Sittenlehre für ein friedliches Zusammenleben. Eindeutig. Nachvollziehbar. Ohne Schnörkel: selbst Kinder könnten das schon mit ein wenig Erklärung begreifen.

Der Hammer jedoch in jenem Katechismus: Er entzieht jener eindeutigen und idealen Sitten-Vorgabe das Fundament. Oder deutlicher: Unter **KKK 179** ist eine ...Verwundung der NATUR DES MENSCHEN und damit die Beeinträchtigung des menschlichen Zusammenlebens... geradezu 'vorgeschrieben' – per Dekret. Für eine bestimmte Schicht nur, logisch! Diese Schicht darf eine 'spezielle Verwundung alias Sünde' bestimmten Menschen zufügen. Oberpriesterschicht, klar. Oder ist das nur subjektive Meinung? - Und wenn nicht?

Nach katholischer Theologie hat Christus, der Sohn Gottes, nämlich

> **KKK 179** ... *die kirchliche Hierarchie eingesetzt, um das Volk Gottes in seinem Namen zu weiden. Zu diesem Zweck hat er ihr Vollmacht verliehen.*

Beachtlich dieser Widerspruch des Denkens. Denn genau mit Vollmacht, Herr, beißt sich die sinnvolle und nachvollziehbare Definition von SÜNDE, jene ...Verwundung menschlicher Natur... *zumindest seit Erkenntnissen der Neurophysiologie in den eigenen Schwanz, Verrückt, nicht wahr, Herr, oder? Nun ja, was verwundet schmerzhafter? Das Kneifen in den Po oder das Missachten der Seele? Wo spürt der Mensch die Verwundung einer Missachtung wirklich nachhaltig? Was also ist die menschliche Natur?*

IHRE MENSCHLICHE NATUR ist zutiefst verletzt worden. Und nicht nur in X, auch später noch. IHRE Psyche ist geknebelt, die Seele gewürgt worden. Oft, und oft nicht zum Aushalten.

> *...Wenn negative Körperzustände häufig wiederkehren oder länger anhalten [...] wächst der Anteil der Gedanken, die eher mit negativen Situationen assoziiert sind ...* Damasio, Descartes' Irrtum

Die menschliche Natur nicht verwunden dürfen, aber etwas sanktionieren, was die Natur des Menschen zwangsläufig, automatisch verwundet: Macht! Was für ein Widersinn: Die Quadratur des Kreises! Und schlimmer noch: Auch die Grundlage des Unfriedens und vieler Krankheiten dieser Welt. Natur hin oder her. Ob es die Mehrheit so sieht oder nicht. Oder nicht sehen will, wer weiß! Scheibe oder Kugel? – Immerhin hat es rund vierhundert Jahre gedauert, bis sich herausstellte, wer recht hatte – mit der Kugel? *Frage, Chef: Ein Mensch, dem abverlangt wird, die Quadratur des*

Kreises zu lösen, ist doch sicherlich ein bedauernswerter Tropf, oder? Andererseits gibt es davon so in etwa drei Milliarden, weltweit. Also Anhänger einer Lehre, die sie Für-wahr-Halten. Eben GLAUBEN. Also Tröpfe? Okay, sie werden glücklicherweise nicht als Tröpfe bezeichnet, immerhin aber als Tröpfe benutzt. Etikett 'normal' sogar! Bedeutet zwar aus meiner schrägen Sicht anormal – das Benutzen von Menschen, doch Glaube kann angeblich Berge versetzen. Und trotzdem 2010 aus jenen eigenen Reihen oberhirtlich bischöflich plötzlich Forderungen, sich an Gegebenheiten endlich anzupassen. Kugel statt Scheibe endlich angedacht: was für ein Fortschritt 2010! Heimkehr zur Vernunft?

> Wenn Menschen auf Grund fehlender Strukturen (nicht gelernt) nicht mitfühlen können (Alexhithymie), also Ungelernte, wieso wird dann eine Sittenlehre von Klerikalen akzeptiert, die erotisch vieles nicht gelernt haben (keine adäquaten Strukturen im Hirn). Die Folgen: nur Probleme, und nicht nur sexueller Art: Verklemmung, kompensierende Gier, psychisch sinnlose Belastung uvm.?

ENTLASSUNGS-SKANDAL

Der Tag IHRER Heimkehr war, wie gesagt, der 6. Februar 2006 gewesen. Endlich! Zwar nicht nach Genesung – leider, sondern als 'Flucht' aus der 'Massentierhaltung' – Pardon: Massen-Menschen-Haltung - mit Fürsorge-Bemühung, aber hallo, Menschenskind! Und das ist die Wahrheit dieser Geschichte. Wahrheit, die mich drängt. In der Tat: Mich drängt irgendwas, immer und immer wieder – wie Papst Benedikt XVI. es wünscht, mich, ...auf dem Gebiet der Gerechtigkeit und des Friedens einzusetzen ... Beim Teufel zu recht! Denn, weiß Himmel oder Vatikan, wahrlich nicht grundlos! (Nur warum drängt es ausgerechnet mich! Oder besser: mich auch? Ich hätte so gern meine Ruhe).
Doch am Tag der Heimkehr - kurzer Rückblick - schon wieder

eine Überraschung. In der Klinik mit dem Stempel: 'Der-Mensch-bei-uns-im-Mittelpunkt'. Übergroß, in Din A 0. Wirklich beispiel-haft in des Wortes wahrer Bedeutung die letzte Handlung der Sta-tion dieser Klinik – kniefälliger Dank an Stationsschwester XY! Obwohl ich mich noch am Samstag auf der Station erkundigt ha-be, auf was ich achten müsse für den Tag der Entlassung, habe ich nicht erfahren, dass das Zimmer um zehn Uhr geräumt sein <u>muss</u>. Wegen Glatteis treffe ich an diesem Tag eine halbe Stunde nach dem mir unbekannten Termin ein und finde SIE auf dem Flur, vor der Tür ihres Zimmers, unvollständig angezogen. Ihre privaten Sachen nicht mehr im Zimmer. Dort wirken zwei Putzfrauen. SIE schaut, halbseitig gelähmt, hilflos vor der offenen Tür dem Treiben zu. Friert natürlich, hat sich die Blase wieder erkältet. Macht ja nichts. Ordnungsprinzip. Stationsschwester XY hat es angeordnet. Und Anordnungen sind zu befolgen. Und zu Hause stelle ich fest, dass Medikamente fehlen. Der behandelnde Arzt wusste offenbar nicht, oder war es ihm egal?, dass die Medi-kamente für den Tag mitgegeben werden müssen. Oder hat er vergessen, weil übermüdet? Denn schlechter Wille – nein.

Trotz allem: Kaum draußen, empfindet SIE wieder Lebensmut und gesteht, dass die Klinik SIE depressiv gemacht hat. Doch end-lich ist SIE wieder zuhaus. Wir schlafen wieder in einem Zim-mer. Wir essen wieder zusammen, und es tut ihr gut. Gewiss, wenn SIE zur Toilette muss, geht es nicht ohne mich. SIE kommt allein nicht hin und zurück und kann sich allein nicht entkleiden. SIE braucht mich. Ich wasche SIE. Und SIE nimmt diesen Dienst lieber von mir als von irgendeinem gehetzten Pflegepersonal. Und ich fühle mich gut dabei, ihr diese Hilfe geben zu können. Tage später finde ich eine Notiz von ihr per Zufall. Auf ihrem Schreib-tisch. Wörtlich: „Mensch ist das schön hier. Gott sei Dank!!!"

Zwei Tage später ihr erster Brief am Computer, mit einer Hand getippt, und ihre Bemerkung dazu: „Zurück ins normale Leben. Ein eigenartiges Gefühl. Ich sitze hier wie eh und je, und du er-klärst mir die Maschine." SIE zeigt stolz, dass SIE das Schreiben eines Briefes an eine Freundin fertig gebracht hat. Im Brief jedoch das schriftliche Bekenntnis ihrer inneren Verzweiflung, mit der SIE kämpft. Auch am Tisch beim Essen immer wieder mal eine Bemerkung über Lebensmüdigkeit. Lebensmüde in dieser Situation - ist das nicht eigentlich verständlich? Hat nicht auch der Gesunde immer wieder mal solche Gedanken?

Ich jedenfalls. Denn die letzten Tage daheim waren hart, härter für mich, als ich befürchtet hatte, vor allem die Nächte. Der kranken Blase wegen. Kaum Schlaf. Bettwäsche wechseln, beruhigen, trösten, wieder liegen, schwer einschlafen und gleich wieder aufstehen und alles von vorn.

SIE sieht die Last, logisch. „Was kann ich tun, um dich zu entlasten?"

„Jeden Schritt zur Selbständigkeit wahrnehmen, nutzen. Üben, üben, üben."

Und das macht SIE. - Jedenfalls solange, bis SIE ihren guten Vorsatz vergessen hat. Und das geschieht relativ schnell. Unermüdliches Ermahnen, ob mir die Augen zufallen oder nicht. Immerhin steigt SIE die sechs Stufen am Tag mehrmals hinauf und hinunter. Unter meiner Aufsicht, logisch! Jedes Straucheln sofort abfangen, stützen. Denn wenn SIE wirklich kippt, stürzen wir beide.

Hilfe permanent gefordert und keine Ruhe für mich. Ja, die Belastung überschreitet Grenzen. Die 'klitzekleinen Nachlässigkeiten' der Klinik – kein Trinken, entzündete Blase, Missachtung natürlicher Bedürfnisse - diese klitzekleinen Nachlässigkeiten haben schwerwiegende Folgen, nehmen unerträgliche Formen an. Man vergisst selbst Essen, Trinken, denkt nicht an die eignen Medikamente (nach Infarkt), schiebt Körperpflege hinaus, möchte sich irgendwo hinflezen und einfach liegen bleiben. Dazu ständig Optimismus mimen.

Meine Kräfte brechen weg. Wann? Die nächste Stunde? Am nächsten Tag?

Ich hätte in dieser Phase zu gern einen Gott zur Hilfe gerufen. Irgendein allmächtiges Wesen, das mich auffangen könnte. Wie unsere Ur-Urahnen in überforderten Situationen bei Blitz und Donner! Ein Wesen rufen können, das hilft oder zumindest erklärt, wie mit Unerklärlichem, mit Überforderung umgegangen werden kann. Doch da war nichts anzurufen. Jedenfalls nicht das, was allgemein unter Gott verstanden wird. In mir wühlten nur Gefühle. Starke, tiefe Gefühle. Wenn man so will: Liebesgefühle. Also Gottes-Gefühle? - Wer weiß? - Gott ist die Liebe.

Wo auch immer der Begriff 'Liebe' herkommt und wie er definiert wird, für mich ist Liebe der umfassende (und vielleicht sogar zutreffende??) Begriff für die schenkende Seele (oder auch Psyche), jedenfalls für das Bündel an gebenden Gefühlen aus dem Limbischen heraus; Gefühle, die das Leben lebenswert alias liebenswert machen; eine Ansammlung von Empfindungen: für einander Dasein, Zuneigung, Wohlfühlen, Lust uvm.; kurz Fürsorge. Und damit beinhaltet und benötigt Liebe auch Verantwortung, mit einer unbezahlbaren Eigenschaft dazu: mit der nahezu unglaublichen Fähigkeit des 'Glücklich machens'. Durch einen Orgasmus' z.B.. So gesehen, kann Liebe wohl als 'göttlich' bezeichnet werden. Es ist zudem ein Gefühlskomplex, der nicht irgendwo unfassbar, unbegreiflich herumschwirrt, sondern verankert ist im Limbischen System u.a., in dem irgendwo logischerweise auch das Gefühl der existenziellen Sexualität wirkt. Folglich gibt es für mich nur eine Form der Liebe. Sex ist dabei nur eine Spielart, nicht unerheblich, keineswegs; aber als 'Alleinunterhalter' der Liebe wenig geeignet, obwohl immer wieder literarische Formen und mediale Aussagen das postulieren. Doch vielleicht ist auch nur mein Bewusstsein verquer, wer weiß das schon von sich? Wenn ich so meine einfältigen Schlussfolgerungen lese ...

HUHN ODER EI ?

Gab es zuerst Gott, jene personifizierte All-Macht, eben auch Liebe genannt (DEUS CARITAS EST), oder die Sprache? Oder Gefühle? Wer hat der personifizierten All-Macht die Bezeichnung

'Gott' gegeben und aus welchen Empfindungen heraus? Wer hat besagte Begriffe geprägt, wer gefüllt mit angeblicher Realität? Und warum? Bedeutende Fragen, die mich bis in die Träume verfolgen. Denn dort gaukeln Phantasien herum. Oder sind es versteckte Appelle an eine desolate, verwirrte Innenwelt? Forderungen, die ich nicht erfüllen will oder verstandesmäßig nicht erfüllen kann und die damit Widerspruch erzeugen. In mir. Gegen meine Selbstbestimmung, gegen meine Selbstachtung. Oder vielleicht nur Phantasterei? Halluzinationen? Banale Traumwelt?

... da zieht ein schwarzhäutiger Mann ein Päckchen Kondome aus dem Automaten in der Flughalle. Neben dem Automaten ein stattlicher Weißer, grauhaarig mit übergeistigtem Gesicht, schüttelt entsetzt den Kopf und ruft in den Raum hinein: „Ich bin nicht die Liebe, jedoch ihr Stellvertreter und kenne mich aus. Meidet Unzucht und achtet die Wahrheit, auf dass ihr nicht als Sünder in der Hölle landet!" Aus einem Lautsprecher eine kratzende Stimme. Ankündigung Abflug nach Kenia*) oder so. Der Schwarzhäutige verschwindet aus dem Bild. Die Kuppel einer Kathedrale senkt sich über das Bild. Auf dem Boden jetzt schwarzhäutige nackte Kinder mit unnatürlich großen Köpfen und Bäuchen, und Beine und Arme ausgezehrt. - Der Grauhaarige wendet sich ab, breitet die Arme segnend aus und ruft nochmals schallend: "Nein, ich bin nicht die Liebe. Der Stellvertreter, ja, der bin ich!"

Dann ist auch er entschwebt. Irgendwo im Dunst des Himmels ...

Ich wache auf, und nach solchen Träumen fast willentlich. Eine Eigenart von mir, Alpträume nicht erst ausufern zu lassen. Und natürlich analysiere ich sogleich wieder: Warum solche Traumbilder? Woher kommen sie, wie setzen sie sich zusammen? Bewusstsein, Unterbewusstsein – was ist das? Ich war nie im tiefen Afrika, und die Kathedrale kenne ich ebenfalls nicht augenscheinlich. Und einen Stellvertreter ... Ach, richtig: Ich habe in den letzten Tagen in Papst Benedikts Enzyklika DEUS CARITAS EST gele

---

*) Kenia, ein Land, in dem angeblich Klinik-Personal jene Patienten, die nicht zahlen konnten, als Geiseln genommen hat – 21. Jahrhundert!

sen, jenes bedeutende Papier, dessen Erscheinen zeitlich mit IHREM Crash und meinem Infarkt nahezu übereinstimmt. Wenn auch mit Inhalt, der in diesen grausamen Wochen hätte aufbauend sein können, sollen, wenn ... Zitate daraus:

> *Gott ist die Liebe, und wer in der Liebe bleibt, bleibt in Gott, und Gott bleibt in ihm (1 Joh. 4,16). Oder: ... die Liebe, die ihren Ursprung in Gott hat, der die ewige Liebe und die absolute Wahrheit ist. Jeder findet sein Glück, indem er in den Plan einwilligt, den Gott für ihn hat, um ihn vollkommen zu verwirklichen: In diesem Plan findet er nämlich seine Wahrheit, und indem er dieser Wahrheit zustimmt, wird er frei (vgl. Joh 8, 32) ...*

Bumm! Bombe ins Gemüt! Vor allem das mit der Wahrheit und dem Versprechen von Freisein. Vor allem, nachdem die Natur uns so perfekt schon platt geklopft oder gar in den Boden gestampft hat. Wo also das Entkommen aus dem Schlamm der Missachtung der Seele ... welcher Seele, der Geist- oder der Körperseele (animalische Seele nach Platon, Ariostoteles)? Oha, was für komische Fragen! - Und mit dieser letzten Frage ist jedem klar, was Naturwissenschaft und Vatikan <u>nicht</u> gemeinsam haben: das gemeinsame Verständnis des Begriffs Seele, oder?

> ***Alle zwei Stunden*** *nimmt sich in Deutschland ein Mensch über 60 Jahre das Leben.*
> ***Fast 10.000 Menschen*** *haben im Jahr 2007 in Deutschland Suizid begangen, 40 Prozent davon waren älter als 60.*

Dahinter: Der Verlust der Selbstständigkeit und die Angst vor Abhängigkeit (Soziologe Klostermann). Und wodurch erzeugt: durch Gleichgültigkeit? Gedankenlosigkeit? Oder durch die große Sünde der Verwundung menschlicher Selbstbestimmung? Also systematisch erlernte Lieblosigkeit? Anerzogen, sündhaft, weit weg von Liebe, eine Art Gottes-Ferne?

WANN ADAM, WANN DU?

Ist vielleicht Selbstbestimmung die NATUR DES MENSCHEN? Immerhin: Riesiges mediales und öffentliches Interesse, wenn sich ein National-Torhüter das Leben nimmt (2009, Robert Enke, aus meiner Sicht zu recht geachteter Sportler). Und viele entsetzte, ratlose Gesichter im TV. 'Die Angst vor dem Leben', spiegel-Titel Nr. 47, 2009. Warum? Weil Enkes Natur, seine Seele überfordert war? Oder weil er nur Überlast fühlte oder die Verfehlung eines Zieles spürte, was Sünde entspräche?

Wo empfinden Menschen Unselbstständigkeit, Verletzung ihrer Selbstbestimmung, Ängste, Schwermut? Die Seele (oder wie immer man es nennen will), das große Geheimnis? Das unantastbare Tabu trotz permanenter 'Anwesenheit' auf vielen Lippen? - Oder ein angenehm nützliches Geschehen - für jene bestimmte Schicht, die über diese Schiene schwächere Menschen bestens benutzen kann.

> *Gebt dem Kaiser, was des Kaisers ist, und Gott, was Gottes ist. (Markus 12,13)* Oder alternativ: *... die linke Wange hinhalten, wenn dich einer auf die rechte schlägt ...*

Gehorsam und Demut verlangt die vatikanisch-christliche Religion. Und was fordern solche Texte und Begriffe von uns letztlich wirklich? Eigentlich absolute Anpassung. - Und an wen? Und warum? Fragen von großer Bedeutung. Die Kaiser-Forderung (Markus 12,13) in zeitgemäße Sprache umgesetzt, führt immerhin zu einem frappierenden Ergebnis:

> *... Gebt der Liebe (alias Gott), was der Liebe gebührt, damit gebt ihr der Gemeinschaft (dem Kaiser alias Verantwortung), was der Gemeinschaft gebührt.*

Und was gebührt sowohl der Liebe als auch der Gemeinschaft – materielle Werte? Das 'goldene Kalb'? Oder eher psychische Werte: Achtung? ... *Was du nicht willst* ... Ist MENSCHLICHE NATUR also das Verlangen nach Achtung alias Beachtung?

Ei Gott, meen Fürscht, wenn ja – dann wird ja jede Art von Missach-
tung zur Sünde – alias Verwundung DER MENSCHLICHEN NA-
TUR! *O jemineh! Jede Missachtung Sünde* (also Störung friedlichen Zusammenlebens. Erotische Werbung z.B. (Sexismus-Debatte 2013) ist immer dann
verwerflich, sobald sie persönlich verletzt – wie jede Belästigung). *Und die Prise*
katechetischer Rechtfertigung von Krieg? Ok – Abwehr, ich weiß,
<u>*Heiliger*</u> *Augustinus! Aba, Herrrr, wenn der Kirchen–Urgroßpapa*
damit moralisch richtig liegt, was ja durchaus drin ist, ist auch jeder
Kleinkrieg logischer Weise, du weißt, am Gartenzaun und so, als
Abwehr moralisch gerechtfertigt; obwohl 'den bösen Nachbarn
anpfeifen' gleichzeitig auch Missachtung bedeutet. Also egal ob er
Hundescheiße vor meiner Haustür entsorgt oder nicht, andere
Wange hinhalten, oder? Sollte ich ihm vielleicht noch die Tür öffnen,
damit sein Köter 'nen Teppich für seinen Hundearsch findet, oder? O
nein, Erhabener: Ich denke, der Liebende, der Nette, der Wissende,
der die Psyche des anderen nicht verletzen will, wird, aus seiner
friedfertigen Seele heraus, aus seiner Gesinnung, Denkart usw.
niemals angreifen! Oder siehst du das anders?

Folglich Angreifer gleich Sünder!
Denn Angriff ist Missachtung, Verletzung der Innenwelt.
Verletzung der NATUR DES MENSCHEN.

Und jede Forderung nach Aufgabe der Selbstbestimmung ist Angriff, ist sündig. Das verwundet ... DIE NATUR DES MEN-
SCHEN ..., die nach heutigen Erkenntnissen – neurophysiologisch
- mit großer Wahrscheinlichkeit eben die Seele, die Psyche, das
Innenleben, die Gefühlswelt ist; (auch wenn namhafte Neurophy-
siologen wie Damasio zwischen Emotion und Gefühl bewusst un-
terscheiden: Hängt mit Verständnis-Erleichterung zusammen).

Sexueller Missbrauch von Kindern gleich VERWUNDUNG DER KINDLICHEN NATUR - und das pur.

Vasteht jeder Piesepampel. Aba keen Normalhirn kapiert, dat die im Vatiklan sich schwer tun damit. Falsches Seelenverständnis vielleicht? Een bissken Fakten-Ignoranz, wa?

Warum richtet sich christliche Glaubenslehre als Teil einer Welt-Religion, immer noch zu wenig nach naturwissenschaftlichen Erkenntnissen? Vielleicht weil SEELE (Geistseele?) eine griffige Bremse oder gar zuverlässige Tarnung ist?

> **KKK 70: Wer gibt dem Menschen die Seele?**
> *Die Geistseele kommt nicht von den Eltern, sondern ist unmittelbar von Gott geschaffen; sie ist unsterblich. Sie geht nicht zugrunde, wenn sie sich im Tod vom Leibe trennt, und sie wird sich bei der Auferstehung von neuem mit dem Leib vereinen.*

Ohhh, Scheibe, Scheibe, Scheibe! Von Kugel fast nichts, Herr Erhabener? Geistseele, meine Güte, oder wie oder was?! – Und was ist dann Psyche? – Körperseele, oder wie oder was?

Nichts gegen eine 'Geistseele' an sich. Wenn solches Denkmuster jedoch den Schutz der 'Körperseele' be- oder sogar verhindert, dann ist dieses Denken mehr als beängstigend, belastend, und – logisch – letztlich teuer. Wie bremsend wirkt sich der Widerspruch zwischen zeitnaher kirchlicher Lehre und dem milliardenfach praktizierten menschlichen Verhalten gemäß naturwissenschaftlichen Erkenntnissen auf das soziale Klima der Menschheit aus? Zwischen Vatikan oben und Kirche unten? Steckt dahinter als Geheimnis vielleicht doch eine Art merkwürdige, unsinnige oder nur überholte Erziehung, unzüchtigem Denken vergleichbar? Oder nur Unkenntnis, Ignoranz? Die feine, subtile Art der Herrschsucht eventuell? Vielleicht <u>auch</u> ein Geheimnis, das wir nicht verstehen können?

Mann, Herr, wenn's mal endlich da oben ankäme bei dir, was seelische Beeinträchtigungen und Verletzungen wirklich in Individuum und

Gesellschaft anrichten, würdest du manche Gedankenlosigkeit, manche Ignoranz vermeiden, oder? Du bist doch kein Unmensch! Oder? Und zwar ohne, dass am Grundprinzip des christlichen Glaubens, an der 'Macht der Liebe' zu rütteln wäre. Oder willst du tatsächlich, na, so aus Prinzip heraus dran rütteln, um den Wein selbst saufen zu können, während dem einfachen Volk Wasser gut genug sein muss.

2010 sind Oberhirten noch immer nicht bereit zuzugeben, wo die Ursache sexueller Verklemmung mit entsprechenden Folgen (Kindesmissbrauch) wirklich zu suchen ist. Statt dessen religiös verkorkste Rechtfertigungsversuche für die Blindheit einer mächtigen Schicht, die Adam und Eva (aus Unkenntnis) serviert hat und immer noch eine absolut zu enge Sexual-Lehre verkauft.

War dieses Paradies-Gespann oder GOTT zuerst? Erhabener, ist doch 'ne passable Frage. Huhn oder Ei, verstehste? Ich meine die Entstehung unseres Planeten, genannt Erde, wenn du umschalten kannst auf das, was ich meine, also das mit dem Paläozoikum, so 400 oder auch 600 Millionen Jahre zurück oder so in etwa; jedenfalls noch vor den ersten kleinen Amphibien. Also das urzeitliche Damals ist wohl um einiges anders verlaufen, als die Autoren der biblischen Schöpfungsgeschichte uns 'überliefert' haben. Logo! Oder Kennst du Amphibien, die schreiben konnten? Und deshalb, meine ich, könnte man mal so grundsätzlich nachfragen, ob auch andere Teile der Story nicht etwa auch, na, sagen wir, zu phantasievoll ehemals in Lehm oder Stein gedrückt oder geritzt worden sind. Was ja logisch wäre (und ohne verbindliche Quellenangabe noch logischer). Ich meine, wer konnte damals vor was weiß ich wie viel Millionen Jahren schon aus irgend 'nem Raumschiff so in die universale Gegend gucken und überrascht jubeln: 'O, Herr, deine Welt ist ja rund! Wie schön! Warum hast du uns das nicht gleich gesagt!'

Wobei die Kernaussage deiner Heiligen Schrift 'Liebe deinen Näch-

sten wie dich selbst' (Matthäus 22,34–40) ohne Zweifel, Erhabener, wirklich, die für eine friedliche Welt vernünftigste, sinnvollste Forderung ist, dort im alten Folianten. Zu dumm nur, dass sich bestimmte Typen immer und immer wieder über diese Grundregel, Hierarchie geprägt, hinweggesetzt haben. Diese Mittelfinger-Figuren, verstehste. Immer wieder. Heute und morgen und immer. Und warum? Warum wohl? Also von wegen Liebe! Nicht mal Achtung vor dem Nächsten. Nix. Du weißt schon, Herr, die 'wo sich immer besser fühlen als andere.' Nase oben, weil sie 'n paar Kröten mehr haben (oder glauben, manches besser zu wissen oder besser abkupfern zu können, meinen, alles kaufen, alles bestimmen zu können: Sieger-/Elite-Denken). Der soziale Verstand von Machtgier durchlöchert. Und hör mal richtig zu, Herr, der du bist: Typen, Typen, die geschult sind, müssten eigentlich wissen, was sie auf Dauer anrichten mit ihrer Gier. Aber besser wissen und besser sein, ist irgendwie nicht identisch, oder? Also irgendwie bekloppt, die Schlaumeier, oder? Hierarchie gestört. Und ich frage nur mal so: Diese schleimig bremsende soziale Dämlichkeit der Machtgier, Mann, o Mann, könnte die nicht vielleicht eine der Ursachen (wenn nicht gar die Hauptursache) für die vielen Konflikte auf dieser immer enger werdenden Erde sein? Wenn du mich fragst, Erhabener, ich bin überzeugt davon. Doch, Herr, wer bin ich schon. Denn logisch: Die meisten unserer lieben Zeitgenossen denken darüber anders. Eben 'normal', was auch immer man unter normal verstehen mag. Des eignen Glückes Schmied – ist das etwa nicht Maxime fast in jedem Hirn, oder? Seit eh und je? Also normal! Oder nicht? – Okay, Glauben hier und Fakten dort, das ist so eine Sache. Ähm, versteh bitte, Herr: Ob unwissende oder bewusste Verdrehung von Fakten, es bleibt Verdrehung, oder? – Ähm, z.B. Verdrehung der urchristlichen Ideologie vom Miteinander

hin zum Übereinander alias Hierarchie, das Fundament des Macht-
verhaltens, das Denkmuster, auf das sich der heutige Brutal-Kapita-
lismus stützt und damit die Welt immer weiter ins Chaos drängt, ka-
pito? Was spricht dein Kortex da? Herrschsucht internalisiert, peng!
Naja, verständlich: Macht ist das Erstrebenswerteste überhaupt. Eine
zwar etwas wunderliche Denke, wenn man mal schärfer denkt oder
wie man so schön sagt: über den Tellerrand hinaus – denkt! Von
wegen Gleichheit, Gerechtigkeit and so on, was eben so in die Schub-
lade des Miteinander eigentlich hineingehört. Aber nein: Macht, hmm,
schmeckt eben! Und als Produkt unserer christlichen Kultur, epige-
netisch längst in den Hirnen verklebt. Also wird dieses Bewusstsein
über die Normalität von Macht von kaum jemandem noch angezwei-
felt. Okay, meine katechetisch kirchliche Assoziation klingt eben
deshalb verrückt, mein großer Meister. Logisch, aus einem verkorks-
ten Hirn wie meinem. Andererseits – also wenn ich das richtig sehe,
Erhabener, und die Antwort auf die Frage 179 in der Glaubenslehre
...Christus hat die kirchliche Hierarchie eingesetzt, um das Volk Gottes in seinem
Namen zu weiden... *richtig deute, dann – ähm, hm ... na, das ist doch*
mal schön! Supergeil schön, dieses Bild des Friedens: eine riesige
Herde von Rindern – große, dicke, kleine, dünne, Kühe, Ochsen,
Kälber – alles auf einer Weide! Oder wie oder was? Na ja, ne Art
Zuchtanstalt das Volk Gottes oder so, also die Normalbürger, hä?
Vielleicht oder nicht? – Jedenfalls:

> *... Zu diesem Zweck hat er ihr – also Christus der Hierarchie -*
> *Vollmacht verliehen. Die Hierarchie setzt sich zusammen aus den*
> *geweihten Amtsträgern: den Bischöfen, Priestern und Diakonen.*
> *Aufgrund des Weihesakramentes handeln die Bischöfe und die Priester*
> *bei der Ausübung ihres Amtes im Namen und in der Person Christi,*
> *des Hauptes. Die Diakone dienen dem Volk Gottes in der Diakonie (im*
> *Dienst) des Wortes, der Liturgie und der Liebe.*

Oha, oho, erst Liturgie und dann Liebe? Da GOTT doch Liebe ist? Wer ist denn hier der Macher? – Na, kleiner Schnitzer vielleicht. Denn keine Frage, die da oben im Vatikan wollen dem Menschlichen gerecht werden. Keine Zweifel. Nur warum knebeln, moralisieren sie dann eines der menschlichsten, existenziellsten Gefühle – und das auf ziemlich bescheuerte Weise? Sprechendes Beispiel gemäß veraltetem Lexikon: Unzucht gleich ...aktive Handlung, die den Menschen vom Status der Reinheit in den Status der Unreinheit führt... *autsch, Mijnheer! Und dat – zum Glück weitjehend überholte – Jesülze bedauerlichster Weise nich uff de Reinheit vonne Janglienleistung zielend, oder wenne wills, auf die det Jeistes, neeee, det nich, Männeken....*

SO WAS WIE HÖLLE

Wir also jedenfalls daheim. Etliche Tage erst im Februar, aber schon eine Eskalation. Quatsch – Explosion! Detonation!!Es musste so kommen. Auseinandersetzung mit der Nachbarin. Unschamhafter Gedanken wegen? – Ja oder nein? Okay, die Woche nach der Klinik war wahrlich superhart. (Herz sieh zu, dass du es überstehst!) Kurz: Die emotionale Detonation auf diese Art zwar erklärbar, die bisher gute nachbarliche Beziehung jedoch gestört. Ende! Ich bin ausfällig geworden. Und bis auf die Knochen entblößt. Seelisch nackt. Ein blödes, beschissenes Gefühl. Wirklich! ... *doch wie's da drinnen aussieht* ... geht das niemanden was an? Wirklich nicht? Ich habe jedenfalls unfreiwillig zu einem Streit beigetragen. Wollte ich absolut nicht! Doch meine Gefühlswelt hat es nicht ausgehalten. Geplatzt wie ein Luftballon, weil voll gestopft von 'Umständen' – klar, nach öffentlicher Meinung selbst geschmiedet: Glück, Glück hurrah! Vulkanartig ausgebrochen der viele Spaß in meinem Innenleben. Und dass dieser Vorgang Beweis ist dafür, wie sehr die Gefühlswelt das individuelle und das Leben mit anderen dominiert – nur Nebensache. Muss man nicht beachten. Menschlich zwar eine bedrückende, nahezu erdrückende Situation, aber ich will an meinem Glück ja weiter schmieden. Zu dumm nur: Der Schmiedehammer gehorcht einfach nicht. Ich fühle mich am Ende meiner Kräfte.

Nach einem lautstarken und dennoch harmlosen Streit aufgrund meiner überreizten Nerven haben SIE und ich uns erschöpft hingelegt. In ihrem Zimmer, wo auch ein Klappbett steht. Gerade 20 Uhr vorbei. Irgendwann bin ich dann schweißgebadet aufgewacht; in dem Glauben, ich hätte endlich wieder mal stundenlang und ausgiebig geschlafen, bis in den dämmernden Morgen hinein. Irrtum: Abermals nur gut drei Stunden gepennt. Mitternacht also und nicht der Morgen. Fast eine Vollmondnacht draußen. SIE liegt nebenan, röchelt im Schlaf, träumt offenbar schlecht (wie SIE später erzählt hat: vom ALS-Tod ihrer Freundin, was – (2006 - gerade ein Jahr her.) Und ich denke sogleich an mein Ausrasten vom Abend: Kein Wunder, dass es passiert ist.

Und was ist passiert? - *Sichtbar* wurde nur eine Tür zugemacht. Die Tür zu ihrem Zimmer. Wieder mal! Direkt vor mir. Vor meiner Nase. Wie Konfekt aufgefressen. In unserem Haus – diesmal von Nachbarin XY., ein hilfsbereiter, gutmütiger, warmherziger Mensch. *Unsichtbar* hat mich das an meiner empfindlichsten und schon zu oft verletzten Stelle erwischt, was Frau Nachbarin nicht wissen konnte.

Ausgesperrt? - Nein, es war mehr. Viel mehr. Ich bin zutiefst gekränkt. Klar, ich frage mich, und jeder fragt sich, warum das Schließen einer Tür meine Gefühlswelt (gleich ob Geist- oder Körperseele?) bis in den Kern erschüttert, Todessehnsucht inklusive? Warum mein Gemüt nicht in der Lage ist, diese Aussperrung gelassen wegzustecken? Warum plötzlich der emotionale Ausbruch vor der hilfsbereiten Nachbarin? Lautstark, voller Erregung, mit Vorwurf gepflastert. Und mit Schuldverschiebung, logisch.

Und es war wahrlich kein angenehmes Gefühl danach, o nein!

Scham – ich weiß nicht, vielleicht? Denn Schämen für eine Kränkung der Gefühlswelt, auch inklusive Explosion – ich weiß nicht recht. Der Sud all der Aussperrungen aus meinem tiefsten Inneren allerdings eindeutig hochgekocht, ob aus der Geist- oder animalischen Seele heraus – es zerreißt das Gemüt.

Keine Frage: Zunächst habe ich versucht, die 'Kränkung' zu verdrängen, zu schlucken. Bin dreimal um den Block gelaufen. Und dann ist es doch passiert: aggressives Verbal-Poltern. Klar, ich habe menschlich versagt. Ich habe einen Mitmenschen, der es nur gut meint, der uns außerdem sehr viel selbstlos geholfen hat, Vorwürfe gemacht. Und damit Tränen, Verletzung ausgelöst.

Doch warum das? - Tja, lieber Gott, es gibt nun mal in mir Ereignisse, die sich so tief eingebrannt haben, dass das Limbische auch Jahrzehnte danach noch durcheinander gerät – durch das Schließen einer Tür z.B.. Wie auch in der Stroke unit Tage nach IHREM Crash im November 2005. SIE vielleicht im Sterben und ich vor die Tür geschickt von unwissendem oder gedankenlosem oder falsch geprägtem Pflegepersonal. Von der Gemeinschaft mit IHR ausgeschlossen. Wie beim Wegputzen von den Pralinen damals. Gewiss ist es schwer zu kapieren, dass ich als kleiner Junge - gerade neun – von Erwachsenen schmerzlich missachtet worden bin. Aus der Gemeinschaft ausgestoßen in eine für mich als Kind hässliche, leere Welt wie auf dem verotteten Güterbahnhof vor Prag. Draußen vor der Tür. Denn sie haben damals nur gedankenlos mein Konfekt gefressen – die Festgäste, ratzekahl weg. Mein Erst-Kommunion-Geschenk! Und nicht ein Stück für mich übrig gelassen. Oh, eine einzige Praline für mich – und ich hätte dazugehört. Als Kind akzeptiert. Nein, alles weg. Und dann noch gelacht: 'Der arme Junge', nicht eine Praline fürs Kind!'

Seither ist diesbezüglich etwas kaputt in mir. Sehr kaputt, klar, denn ich habe mich damals nicht gewehrt. Nicht wehren können gegen zwanzig Tanten, Omas, Opas, Onkel usw. Gegen das verletzende Schein-Mitleids-Belächeln. Niemand hat mir gesagt, dass ich mich und schon gar nicht, wie ich mich wehren müsste, um meiner Seele gerecht zu werden. Okay, was weiß ich schon von Seelen! Aber ich weiß, was ich gefühlt habe, auch in dem Psycho-

Büro damals. Tagaus, tagein, ein halbes Jahr lang: isoliert, nichts tun, nur anwesend sein. Von der Gemeinschaft ausgeschlossen – und das als 'Entgelt' dafür, dass ich mich gegen Missstände am Arbeitsplatz, gegen Mobben, geklaute Verbesserungsvorschläge, Telefon-Abhören usw. gewehrt habe; mich dafür eingesetzt habe, dass menschliche Anerkennung und Achtung mehr Leistung bringt als überhebliche dummdreiste Führungsfehler hierarchisch kranker Luschen, die weder wahrnehmen noch begreifen und schon gar nicht kraft ihrer Vormachtstellung lernen wollen, wo Motivation beginnt. Tabuthema in Luschenkreisen. Und ich so naiv!

Wie also sollte ich mich später gegen Vorgesetzte wehren, wenn diese arroganten Bosse alle Kollegen bei Arbeitsantritt persönlich begrüßten, mich aber ausklammerten, an meinem Arbeitsplatz mit himmelwärts gerichteter Nase vorbeigingen. Unmissverständliche Absicht, denn 'du, *Mit*-Arbeiter, denkst nicht wie ich. Und ich bin der Boss und habe die Macht, dich zu missachten'. Machtmissbrauch, MM. Mein einziges Mittel der Gegenwehr – Verachtung dieser miesen Typen – hat zwar kaum etwas bewirkt. Außer Eskalation. Dennoch: Solches Berufliche lässt sich noch auf diese Weise verdauen, kompensieren. Vor der Liebsten jedoch ausgesperrt zu werden, raus geschickt, draußen vor die Tür gestellt zu werden, im eigenen Haus! Wir sind doch eins.

Der Ursprung der Explosion also die 'Arroganz der Macht' zuerst von blutsverwandten Fest-Gästen, später von Bossen. Okay, passiert andauernd. Nur warum ist *mein* emotionales Hirn nicht in Lage, das abzuarbeiten, zu verdauen, zu kompensieren, zu schlucken? Warum ist es zu wenig resilient? Warum detoniert es? Warum glimmt der Zündfunke 'Arroganz der Macht' so nachhaltig in mir, ein Leben lang? Im Alter 8 passiert, und noch 70 Jahre später durchgreifende Wirkung ... Verflixte Gefühlswelt! Die verwundete NATUR DES MENSCHEN. Die Folgen sind also meist dauerhaft negativ. Gewiss, die Nachbarin hat die Tür geschlossen, um 'die Intimsphäre von IHR zu schützen.

Vor wem schützen? Vor mir? Der ich mir die Beine ausreiße bis zur Erschöpfung, damit SIE sich den Umständen entsprechend so wohlfühlt, wie es nur eben geht? Warum sind Hirne einerseits so wenig fähig, ein subjektives Verhältnis objektiv wahrzunehmen? Und warum ist andererseits meines so ideosynkratisch geprägt, dass es einer Ausgrenzung nicht standhält? Was läuft da in Hirnen, in Auren, zwischen Gefühlswelten ab. Oder was ist in vielen, vielen Jahren der Menschheitsgeschichte in den Köpfen passiert, dass aus natürlichen Prozessen Unschamhaftes wurde, während das, was wirklich zum Schämen oder unzüchtig ist, als normal betrachtet wird. Was ist Sünde? - *Det Knistern im Bauch? So sündig, dass die Herren des Vatiklans genau davor zu zittern scheinen? Wie schon hie und da mal beschrieben, wenn een halbwüchsiges Supajirl Oberpriestern jedanklich den Atem nimmt, wat ja vorkommen soll. Aber solches schon Sünde ?*

Trennung von der Liebe (alias Gott?), ja, das ist Hölle, o ja. Ein Scheißgefühl, egal wie benannt. Ich also drei Stunden Hölle und um den Block und dann doch die Explosion. Getrieben vom neuronalen Muster in mir. Wie gesagt, auch verstärkt von den ewig langen Minuten vor ihrem Zimmer auf dem langen Flur der Stroke unit? Oder damals die Geburt auch unseres Kindes – Trennung. SIE allein, ich allein. Warum hat sich die Trennung von meinem mir geschenkten Konfekt so schmerzlich hineingefressen ins Limbische? SIE ist mir auch geschenkt worden. Und ich hatte heftiges Verlangen, ja nahezu Begierde, bei IHR zu sein in den schweren Stunden der Geburt, oder der Schmerzen oder jeglicher Last; Verlangen, SIE fühlen zu lassen, dass derjenige dicht neben ihr ist, dem SIE ihr Dasein anvertraut hat. Tür zu bedeutet also Trennung von der Liebe. SIE ist doch ein Teil von mir. Verschmelzungen zu trennen, dazu hat niemand das Recht. Seelische Verknüpfungen zerhacken – das ist Hölle. Allenfalls Operations-Kriterien - Hygiene, Ruhe, Störungsfreiheit - sind zur Trennung berechtigt. Begierde, Konkupiszenz – wer bist du eigentlich? Gier. Kriege – Kriege verwüsten weitaus mehr als Städte und Dörfer. Kriege verwüsten

Hirne. Und doch glauben Menschen immer noch, Kriege seien normal. Fressen und gefressen werden. ... *unseres Fleisches Erbteil* ... träumt Hamlet. Ja, urzeitliche neuronale Muster, die aber durch Nachdenken und oberhirtliche Vorbildhaltung durchaus Änderung erfahren könnten ... *Aufs Innigste zu wünschen. Sterben - schlafen - schlafen. Vielleicht auch träumen ...*
Beschäftigen wir uns vielleicht zu wenig mit der Psyche – oder genauer: mit dem wahren Paradies oder eben der wahren Hölle – in uns ... mit UNSERER NATUR?

WAS WÜRGT SEELE WIRKLICH?

Was schadet der der NATUR DES MENSCHEN? Was ist die typisch menschliche Natur? Vielleicht doch die Psyche? Die Innenwelt? Die Seele? Und wenn - Körper- oder Geistseele? Gibt es überhaupt einen Unterschied? *Wer nicht verletzlich ist, empfindet nichts* (Autor unbekannt).
Oder kann er dennoch empfinden?
Und: Was Seele alias Psyche im Zusammenhang mit Macht ist – weiß auch jeder? Oder noch besser: Wer fragt ernsthaft danach, was sich hinter dem Begriff 'Macht' tatsächlich verbirgt? Allein schon eine der harmloseren lexikalischen Erklärungen verwirrt so ein wenig:

> *Nach einem weit verbreiteten Verständnis des Wortes bezeichnet Macht die Fähigkeit von Individuen und Gruppen, auf das Verhalten und Denken sozialer Gruppen oder Personen - in ihrem Sinn und Interesse – einzuwirken;* **oder Ziele zu erreichen, ohne sich äußeren Ansprüchen unterwerfen zu müssen** ... *nach wiki*

Einwirken auf was? Auf Bauch oder Braigen? Und in welchem Sinn? Im Sinn jener sozialen Gruppen, Personen? Wäre zwar ein gramatikalisch korrekter Bezug, aber ist das wirklich gemeint? Oder vielleicht doch nur im Sinn derer, ... die über jene Fähigkeit des Einwirkens verfügen ...?

Max Weber, (1864-1920) Jurist und Mitbegründer der Soziologie, formulierte es eindeutiger: ... *Macht ist, jede Chance innerhalb einer sozialen Beziehung den eigenen Willen auch gegen Widerstreben durchzusetzen ...*

Blattschuss, Erhabener! Letzteres ist doch längst typisch, normal, üblich, Sitte: Basta–Politik, Raubtier–Kapitalismus, Finanzkrise, Unbescheidenheit der Manager, Verschleppung von Klimaschutz, Heuschrecken, Raubritter, Ausbeuter, Betrüger, Plagiatoren usw. usw.. Wollte Weber oder konnte er nicht ausdrücklich darauf hinweisen, dass Macht gegen Abhängige zur Gewalt wird. Bei Menschen, die keinen Widerstand leisten können, zur Ausbeutung wird: Schwache, Kranke, Alte usw. –. Und seit 2010 wissen wir definitiv, dass zu diesem Ausbeuterkreis auch mehr Priester (ob Päpste, Bischöfe, Pfarrer) gehören, als man bisher geglaubt hat. Alles menschlich oder falsche Aufzucht? Eine Gruppe, die Macht gnadenlos übt (logo: brauchse sexuelle Entspannung, aba darfs nich, suchste, die wo am leichtesten ßu benutzen und ängstijen sind: Kinder! – Oda ooch sojenannte Gläubige [oda ehmt abhängige Kunden. Oder Krankenversicherte]. Als katholischer Priester haste entweder eene jeringe oda sojar einjetrocknete Libido oda ehmt übernormale Willenskraft. Soll ja beidet jeben). Immerhin werden nur – wie viel Prozent? – der Priester zu Kinderschändern, hä? Gibt ja nu ma mehr hirnlich 'saubere' Priester als seelenkranke. Und nicht nur Priester missbrauchen ihre Macht – mit oder ohne Penis. Kranke Macht, die wo jeradezu üppig wuchert inne Welt, wächst villeicht ehmt doch aus sexuelle Vaklemmung heraus, oda? Villeicht hat ooch de Epijenetik imma mehr Menschen zur Jefühlsblindheit jestrickt; Konflikt-Tsunami für übafüllte Welt, von Medien ooch mit'n aufjebauschtet Jewürz druff. Un et könnte ooch sein, dat de Kombination aus diese Faktoren uns kaum noch Chancen lässt, das Bewusstsein zu ändern. Wer weiß?

SIE lag hilflos da. SIE konnte noch nicht mal einen Schluck Wasser allein beschaffen, wurde vernachlässigt, übergangen, links liegen gelassen. Vielleicht, weil die Mitmenschen zu wenig Zeit hatten? Weil der Oberhirte den Helfern zu viele Aufgaben aufgebür-
det hatte? Oder weil mehr Helfer die Bilanz würden verschlechtert
haben und damit die Dividende vermagert hätten. - Oder weil SIE
ohne all dies längst abgeschrieben war? Wer hatte SIE vernachlässigt? Kraft welcher Entscheidungen? Kraft welchen Denkens?
Nein, ein Priester hatte nicht entschieden. In IHREM Fall ein Arzt.
Diagnose falsch, Therapie falsch: Und genau das ist geschehen in
Klinik X. IHRE Natur war verwundet worden. Die Sünde eines
Arztes. Verantwortungslos. Ohne die Chance, ihn zur Verantwortung zu ziehen. Auch später ist der Versuch, falsches Arzt-Ver-
halten zur Verantwortung zu ziehen, missglückt. Elniete-Macht.

> *... Verantwortung bedeutet die Möglichkeit, dass eine Person für die
> Folgen eigener oder fremder Handlungen Rechenschaft ablegen
> muss ... Juristisch wird Verantwortung sogar als die <u>Pflicht</u> einer Per-
> son verstanden, für ihre Entscheidungen und Handlungen <u>Rechen-
> schaft</u> abzulegen.* wiki

Verantwortung ist auf jeden Fall viel mehr als Macht. Und Verantwortung ist unverzichtbar. Doch das Denkmuster des Missbrauchs
ist tragischer Weise zur Unzucht mutiert. Zwar ist jeder reife
denkfähige Mensch frei in seinem Denken, anders jedoch seine
Innenwelt, die primär mit entscheidet und via Macht (ebenfalls
gefühlslgesteuert) zu manipulieren ist: Lager-Streit im Parlament
2011. Entsetzlich! Viele lassen sich zu leicht manipulieren – und
schicken z.B. tödliche Stromstöße, weil es die Wissenschaft oder
der Herr oder irgendeine Macht so will. Doch man kann es
drehen, wie man will: Es sind letztlich immer Herrschende - ob
einzelne oder Vorsitzende von Institutionen mit ihren angepassten
Wasserträgern, die am grünen Tisch entscheiden, oft mit zu wenig
Empathie oder mit nur Interessen gebundener Sachkenntnis,
außerhalb des Wohles aller, also gebeugt der Bürokratie; kurz, die

Arroganz der Macht, zwar oft getarnt durch angebliche Sach-zwänge, aber dahinter zumeist private, subjektive Interessen. Basta-Politik! Unrechtsbewusstsein Null, obwohl es Sexualstraftäter mit Schuldgefühlen geben soll. Aber Machtgier entscheidet nur mal eben so. Und nicht, weil jene Elite durchweg bösartig ist, eher weil das, was uns zu Menschen macht, oft gedankenlos und allzu leichtfertig übersehen oder aus Bequemlichkeit übergangen wird.

Macht statt Verantwortung ist fatal, ohne Rechenschaft-Vollzug aber ein Graus. Vor wem müsste sich die Fieberthermometer-Hexe aus X verantworten? Der Chefarzt? Der Pfleger? Oder ich als Vater? Stehe ich meinem Kind, meinem Nachbarn nicht schneller und direkter gegenüber als irgendeinem Gericht (inklusive 'letztem' Gericht in später Ewigkeit)! Und muss ich mich wirklich vor Menschen, die benutzen alias missachten, vor 'Mächtigen', die 'alles haben' und sich immer mehr nehmen, die also selbst SÜNDER sind, rechtfertigen? Vor denen erniedrigen, deren Glaubwürdigkeit durch ihre eigene Widersprüchlichkeit längst zu Tode gepredigt ist!

Oder letztlich verantworten vor GOTT, einer Imagination, der Barmherzigkeit und Gnade angedichtet wird. Zwar eine beruhigende, aber damit auch gefährliche Denkweise: Sündigen auf Gottes Barmherzigkeit hin, heißt letztlich doch Leben weitgehend ohne Verantwortung.

TEUFELEI UTØYA

Norwegen 2011: Zweifelsohne verfügt jener Täter mit elitärem Hintergrund über Intelligenz, jedoch offenbar über keinerlei Empathie. Möglicherweise ehemals vorhanden, aber irgendwann verloren. Alexhithym. Loch-Syndrom. Defizit. Er handelte voll rational (und als Konsument von *ego-shootern* vermutlich vergleichend), aber ohne jegliches Mitgefühl, Schuldgefühl, verantwortungslos.

Ohne Frage: Dieses Massaker spiegelt ein Verhalten, dass menschlichem Wesen total widerspricht. Andere unmenschliche Verhaltensweisen werden leider selten genauso deutlich. Was dieser katastrophalen Entgleisung vorausgegangen ist – wer

will, wer kann das zutreffend herausfinden? Nach meiner Einschätzung ist neben anderen Empfindungen zumindest das Gefühl der Überheblichkeit und gleichzeitig vernachlässigter Beachtung wirksam geworden, auf welchem Mist Überheblichkeit
(Rechts- oder Linksradikalismus) auch immer gewachsen ist.
Wer sich stetig besser dünkt, handelt irgendwann auch überheblich - und dennoch gleichzeitig teilweise rational.

Vor wem muss sich ein Macht-SÜNDER letztlich also verantworten? Sich Mitmenschen gegenüber direkt verantworten zu müssen,
ist jedenfalls schwerer als gelegentlich irgendeiner Anonymität.
Also dem Kind in die Augen zu sehen, dessen Seele (und wenn es
nun doch die Psyche alias Körperseele ist) ich soeben missbraucht, getötet, gemordet habe, das würgt das eigene Gemüt doch
wohl um einiges mehr, als irgendeinem Anonymus irgendwann
später mal Reue vorzulabern. (wie den Bürgern von Duisburg
2010 oder Wählern oder Gläubigen usw.).

Det eene wird uff unjenaue Zeit vaschoben und jern vajessen; un det
annere musse tun. Un vor allem woll'n, Chef. Wenn aba de Jefühls-
welt det Sagn hat! Un du ehmt uff Macht scharf bist! Un de In-
nenwelt von det Blag dir scheißejal is (Teufelei Utøya), wat tuste da:
vaantworten oda vadrängen un öhjendwann een Priesta vorlabern?
Un et sollt' dir ma uff de Zunge ßergehen: vorlabern vielleicht 'nem
Sexualstraftäter – hinter'm Beichtstuhlgitter? Oder 'nur' jener Imagi-
nation Gott – dazu in nicht wahrnehmbarer Ewigkeit!

Ja, freie Entscheidung, klar. Freier Wille diesbezüglich. Möglichkeiten, die jedem gesunden Menschen zur Verfügung stehen. Oder
muss man sagen: jedem gesunden Hirn? Jede gesunde Gefühlswelt kann sich jedenfalls so verhalten, dass die Psyche des Mitmenschen nicht verwundet wird, also verantwortlich. Aber es
kann sich eben auch bewusst unverantwortlich verhalten: von
oben herab, missachtend, verletzend. Und dann auch noch täu-
schend: 'Wie leid es mir tut!' Akustisch deutlich vernehmbar, das
Image der eigenen Macht pflegend, jedoch in Gedanken und Bli-

cken ein klar signalisiertes 'Arschloch!' Nonverbaler Mittelfinger! Und der verwundet mehr und öfter als unschamhafte Blicke jedenfalls. Und nonverbale Mittelfinger von Erziehern, Vorgesetzten, Priestern und dergl. verletzen besonders schmerzhaft. Daher auch das Plagiat-Verhalten 2011 so außerordentlich übel und von vielen nicht erkannt, sogar von oben gedeckt: Salve Elite!

Vielleicht aber habe auch ich der Nachbarin gegenüber verantwortungslos gehandelt? Denn zweifelsohne: Ohnmacht und Entsetzen, die Verletzung meiner Gefühlswelt also hat mich gesteuert und die Ratio überspült. Und Warum? Denken ist doch ein rationaler Vorgang – trotz Empfindungsfähigkeit.

Jedoch die Chronologie der Ereignisse im Hirn: a) Die Emotion VERLETZUNG feuert, trifft danach b) auch ins Verstandeszentrum (Kortex) mit Wechselwirkung. Dieser Informations-Austausch verläuft (feuert) so schnell, dass wir ihn nicht wahrnehmen, nicht mal vorstellen können. Wie also ihn steuern? Zumal die Reaktion der Hirnzellen von der Intensität der Emotion abhängt. **Also: Je geringer die Verletzung, umso geringer die Gefahr einer Explosion.**

Gewiss, ist jeder Mordgedanke, jeder gezielte Wutgedanke, jeder Schläger-, Betrügerwunsch als verletzender Übergriff ins Innenleben anderer durchaus vorstellbar, auch irgendwie als 'Hausfriedensbruch' oder Abwendung von Gott oder eben der Liebe oder wie auch immer. Vorstellbar, ja, das Denken an ein solches Verhalten jedoch nicht zu verhindern! Denn, o je, wenn schon Denken Sünde wäre, kämen speziell Katholiken, die angeblich ausschließlich die Gnade des Verzeihens von Sünden haben, aus dem Beichtstuhl wohl nicht mehr raus. *Klar, du mein Herr, tust dich mit solchem Denken schwer. – Weil – logisch, jeder Oberhirte, selbst du irgendwie und auf diese Weise total sündig wärst, oder? Trotz getauft.* Jeder Politiker, Manager, König. Jeder Priester, Papst – vor allem auch immer dann, wenn er gemäß seinem Lehramt sogenannten moralischen Druck auf seine Schäfchen ausübt, oder?

Tja, und mal abgesehen davon, dass man Denken nicht willkürlich abschalten kann, welchen Sinn macht es denn, wenn sexueller Missbrauch über den 'Sex-Moral-Kanal VERKLEMMUNG' subtil gefördert wird - statt zielend eingeschränkt? Warum denn das Ausufern jener 'diffusen Erotik' zur Pornografie? Doch offenbar des großen Defizits diesbezüglich wegen. Und wer puscht dieses geheimnisvolle Brimborium um Sex, wenn nicht jene, die sich nicht trauen, genau hinzuschauen, weil sie dem Lustgefühl dann nicht widerstehen zu können glauben, statt es zuzulassen - und die psychische Belastung als die wirksame Grenze wahrzunehmen. Es sind Narren oft mit altersbedingter nachlassender Libido, aber im Glauben an das sexuell grundsätzlich Böse. Und ausgerechnet solche Männer bestimmten und bestimmen immer noch die Sexual-Moral (und werden heute vielfach nicht mehr ernst genommen). Was anders soll mit dieser Denkart wohl erreicht werden – außer Macht über Menschen, die lieber glauben, statt denken.

Mein Hirn denkt lieber und – verflucht – es denkt wohl ziemlich beschissen:

> *Bei allen Heiligen und dem Teifel:*
> *(sie kann man ohnedies nie fassen),*
> *Selbst beim Pinkeln in der Eifel*
> *und überall – und das ist mies -*
> *kann ich das Denken,*
> *einfach nicht lassen.*
> *Und oh, das 'Nach' vor diesem Denken*
> *-   sollte niemand je verschenken!*
> *Verstehst du, Herr?*
> *Grübeln, - wie's wohl besser wär...*

Aber es denkt! Etwa wie wichtig es gerade Heranwachsenden gegenüber wäre, ehrlich zu sein und Sprache (oder Uniformen, Utøya) nicht zu missbrauchen. Ein Polizeisprecher damals zu Utøya:

'Je mehr Verlierer wir produzieren, umso höher ist die Gefahr solcher Anschläge'. n-tv, 24.07.11

Klare Orientierung brauchen Jugendliche, dachte ich immer; 'ne zeitgemäße, die Psyche, die Gefühlswelt wirklich schützende Sittenlehre wäre da wohl angebrachter als schwammiges Gesäusel. Und bitte nicht missverstehen: Respekt vor dem, was neues menschliches Leben spendet – Organe und Vorgänge – ist ohne Frage erforderlich, aber wohl kaum bedeutender als das Leben selbst. Und menschliches Leben basiert primär auf der Psyche, die nach heutigen Erkenntnissen erst nach rund zwanzig Schwangerschaftswochen zu werden beginnt. Kaum früher, auch wenn die genetischen Voraussetzungen mit dem Zeugungsvorgang gelegt werden. Oder haben unausgegorene Prozesse mehr Respekt verdient als fertiges Leben? Das dem neuen Wesen gegenüber oft grundsätzlich empathielos gezeugt wird, zwar angeblich die Geistseele mit der Taufe erhält und dann dem grausamen Real-Leben überlassen wird. Die Glaubenslehre des Vatikan, also bitte, ist kein böses Buch. Im Gegenteil! - Aber im sexuellen Bereich gelingt es mir tatsächlich nicht, diese 'Sittenlehre' wirklich ernst zu nehmen: Existentielle Gedanken zur Sünde zu biegen und die wirkliche Sünde eindeutig ausklammern (*o weia, Herr! O weia!*)

Klar, hat Vatikan alles berücksichtigt. Oder hat er nicht? Klar, hat er, oho! Denn er ist Übermensch? Oder greift da der von Gott angeblich verliehene Spielplan der Hierarchie alias Vollmachtswahn: Hie Luxus-Bischoff-, dort Armut!? Doch, lieber Himmel, wozu mein ganzes Rumgenöhle! Weiß doch jeder Vernunftbefähigte ohnedies, was oben viel zu häufig für ein Scheiß abläuft. Verantwortung von den Ganglien noch weiter weg als der Mars von der Erde.

Und in mir das Gefühl unbestimmter Angst vor dieser Macht. Und nicht nur in mir. Permanent. Ein Druck, ein Würgen. Ohnmacht vielleicht, eine Last wie ein Felsen im Nacken, die man nicht abschütteln kann. Und nicht nur Angst um SIE ...

TODESANGST

Wir – SIE und ich - schlafen derzeit innerlich höchst ruhelos, zerstückelt, und wieder getrennt, in der Hoffnung, dass ich wieder mal durchschlafe. Ich also eine Etage tiefer im Souterrain. In einer dieser Nächte – um drei Uhr herum - höre ich Stöhnen, springe auf und sehe oben im 'Krankenzimmer' nach. SIE schläft, wenn auch ein wenig unruhig. Ich also wieder ins Bett.

Nur eine gute halbe Stunde später das Notsignal. Wieder hoch ins Krankenzimmer. Sie liegt mit offenen Augen da. „Ich glaube, ich bin nass."

„Dafür machst du mich wach? Du trägst einen Schutz."

„Trotzdem ..."

„Ja, was denn nun?"

„Auf den Stuhl."

Ich helfe ihr, und dann schnell ins Bett. Zehn Minuten später abermals der Notruf. Es liegt auf der Hand, dass ihr Hirn falsche Meldungen gibt. Denn SIE hat seit gestern Mittag wirklich nicht übermäßig viel getrunken. Die Meldung, offenbar eingefleischte Angst vor der Ungeduld von Pflegepersonal.

Blasen-Terror. 'Nachlässigkeiten' in der Klinik und daheim Riesenprobleme. Und Ursache: Arroganz der Macht. Verantwortungslos. Nächster Herzinfarkt, Hirnschlag – was folgt?

Trotzdem: zwei Stunden nächtliche 'Geprächs-Therapie' an ihrem Lager. SIE hofft auf ein Medikament gegen die Blasenschwäche. Dazu immer wieder Fragen, IHRE Verunsicherung. IHR Hauptproblem: die tief verletzte Seele. Ob ich mit meiner Einschätzung richtig liege? Wie zersetzend, wenn SIE 'trocken' weint, Tränen, die nach innen fließen. An diesem grauenden Morgen rühre ich mich nicht, trotz ihrer stummen Klagen; schaue nur zum Fenster hinaus. So grausam muss man wohl sein, wenn man es durchstehen will. Aber wir üben fortan fleißig. Umgang Nacht-Stuhl. Mit meiner Hilfe schafft SIE es. Eine Wahnsinns-Mühe. Dennoch: Statt aufwärts – geht es weiter abwärts mit ihr, so scheint es. Zwei

Tage später eine eigenartige Gedächtnisschwäche: Ich komme zufällig dazu, wie sie sich aus dem Bett wälzen will. Ziel, Toilettenstuhl! Ich lobe die Initiative und helfe. Da SIE einen Fehler im Bewegungsablauf macht, erkläre ich den Vorgang nochmal. Es funktioniert. Danach will SIE schlafen. Ich lösche das Licht, entleere den Topf. Der Vorgang dauert etwa drei Minuten. Noch während ich den gespülten Topf einschiebe, bittet sie um Hilfe fürs Unvermeidbare. „Ohne deine Hilfe traue ich mich noch nicht."
"Du warst vor drei Minuten."
SIE ist entsetzt, entschuldigt sich: "Das weiß ich nicht."
Im Verlauf des weiteren Gesprächs stelle ich fest, dass diese Ultra-Gedächtnislücke jetzt schon zum vierten Mal auftaucht. Und zwar jedes Mal abends, nachdem sie Tabletten genommen hat. Irgend etwas muss SIE dumpf machen! Und an diesem Abend besonders heftig. Während ich das notiere, quält SIE sich schon wieder auf den Stuhl. Meine Frage: „Weißt du nicht mehr, wann du das letzte Mal warst?" Ihre Reaktion klingt sehr verunsichert mit großem Fragezeichen: "Vor fünf Minuten?"
Ich werde langsam nervös, hoffe, dass es an diesem Abend zum letzten Mal erforderlich wird, und gehe eine Etage tiefer ebenfalls zu Bett, da ich mich ziemlich schlecht fühle. 10 oder 15 Minuten später höre ich über mir wieder Rumoren.
Ich schaue nach und finde SIE auf dem Bettrand aufgelöst. „Du musst mir auf den Stuhl helfen, ich kann nicht mehr."
Diese Äußerung und dann noch einmal in dieser Nacht und noch einmal, und das gibt mir den Rest. Ich habe mehre Nächte fast nicht geschlafen. Das Herz brennt, ich empfinde Todesangst: Man glaubt den Hauch des Todes neben sich und kann nichts tun.
Nun ja, höchst wahrscheinlich werde ich am anderen Morgen noch leben. In diesen Minuten aber …
Und was tue ich? Pathetisch oder nicht, es ist so passiert. In diesen nächtlichen Stunden im Februar 2006 schreibe ich folgendes nieder:

'Sollte ich diese Nacht nicht überleben oder durch Hirnschlag geistig geschädigt sein, dann bitte ich zu beachten: Ich bin wie ich bin: auf eine Art ziemlich verloddert. Aber immer gerecht denkend und sozial geprägt. Ich habe jedenfalls über meine Kräfte hinaus versucht, dem Menschen zu helfen, der mir mehr als alles andere bedeutet. Mein Körper hat leider versagt. Verstand und Gefühle sind unterlegen. Ich hätte gern die Kraft zur Verfügung gehabt, den Stress - wie oben geschildert - um ihretwillen durchzustehen. - Mehr konnte ich leider nicht tun.

Bei Gott, mir ist Gott nicht entgegengekommen in jener verrückten Phase, in der ich durch Menschenhand, pardon Menschenverstand – so man bei manchen von Verstand im Sinn von Geist reden kann - beinahe durchgedreht wäre. Diese Wochen waren unerträglich. Scheinbar unbedeutende klinische Nachlässigkeiten (als Folge von Überforderung), aber eben mit nachhaltiger Wirkung.

Ich war nervlich so total erledigt, fertig, dass ich zu gern diesem Gott der Liebe entgegen gegangen wäre ... Doch Flucht ins Jenseits - auf freiwilliger Basis – juristisch nicht gestattet. Auch kirchlich nicht erlaubt. Sündig – Todessehnsucht. Per order mufti Befreiung untersagt, ausgenommen bei Pferden, Hunden, Katzen und vergleichbaren Primaten. Und der Mensch, der das Leben nicht aushält, verfehlt das Ziel (Harmatiologie) des normalen Sterbens, wenn er sich das Leben nimmt. Er wird zum Sünder – obwohl 'Sündigkeit' erst durch gesellschaftliche Denkmuster gemacht worden ist.

Verdammt, Erhabener, wer hat Sünde erfunden? Und wer hat den Freitod zur Sünde gemacht? Natur oder Mensch? Wer war so mächtig? Wer hat sich Himmel und Hölle und Sündenpfuhl und Fegefeuer usw. ausgedacht und warum? Logisch: Und all diese Fragen wieder mal beste Gelegenheit zum Missverständnis, Erhabener, na ja, vielleicht um kraft Vollmacht 'ner unkeuschen Seele mal wieder 'nen Strick drehen zu können.

Jedoch, Meister, noch eins, wenn du mal genau hinzuschauen geruhst: Et jeht ooch jar nich um Hosen an oda aus. Oda um Zweifel an

Christentum oda Aufhebung von fragwürdige Unzucht gar. Anjekommen? Nee, ick will wissen und kapieren, warum dat eene Sünde und det andere keene Sünde is, wa. Dat vastehste doch, oda, meen Jebieta? Denn ich liebe SIE und will, dass SIE sich gut fühlt. Klar, ich bin glücklich, dass SIE lebt. Also dass SIE wirklich lebt. (Und hör bitte genau hin, Chef! Also will ich, dass sich niemand versündigt an ihr. An ihrer Natur. An ihrer Psyche. Auch du nicht. Niemand. Keine Macht).

Auch ich nicht. Nicht gegen SIE. - Oder gegen sonst jemanden. Manchmal jedoch ist es zu viel, was sich Macht da erlaubt. Da springt einen die Lust aufs Sterben geradezu gierig an. Und dahinter, aha, tatsächlich *concupiscentia* ...die Neigung zum Bösen... oder wie oder was?

UNGLAUBLICHE CONCUPISCENTIA

Erbsünde – die Quelle alles Bösen? *Concupiscentia*, lateinisch: *heftiges Verlangen, Begierde.* Und das hat ja unter anderem auch mit Erotik zu tun, mit jenen Kerngefühlen der Natur, ohne die wir nicht existieren würden. Und das soll auch das Böse sein? Oder wie oder was? Nun, ausgerechnet der existentielle Gefühlskomplex der Erotik scheint zu einem wesentlichen Kern der Erbsünde (Verführung) erdacht, besser, gemacht worden zu sein.

> *Konkupiszenz meint als 'theologischer Fachbegriff die Neigung oder innere Tendenz des Menschen zum Bösen oder zur Sünde.'* wiki

Neigung zum Bösen – na, sieh ma an, Erhabener! Aba ick hab mir det Neijung nich ausjedacht. Herr, du mein alles, es mag ja Wesen geben, die aufgrund nicht vorhandener Libido 'Unschamhaftes' nicht denken können. Jedoch jene, sagen wir mit überpotenter Libido, na ja, Scheiß-Natur! Kannste machen nüscht. Oder vielleicht ooch Scheiß-Hirn, das aus solchen Vorgängen Unschamhaftigkeit gebas-

telt hat? Logo, ooch de Sündigkeit passend zurechtjehäkelt. Aba sündig wem gegenüber: GOTT – oda missbrauchte Kinda? Oda meen Jegenüba? Und was, wenn GOTT wirklich nur das Ergebnis menschlicher Hirnleistung ist? Und nicht der, der alles erschaffen hat? Und behaupte ich damit das Gegenteil, Erhabener? Wer darf denn Sünden vergeben? – Priester. Männer. Von einer Obrigkeit bestimmt. Gotteswerk oder Menschenwerk? Oder Anmaßung pur? Jedenfalls keen Wunda, dat Priester uff de Barmherzigkeit des Verjebens hin bumsen. Un imma uff'n Schwächeren druff. Kinda, Pfui! Macht is det wahre Böse von Sex. Det jenau, wo een dicket Stück von Psyche wegjebissen wird.

Meine Empfindungen für SIE sind und waren so stark, dass ich selbst in der 'hormonellen Hochzeit der jüngeren Jahre' eine wirklich kräftige Bremswirkung in mir hatte – IHRER Innenwelt wegen. Liebe statt Macht. Okay, mag sein deshalb, weil man mir als Neugeborenes ne Portion Wasser gnadenlos (und keineswegs gratis) und vor allem ungefragt aufs Gesicht geschüttet und damit die *Konkupiszenz* mal eben weggespült hat. Denn nach Taufe ist jenes ...Geheimnis, das wir nicht völlig verstehen können... futsch. Erbsünde über den Jordan, wie schön! Weggespült! Erbsünde!

Nochmals **KKK 76** gekürzt: *...Mangel an ursprünglicher Heiligkeit ... ein Zustand von Geburt an, nicht eine persönliche Tat ...Übertragung auf die Nachkommen Adams... nicht durch Nachahmung, sondern durch Fortpflanzung...*

Is det nich erhabn schön! In jedem menschlichen Lebewesen steckt also seit Adam und Eva so etwas wie eene jenetische oder villeicht 'jeistseelische' Sündhaftigkeit? Wobei schon jedes Kind heute weiß, das mit Adam und Eva, nun ja ... Aba gratis beim ersten Erscheinen auf dieser Welt oder gar schon im Mutterleib 'ne gefräßige Sünde im Embrio? INNERE Tendenz zum Bösen – alias Gier – also in winzigen

Lebewesen, die nicht gefragt werden, ob sie auf diese Welt und dazu irgendwann später wieder sterben wollen? Klar, angeregt durch Verlangen und Begierde, Kerngefühle der Evolution. Natur, aber sündig? Und komisch: erst seit dem A-und-E-Sündenfall! Vorher nix?

Erbsünde, na ja, o je! Und das alles als verbindlich geboten, und doch sind manche Wettervorhersagen weitaus genauer. Also das mit dem 'nicht völlig verstehen können'. Mein lieber Scholli, in mir lässt schon der Mangel ...an ursprünglicher Heiligkeit... *de Janglien heftig jrummeln un bläst ma ne Ladung Hitzpickel in't Jemüte. Aba lässt mir ooch jründlich nachdenken. Ein Schirm gegen Regentropfen funktioniert zwar, un jegen erotische Gedanken, wat nützt da? Versuche mittels Mantel Sex-Gedanken zu kaschieren (wie in Texas, USA, näheres später) sind somit zwar zum Scheitern verurteilt, bewirken dennoch Bedenkliches: Sie stimulieren Neugier und beweisen nebenbei die Naivität der Täter. Und wenn diese Täter ganz oben stehen, wo sie ihren Willen durchsetzen können! – Nein, die Weisheiten über Erbsünde wundern mich nicht und der ganze Missbrauch-Scheiß erst recht nicht. Okay, Sarkasmus is villeicht nich janz anjebracht. Manchmal bin ich zu forsch, mag schon sein, sorry!*

Zunächst mal ist erotisches Verlangen von der Natur angelegt, kann also weder im Ansatz noch gar als grundsätzlich böse, (Trennung von Liebe, Gott usw.) bezeichnet werden, zumal erst die ausgeführte Tat wahrnehmbar und damit <u>im Vorfeld</u> zudem nur schwer bewertbar ist. Oder kann ein Außenstehender fremdes Innenleben wirklich erkennen? Niemals, denke ich, geschweige denn korrekt bewerten (*Gefühle bleiben unsichtbar,* Damasio,) Viele bilden sich zwar ein, über Körpersprache oder Ausdrucksweisen und dergl. andere <u>zutreffend</u> bewerten zu können. Doch wie tückisch! Solche Bewertungen treffen, wenn überhaupt, nur in Teilen zu. Zumal jeder, trotz sehr unterschiedlicher Belastung (z.B. irgendwelcher Schicksalsschläge) von Klein auf Wahrnehmungen, Empfindungen individuell verarbeitet. Und je nach Gemütslage unterschiedlich äußert. Und da nur das **gesund heranreifende** Limbische System seelisch ziemlich unverwundbar (resilient) ist, das gestörte weitgehend gestört bleibt (wenn auch oft nicht leicht erkennbar), ist eine wirklich zutreffende Einschätzung tatsächlich sehr schwer. Auf der einen Seite ist Innenleben absolut privat, muss auch privat bleiben. Auf der anderen Seite ist gerade Innenleben zwingend auf Schutz vor Verletzungen angewiesen. Eine Wechselbeziehung, die es schwer macht, grundsätzlich immer korrekt damit und auch miteinander umzugehen, logisch!

Wohlwollenden stehen immerhin zwei schützende Verhaltensweisen zur Verfügung: **direkt** - Einfühlungsvermögen (Empathie), mit Voraussicht und Rücksicht gepaart. Und **präventiv** - die Wahrnehmung der Bedeutung der Psyche. Der bisher zu sehr vernachlässigte Vorgang des Bewusstseins. Dazu ein fragwürdiges Bewusstsein: Die 'unverzichtbare Neigung zur Fortpflanzung' als Ausgangsbasis für Sündhaftigkeit – ohne Hinweis, was wirklich sündig ist: Verletzung der Psyche, Steuerungszentrale des Verhaltens? Also ein raffinierter Trick der Unterwerfung? Immerhin als 'Erbe' verkauft – und von vielen gekauft. Selbst heute also (etliche Jährchen nach der Steinzeit) nicht mal **eine** Andeutung, wie sich Psyche auf genetischer Grundlage entwickelt, von Sozialisationsmustern geprägt. Nichts von pränatalen Sinnesreizen, von frühen Bindungserfahrungen. (Mal unabhängig davon, ob Begierde grundsätzlich erotischer Natur ist (Macht-, Geldgier). Selbst Paulus, Augustinus und andere Kirchenväter haben Begierde schon sehr unterschiedlich, also nicht nur 'erotisch' interpretiert und postuliert.

Wie soll sich Bewusstsein vernünftig und nachhaltig ändern, solange Menschen einer einflussreichen Institution, die sich Gott alias Liebe verschrieben hat, grundsätzlich jedem angeborene sündige Neigungen unterstellen, die nur durch Taufwasser – und logisch nicht nachhaltig - wegzuwaschen sind? Und damit die Möglichkeit zu Vernunft-Verhalten untergraben, oder nicht? Sind Menschen wirklich grundsätzlich gierig, böse, brutal? - Oder eher oft verzogen, viel zu unbedacht, zu rasch und unüberlegt, gar befehlsgefügig? Offen für jeden Befehl, für jeden Einfluss? Manipulierbar - durch Kirche, Militär, Wissenschaft, Medien? Ist z.B. kirchlicher Gehorsam nicht irgendwie auch die Basis für militärischen und privaten Gehorsam? Was macht Menschen so manipulierbar? Und warum und wodurch und von wem werden sie immer wieder manipuliert? (Präsidenten-Wechsel BRD 2010?? Vielleicht doch Kartierung des Bewusstseins, Damasio)? Aber auch köstlich: rücksichtsloses Sieger- oder Mittelfinger-Bewusstsein 'ererbt'! Oder hochgezüchtet? Teilweise vielleicht? Wahnsinn, was Verstand alles hergibt!

Kein Wunder also, dass SIE in X vielleicht als nicht mehr therapierbar, also eher als lästig denn als hilfsbedürftig galt. Also überflüssig, störend! Klar, nicht bewusst oder voller Absicht durchgeführt, eher aus einer überforderten, lustlosen Gefühlslage heraus. Kein Wunder also, dass Sie als absolut hilfloses Wesen in den Kraftraum geschoben und vom verärgerten Therapeuten ahnungslos und ohne Absicht runtergemacht wurde. Dass die Hexe lustvoll und wohl absichtlich das Fieberthermometer setzte usw.

Du meine Güte, Erhabener, dass Priester, verklemmt und erbsündig dazu und auf Gottes Barmherzigkeit bauend, Schutzbefohlene zur eigenen Erbauung benutzen, ist also nur logisch, oder? HL. Concupiscentia ! Da wundert's doch auch nicht wirklich, dass Politiker ihre Wähler benutzen, Manager ihre Mitarbeiter, Hersteller die Kunden, Eltern den Nachwuchs: alles ererbt, o Gott (oder muss es 'o Liebe!' heißen?)! Wie auch immer: Gewissermaßen genetisch festgeschrieben! Und das bisschen Taufwasser – nun ja, vermag das wirklich die Doppelhelix, (Erbinformationen, DNS, englisch DNA) rauszuwaschen? Ganglienjeflecht chemisch jereinigt, wa? Gewiss, Erkenntnisse der Wissenschaften, klar! Gibt es. – Und dennoch bescheuertes Verhalten! So was von bescheuert? Obwohl es auch sein könnte, dass ein

Mittelfinger das äußere Zeichen von Frust ist (und die simpelste Form von Gewalt?) Und das wiederum die Folge von Rücksichtslosigkeit und Macht, vorgelebt, gelehrt und heute viel zu schnell medial verbreitet, Herr! Na, wie ist es wohl? Wer hat denn nun recht, verflixt nochmal! Der Neurowissenschaftler Damasio und seine Kollegen vielleicht doch? Sagen wir mal wenigstens indirekt?

Eigentlich müsste eine Ächtung dieser Vorgänge in der Glaubenslehre deutlich erkennbar sein?

Wer in X war wirklich für IHREN Rausschmiss aus dem Zimmer, für den kalten Flur, für die unzureichende Kleidung, für die Missachtung sprich VERWUNDUNG IHRER NATUR verantwortlich? Die Putzfrau oder der Leitende Arzt oder die Politik? Wer für spätere psychische Verletzungen?

Mann, Herr, wenn de in echt 'friedfertje Menschen' willst, musste wohl von den klappernden Jaul deiner Machtgier ma runtahopsen. Verstand umsatteln, vastehste! Uff den Zossen von Vaantwortung. Machtgier ex, hopp! Ooch wenn nich allet vawundet. Na, hör mal: Missverständnisse, unbeabsichtigte Kränkungen z.B., nee, die nicht. Der 'unschamhafte' Gedanke aba, det ik nich lache! Praktizierte Gewalt von Erziehern, Priestern, Nonnen, gegen Schutzbefohlene – erspare mir die Aufzählung. Es kotzt einen an – wie jedes Mobben, das zwangsläufig zu Frust, oft zu aggressivem Verhalten der Opfer führt. Und du liebes Bisschen, was ist die Knebelung des Geschlechtslebens denn anders als eine besondere Art des Mobbens. Zumal det Jeschlecht – jedenfalls nach meiner Überzeugung – niemand Außenstehenden wat anjeht.

Logo, Mobben und jede Art von Druck ist offiziell zwar pfui, aber dass schon immer mehr Schüler ihre Mitschüler mobben, na und! Machtverhalten zwar eine der niederträchtigsten Sünden, jedenfalls ruchloser als irgendein angezüchteter 'unschamhafter' Gedanke, aber von Bedeutung – nöö! Und wenn jemand meint, die da oben in der Sitten-Fabrik haben ja wohl ein Rad ab, wenn sie immer noch an dieser Sex-Feindseligkeit festkleben, also ich muss doch bitten! Wer den Sittenkodex der Welt bestimmt und nebenbei paar Fakten ignoriert, ist noch lange kein Teufel! Und das bisschen Heuchelei, die überall leicht Schule macht, was soll's! Gläubige sind zum Glück noch nicht' verarschungsrestistent' genug (ein im neuen Jahrtausend entstandener Begriff, Erhabener, gegen die Verlogenheit der Werbung. Aber passt schon, oda!) Machtmissbrauch, und der Schwache hat schlechte Karten, logisch Aber da ist ja noch die Geistseele von Gott verliehen, die Unsterbliche! Ausgleich genug, oda?

Okay, okay – Sarkasmus Ende!

An die Geist-Seele (wenn es sie gibt) zu glauben, muss jedem belassen bleiben.

Bedauerlicher Weise scheint jedoch genau diese Betrachtung die Schonung und Achtung der Psyche (der animalischen, der Körperseele) zu verhindern. Und das flächendeckend, eine Anschauung, die durch überholte Lehrmeinung und Erziehung geradezu betoniert wird. Durchgreifende Änderung fast unmöglich.

Damit wird das Problem Sünde noch problematischer. Was ist Sünde letztlich, wenn Geist- und Körperseele tatsächlich zwei Arten von Seelen wären? Und ist der - wer die Neigung zur Sünde nicht in sich hat, schon in Liebe? Und ...ist der Zustand des Mangels an der ursprünglichen Heiligkeit und Gerechtigkeit... damit behoben? - Oder sind all die Fragen nur Verlierergewäsch von Menschen, die ohne Machtansprüche in Liebe ihr Leben zu leben versuchen?

Ich habe aufgrund der ...Ungeordnetheit meines Geistes..., ich weiß nicht wie oft, einen von den Mobbern und Ausbeutern und Druckmachern und Rücksichtslosen in Gedanken erwürgt und, ich weiß nicht wie oft, auch unschamhaft gedacht (und wer ohne Schuld ist, werfe den ersten Stein ...). Das reicht garantiert, um von Gott getrennt zu sein.

Und nicht gebeichtet habe ich auch, ich armes Kind des Teufels! Ich hätte vielleicht doch 'anständig' leben, meine Kräfte für ein IMPERIUM DES BENUTZENS UND AUSBEUTENS (logo, mit allen Möglichkeiten und Schikanen) nutzen sollen, (und auch können als 'Schmied meines Glückes'?). Ich wäre vielleicht nicht nur superreich, sondern auch kein Sünder, oder? Oder nicht? Oder doch? Oder wie oder was? Warum nur ist dieses traumhafte Gefühl der Macht so eiskalt an mir vorbeigeschrammt! O Concupiscentia wie merkwürdig du bist! Im Spätsommer 2013 plötzlich eine Lockerung im Vatikan: neuer Papst, neues Denken – wunderbar! Nur wer hat denn nun moralisch den zutreffenden Riecher: der herrliche Benedict oder der dienende Franziskus?

LIEBE ODER KOPULATION

Stellen Sie sich vor, Sie sind ein Fan z.B. von Rennmotoren. Und besitzen natürlich eine solche Supermaschine. Sie hüten dieses Gerät vermutlich wie einen Augapfel. Sie werden folglich kaum mal schnell eine Dose Öl über den Einfüllstutzen gießen in der Hoffnung, die nötige Menge wird schon ankommen. Der fürsorgliche Umgang mit dem Gerät - ein äußerer Vorgang, bestimmt also Ihr Verhalten. Was prinzipiell für alle Dinge gilt, die einem etwas wert sind: Maschinen aller Art, Musikinstrumente, PC, usw.. Der äußerer Vorgang ist die eine Seite.

Die andere: Hinter diesem äußeren Vorgang steht auch ein geistiges Geschehen, etwas, das über Gefühle abläuft. Über das Innenleben, über die Gefühlswelt. Man kann durchaus auch sagen - auch wenn die Assoziation weit hergeholt scheint: auch bei Gegenständen ein Liebesprozess im weiteren Sinn. Und gibt es einen Unterschied zu wirklichen Liebesvorgängen? Genauer: Besteht der sogenannte Liebesakt nicht ebenfalls aus zwei Prozessen? Zwei sehr unterschiedlichen: einem äußeren und einem inneren?

81

Jene, die Kopulation schon als Liebesvorgang betrachten, tun sich logischerweise schwer, die tatsächliche VERWUNDUNG DER NATUR zu erkennen, nämlich die Verletzung des 'geistigen, psychischen, des inneren Prozesses' einer Kopulation gegen den Willen des 'Partners', der dann zwangsläufig kein Partner mehr ist, sondern zum Werkzeug wird. Welche Ebene ist folglich die bedeutendere: die äußere oder innere?

Logisch ist: Wer in der Kopulation schon Liebe sieht – wie fast alle Welt es tut, genau das scheint zumindest das Normale zu sein – bringt nun mal nicht gleichzeitig auch Fürsorge mit ein. Obwohl für jede gute Beziehung Fürsorge maßgebend ist. Und schon – rein chronologisch - primär Fürsorge. Keine Frage, die Verschmelzung beider Ebenen ist erstrebenswert, gelingt jedoch vermutlich nicht jedem Paar. Wenn man die Realität mit einbezieht, erscheint Verschmelzung eher selten. Wer Sexual-Verhalten so differenziert betrachtet, wird den Kopulations-Prozess immer von einer freiwillig funktionierenden Beziehung her einleiten. Und wer Sex verteufelt, gelangt wohl eher seltener zu solch differenzierter Betrachtung. Sind verklemmte Hirne dazu grundsätzlich überhaupt fähig? Priester z.B., denen Sex versagt wird, wollen also in der Regel nicht die Beziehung, sprich Fürsorge, sondern 'Überschuss' loswerden – gleich wo, meistens bei Schwächeren, also auch bei Kindern.

EINE SCHNECKE IST EIN FERARRI

SIE muss, nein, genauer: Wir, wir beide müssen ...die Neigung oder innere Tendenz des Menschen zur SÜNDE, zum Bösen... jedenfalls in uns und dazu fest verankert haben, was uns also von Gott, merkwürdigerweise aber nicht von der Liebe trennt. Logisch, ein Widerspruch – wenn es Gott gibt. Jedenfalls haben wir offenbar gemäß Joh. 8, 32 nicht ...in den Plan eingewilligt... und ...unserer Wahrheit nicht zugestimmt... Denn es geht nicht aufwärts bei uns. Nicht durchgreifend aufwärts. Das Leben ist eine Qual für SIE.

Okay, Rehabilitation läuft in Wellen ab: mal besser, mal schleppender: Aber vor allem hängt Rehabilitation sehr stark von seelischen Zuständen, von der Psyche ab (was ca. ein Jahr später nach einer Messung in einem Hirn-Forschungsinstitut bestätigt wurde). Plötzlich geht nichts mehr, dann wieder ein wenig. Die Hoffnung steigt, und Verzweiflung löst sie rasch wieder ab. Wechselbäder in IHR und in mir. Wir schreiben den 14. Februar 2006. Fast ein halbes Jahr nach dem Crash. Die nächsten Tage unseres restlichen Lebens schwinden unregistriert. Zeit wird nicht mehr wahrgenommen, nur der Augenblickzustand. Teilweise recht gelassene Stimmung. Dann plötzlich wieder Angstpsychosen in IHR. Und ich Kopfschmerzen. Sch... Sichtbar, spürbar geht es nicht aufwärts. Auch in Tagen nicht. Im Gegenteil: Es scheint zu stagnieren. Trotz hervorragender Physiotherapie. Immerhin: Irgendwann stellt man eine Bewegung fest, die vorher so nicht möglich war. Die Spasmen der Finger sind eindeutig weniger geworden. Die Therapeutin, die ins Haus kommt, arbeitet rücksichtsvoll intensiv.

Endlich dann ein banales und doch auffäliges Ereignis: Wir haben IHRE alte Tante besucht. Ein klares Plus-Erlebnis. SIE fühlt sich daheim wohler als in der Klinik, ohne Frage. Trotz dessen immer wieder Phasen der Depression, starke Ängste. Aber auch immer öfter der Ausspruch: „Ich will wieder gesund werden."

Dazu Reaktionen, die vorher nicht selbstständig durchgeführt werden konnten – wie z. B. Aufstehen aus dem Stuhl. SIE merkt es kaum, auch ich sehe wenig. Der Normalisierungsprozess geht so langsam voran, dass unsere Sinne ihn nicht erkennen können. Eine Schnecke ist wahrhaftig blitzschnell dagegen. Doch in der Summe der Zeit ist wohl Fortschritt zu verzeichnen.

Den Humor hat SIE noch nicht verloren: Die Therapeutin entfernt die Armstütze vom Rollstuhl, damit SIE sich mit der gesunden Rechten nicht abstützen kann. Und was macht SIE – SIE hat das Rad des Rollstuhls als Stütze entdeckt. „Da ist mein teuflischer Plan doch daneben gegangen", stellt die Therapeutin lachend fest. SIE darauf: „Das Gute obsiegt."

Am 17. Februar ist SIE munter aufgewacht, dann nach dem Waschen nochmal eingeduselt und hat geträumt, dass SIE noch hilflos im Bett liegt. Das alte Entsetzen war plötzlich wieder da und ihre Verzweiflung und der von ihr geäußerte Wunsch: „Ob die Tochter mir etwas aus Holland holt." Auch in mir Entsetzen, warum dieser psychische Rückschlag?

Wieder beschwichtigende Gespräche, und SIE hat sich diesmal rasch besonnen. SIE hat erkannt, dass es ein Traum war und die Realität ein wenig besser aussieht. Wieder ein Fortschritt. Ja, SIE macht gute, wenn auch kaum sichtbare Fortschritte, seit SIE daheim ist. Das glaubt man oder will man gerne glauben.

Dann ein Tag wieder vorüber. Und das Trauerspiel der Blase wird nun wohl endgültig zum Drama. Gestern schien es sich zu normalisieren mit entsprechenden akzeptablen Zeitabständen. Doch schon wieder: ab Mitternacht viermal geweckt. Viele Nächte verlaufen so.

21. Februar 2006. Und immer wieder Optimismus mimen. Jede Stunde, jeden Tag. Obwohl Optimismus durchaus angesagt ist. Denn SIE macht in Richtung Selbständigkeit in den letzten drei Tagen tatsächlich Fortschritte, auch wenn das Laufen wenig künftige Sicherheit verspricht und die Hand so gut wie keine Veränderung ins Positive zeigt. SIE steht allein und fühlt sich sicher dabei, SIE hat mehrfach selbst die Kleidung geordnet. SIE schaut Fernsehen, liest Zeitung. Die anterograde Gedächtnisleistung hat sich gebessert. Und wir sind schon dreimal weggefahren: zur Tante, in den Baumarkt, zum Einkaufen. Normalisierungsprozess in vollem Gang. Wer hätte das vor etlichen Wochen oder noch vor Tagen gedacht! Hoffentlich bleibt es so!

Nur der ständige Drang - ein Riesen-Problem.

23. Februar. Ihre Abhängigkeit von mir ändert schleichend unser Verhältnis. Aus dem Partner neben mir wird ein Wesen, das an meinen Fäden hängt. Ich muss mich vorsehen: Denn das will ich nicht. Bin kein Macht-Mensch, und es lässt sich doch im Augenblick nicht ändern. Die Zuneigung ist intensiver, aber Partner-

schaftliches geht flöten, und das darf nicht passieren. Doch wenn es mir an die Seele geht, verlässt mich der Wille zum Widerstand. Besagter Streit mit der Nachbarin ist zwar schon eine Woche her, doch noch immer drückt auch diese Auseinandersetzung wie Beton aufs Gemüt. Mein Erklärungsschreiben ist falsch verstanden worden. Sichtweise der Nachbarin: Tür wieder öffnen. In mir aber die Erfahrung, dass ich in der 'Stroke-unit' nach dem Öffnen energisch hinaus geschickt worden bin. SIE dort zwischen Sterben und Leben und ich draußen vor der Tür: weg gedrängt von der Hälfte meines Lebens. Das ist kaum zu ertragen. Innen- und Außenleben. Eigen- und Fremdeinschätzung. Meine Psyche werde ich, logisch, wieder im Griff haben - morgen. Oder Übermorgen? Wenn das Herz vorher nicht dicht macht. Das Rauschen im Kopf wird heftiger. Ich müsste dagegen halten, doch sitze nächtens und schreibe – statt zu schlafen? Ich kann nicht schlafen. Erregt durch die Ereignisse, dass ich gesundheitlichen Schaden nehme? Warum? Ich nehme mich und meine Bedürfnisse doch schon längst – freiwillig und auf Druck - pö a pö zurück. - Bis ich irgendwann nicht mehr da bin. Und ich denke, dass ich jetzt schon nicht mehr richtig vorhanden bin. Die Pralinen habe *ich* geschenkt bekommen. Es waren meine. Für ein Kind ein wertvolles Geschenk in der kriegsbedingt kargen Zeit. Wertvolles, das mir mit gleichem Atemzug wieder genommen wurde, Stück für Stück. Weil ich nichts wert war? Eben nur Kind? Oder nur der Ehemann diesmal? Bin ich nicht mehr in dieser Beziehungskiste als ein Anhängsel, das unfähig ist, die Tür wieder zu öffnen? Selbstmitleid? Mag sein. Aber warum? Warum kann ich die eingebrannten Gefühle der Verachtung meiner kindlichen Würde nicht vergessen? Was ist das diffuse Etwas: natürliche oder anerzogene Bedeutungslosigkeit? Oder liebe ich – bis zur Selbstaufgabe. Noch gestern Abend: Ihr unglaublich liebes schönes Gesicht vor mir. Hat Selbstaufgabe auch Grenzen? Ab wann bin ich berechtigt, verpflichtet den Müll der Elite abzuschießen?

Der Mensch so alljemeen, will er nich oda darf er nich oda kann er

85

nich, Elniete-Müll ßum Hümmel ballern? Freier Wille un Jewissen? Willa christlich, soßzial, friedfertiges MITEINANDER oda lieba Wachstum von JEJENEINANDER: Soßiale Kälte, Mobben, Mittelfinger, Bürokratismus. Ausbeutung, Verachtung? 'Du A-D-Patient (alt und doof)*', sagt ßwar keena, aba det Vahalten von etliche Ärzte, nee ...*

> *09.11.11. ARD-TV-Film 'ES IST NICHT VORBEI'. Historischer Hintergrund: Frauengefängnis Hoheneck, in dem auch Republik-Flüchtige gequält wurden. Auch von Ärzten. Und keine spätere Anklage wurde gemäß Abspann des Films intensiv verfolgt. Dagegen mehr als Tausend Opfer jener Verbrecher, und viele jener Ärzte praktizieren heute noch, unerkannt, unbestraft.*

Logo, ville Ärzte sin spitze, echte, bewundernswerte Elite! Aba et jibt ehmt ooch Kanalljen, die wo de ehmt nich weeßt, uff wen de triffst mit vafluchte Missachtung. In X, in Geriatrie (späteres Ereignis), wa? Liebe abjewürgt. Gottes Nähe perdu.

Zu Lasten der Schwachen, klar. Auch zu IHREN Lasten, wie wir es erlebt haben. SIE hat keine Lobby. Auch Psyche nicht. Obwohl Psyche für Gesundheit wichtig ist. Die NATUR DES MENSCHEN, seine Psyche vor Sünden schützen, das wäre christliche Schiene pur. *Aba Rentabilität wichtiger als wie Humanität und so. Kranke habm ehmt keene Lobby. Macht frisst Lebenskreis Liebe. Gewaltwachstum und Waffen-Profit als Dauerjarantie. Gefördertes ÜBEREINANDER. Christliche Schiene pur, wer will det schon! Okay, Oslo 2011, Massenmord, jroße Jemeinsamkeet danach. Aba wer kapiert in real, welche Bedeutung das Innenleben des Individuums, seine wirkliche Natur für die Allgemeinheit hat! Freier Wille, Spaß. Jeder für sein Glück. Jeder beißt sich selbst. Ick ooch. Jrundsätzlich aus freie Stücke imma selbst. Keen andrer beißt mir. Und die neuronalen Grundmuster durch vorgeburtliche und frühkindliche Prägungen, die individuell angelegt sind und sich kaum ändern lassen, gib's nich, Erhabener, du über alles Kluger, Anjebeta! 2,5 Mio Kinder in Armut, die beißen sich alle selbst. Aus freien Stücken.*

Einen Tag später. 26. Februar. Endlich mal wieder eine 'normale Nacht': fünf Stunden Schlaf an einem Stück. Die Nacht zuvor grausam. Und am 27. Februar abermals eine böse Nacht, einfach zu kurz. Zwei Meldungen innerhalb von zehn Minuten. Und ich weiß nicht, wann ich schlafen soll. Und SIE weiß nicht, warum SIE das zweite Mal geklingelt hat. Die anterograde Gedächtnisschwäche schlägt immer wieder zu. Ordnungsstruktur durcheinander: zeitlich und räumlich. Großes Selbstmitleid, herrje!

Dann am Tag, 17:00, immerhin die gute Nachricht: Die Therapeutin ist hochzufrieden, sieht plötzlich das eigenständige Gehen in greifbarer Nähe. SIE habe erstaunliche Fortschritte gemacht. Und SIE sagt danach: „Dann brauche ich jetzt nicht mehr zu suchen, wie ich an etwas rankomme."

28. Februar: Heute eine von uns sehr geschätzte TV-Serie wieder gemeinsam geschaut – das erste mal seit dem Crash. Das erste Mal seit dem Crash ist SIE wieder länger am Abend aufgeblieben und hat ihren Spaß gehabt. Hat noch eine Stunde drangehängt.

Wie früher. Herrlich, ich habe nicht mehr so recht daran geglaubt. Ade trieste grausame Stunden des letzten viertel Jahres, dachte ich. Über den Jordan mit euch! SIE lebt, und wie es aussieht, wird es vorerst auch so bleiben – wenn nicht irgendeine Arroganz uns wieder einen Strich durch unsere Rechnung macht: irgendeine klitzekleine Gedankenlosigkeit, Bosheit oder ausgewachsene Gier, irgendeine Macht, die sich über psychische Last keinerlei Gedanken macht …

VIII.

OHNMACHT DES FREIEN WILLENS

Des Teufels-Spielplatz
Kollektive Manipulation des Bewusstseins?
Die krumme Tour der Wahrheit
Unter die Haube gelinst III
Knecht der eignen Psyche?
Ballade von der Seele
Tanz mit der kleinen Flatter
Hilflos wie ein Sechsjähriges
Vatikanisches Reinheitsgebot
Eine irgendwie urkomische Story
Plötzlich – mein Schrei!
Christianisierung

Was kümmert dich mein blöder Magen.
Du, Herr, sagst (und hast das Sagen):
„Hör endlich auf vor Schmerz zu klagen!
Und lächerlich dein Seelenloch.
Am Ende tust du doch,
was ich befehle.
Also wähle!"

DES TEUFELS SPIELPLATZ

SIE - ehemals Powerfrau und jetzt sichtbar physisch hilflos wie ein Neugeborenes; das allein, diesen Schicksalsschlag allein muss IHR Gemüt erst mal verdauen. Doch zusätzlich aufgesattelt die unsichtbare seelische Last der Missachtung aus X? Statt Annäherung (Damasio) Vermeidung von Annäherung. In einer der belastensten Lebensphasen zusätzlich seelisch vernachlässigt in X. Ist das Sünde (Trennung von Liebe) oder nicht? - Und wenn – dann verdränge es, du armseliger Depp und Beherrscher des freien Willens! Vergesse! Schieb es weg! -
Oh, verflixt: Kann ein missbrauchtes Kind sein seelisches Elend je vergessen? - 2013, USA: Eine Fünfzehnjährige wird von drei Mitschülern brutalst vergewaltigt und mit Bildern im Netz zum Suizid getrieben. Den Mut zu Leben genommen von Schülern, die sich vermutlich mehr mit Waffen als mit Psychen auskennen.
Wer hat IHR die Kraft genommen, die Fähigkeit, sich gegen die Mächtigen der Klinik wirkungsvoll zu wehren?

KOLLEKTIVE MANIPULATION DES BEWUSSTSEINS?

Zwar hat unser Hirn die Fähigkeit, Prozesse von Resignation hin zur Motivation 'umzuwandeln'; von Todessehnsucht zur Lebenslust, von Passivität zur Aktivität und umgekehrt usw., aber …

Gemäß Recherchen (Neurowissenschaft, Damasio u.v.a.) entsteht menschliches Verhalten aus der Summe verschiedener Hirn-Areale (limbisches System/Gefühle - in Zusammenarbeit mit dem Kortex/Ratio, auf genetischer und sozialisierter Basis). Areale, die wesentlich (also nicht nur genetisch vorbestimmt) durch Außenreize geprägt werden, entsprechend genetischen Möglichkeiten. Somit ist menschliches Verhalten immer ein Ergebnis aller Reize von außen. Reize, die je nach Dosierung (auch Manipulation) übermächtige oder ausgemagerte Wirkungen haben können: positiv, negativ, Mischformen.

Diese Tatsache macht die Auffassung 'Jeder ist seines Glückes Schmied' zur Makulatur. Sein persönliches Schicksal entscheidend lenken zu können, ist nur begrenzt möglich. Die meisten Menschen haben diese Erfahrung, auch wenn die steuernden Elemente des Schicksals selten wirklich wahrgenommen, dafür durch Selbsttäuschung (einzelner Erfolge z.B.) oft gefärbt werden; spektakuläre und oft grausame Schläge ausgenommen (überdeutliche Ereignisse wie etwa KZ, Frauen-Gefängnis Hoheneck, Fukushima usw.). Leider werden solche Geschehnisse häufig nur als schicksalhaft begrenzt gewertet. Und nur der, der bereit ist, wahrzunehmen, erkennt, wie unser Zusammenleben grundsätzlich manipuliert wird, und fast immer zum Wohl von Minderheiten.

Es ist nur das Verhalten von wenigen, die in vielen Ohnmacht, Frust und letztlich auch das latente Gewaltpotential anzapfen (man siehe mal hinter die Kulissen jüngerer Zeit: der NSU-Mordserie oder Syrien usw.). Die Opfer, ob großer oder kleiner Ereignisse, sind immer ein Ergebnis vieler vorangegangener scheinbar unbedeutender Geschehnisse. Dennoch glaubt 'Alle Welt' an freie Entscheidungen aller (epigenetisch verankerte Auffassung) so wie damals an die Scheibe, die jedoch auch damals schon ein Korpus war und keine Fläche. Gewiss ist das Wissen der Neurophysiologie nicht jedem gegenwärtig (obwohl zugänglich); trotzdem gibt es erkennbare Ereignisse genug, die jenen Aller-Welt-Spruch vom 'Glück-machen' der Kurzsichtigkeit überführen.

In IHRER Geschichte sind es scheinbare Belanglosigkeiten, die

das Erreichen 'selbstgestrickten Glücks' nicht zulassen. Dahinter subtiles Machtverhalten, oft fast verantwortungslos. Und das vor dem Hintergrund der Personifizierung der LIEBE zu einem herrschaftlichen Gott. Das trägt wenig zum Wachstum von Verantwortung bei. Da wuchert eher das Gegenteil: Machtgier.
Der Wunsch nach Macht scheint eine der begehrtesten Eigenschaften auf diesem Globus zu sein. Und menschheitsgeschichtlich und sprachgeschichtlich sind solche Wünsche auch entsprechend alt. Dennoch: Ist Macht im Sinn von Max Weber *... jede Chance, innerhalb einer sozialen Beziehung den eigenen Willen auch gegen Widerstreben durchsetzen zu können ...* ein natürliches Verhalten oder das Ergebnis einer über die Jahrmillionen hinweg falschen Prägung, also Erziehung? Eine daneben geratene Denk-Konstruktion vielleicht?

Macht ist schließlich das Gegenteil von Miteinander? Macht ist ein Bewusstsein, das primär zerstört. So etwas wie eine Aufzucht in die falsche Richtung vielleicht? Also eigentlich Unzucht?

Im Althochdeutschen, Altslawischen und Gotischen bedeutete das Wort MACHT soviel wie können, Fähigkeit, vermögen; gemäß dem lateinischen Substantiv potentia, entsprechend dem Verb possum, posse, potui, was auch heute noch mit „können" übersetzt wird. Folglich keineswegs VERMÖGEN im Sinn von Hab und Gut. Sehr wohl aber im Sinn von Webers besungener Fähigkeit. Also unabhängig von Kapitalbesitz, jedoch immer irgendwie gegen die NATUR DES MENSCHEN? Weshalb Macht höchste Verantwortung zwingend verlangt.
2010, 07. April, zdf-Meldung über das 'Eiern' von Schülern an Schülern (gewaltsames Erhitzen von Hoden). Hielten jene Internatsschüler ihr Glück in eigenen Händen? Oder die - zunächst geleugneten - Watschen jenes fragwürdigen Bischofs. Oder die Meldung über das Erziehungsheim Rathausen, Schweiz. Vom Skandal in Odenwald, dem *'Elite-Internat mit Bildungserlebnis'* ganz zu

schweigen (*Vorzeigeschule der Reformpädagogik*, spiegel 2010). Das alles erinnert mich an Burg G., wo von den Stärksten meiner Klasse ein schwacher Schüler in einer Scheune auf einen Lade-Galgen gebunden wurde, den die Rücksichtslosen dann ruckartig hin und her schleuderten, bis der Betroffene nur noch pendelnd in den Seilen hing, vor Angst und Schmerzen wimmernd. Dieser Vorfall wurde 1950/51 in einem humanistisch orientierten Gymnasium totgeschwiegen. Dazu Erinnerung an Meldungen über SS-Übergriffe in den Konzentrationslagern, wo Häftlingen Glasstäbchen in die Harnröhre geschoben und dann durch Schlagen zerbrochen wurden; oder Frauengefängnis Hoheneck, wo Frauen in Telefon große, total dunkle, feuchte Zellen gesperrt wurden. Oder an Guantanamo und und und. Unterschiedliche Grausamkeiten, keine Frage; aber Grausamkeiten auch seelischer Art. Der körperliche Schmerz ist zwar nicht nebensächlich, doch nachhaltiger ist die Ohnmacht auf dem Galgen im Würgegriff des stärkeren Schülers oder die Ohnmacht im Würgegriff von Kollegen oder Vorgesetzten oder Politikern oder Lehrern, Erziehern oder Ärzten. Die Ohnmacht von Kranken im Würgegriff von Überforderten. Kann wirklich jeder die subjektiven Empfindungen als Folge eines **M**acht-**M**issbrauchs nach Belieben umwandeln in Glück? **MM**, für den offenbar auch Kuttenträger keine Matrize in den Schädel bekommen (wollen?). Dazu duldende Reaktionen des Seelsorger-Herstellungs-Instituts Vatikan 2010.

> *Die kritische Stimme von Zartbitter* (Verein contra Kindesmissbrauch) *wurde von Öffentlichkeit und Fachwelt wahrgenommen. Dies zeigte sich u. a. daran, dass im Frühjahr 2010 an einzelnen Tagen bis zu 1500 unterschiedliche BesucherInnen die Zartbitter-Homepage aufriefen. Bis Endes des Jahres 2010 werden es weit über 100.000 sein.* www.zartbitter.de

Pardon, mein König, der du mich lenkst, da kommt mir die Galle hoch. Das Schweigen und Verdrängen derjenigen, die eigentlich über die Seele Bescheid wissen müssten, kotzt mich einfach an. Doch

offenbar haben viele – sowohl Kuttenträger als auch andere – noch immer nicht begriffen, was da wirklich passiert ist und immer wieder passiert mit der NATUR DER MENSCHEN: Wie man Menschen fertig machen kann: über die Seele den Körper. Und umgekehrt. Nun ja, die gottgegebene Geistseele bleibt unberührt, und darauf kommt es dem mächtigen Vatikan offenbar an.

Unrechtsbewusstsein Null - wie beim US-Priester und Internats-leiter L. Murphy, Milwaukee. Ein Missbrauchs-Opfer dieses Ge-hörlosen-Internats sagte und fragte kurz vor Ostern 2010 auf dem Petersplatz, nachdem Papst Benedikt geprochen hatte:

> *„ ... Dieser Priester hat sich an über 200 Jungen meiner Schule ver-gangen. Josef Ratzinger ist verantwortlich dafür, dass dieser Murphy nie seines Priesteramtes enthoben wurde." [...]Du siehst die Hand, die dir die Hostie reicht, und es ist dieselbe Hand, die dich missbraucht hat. [...] Wieso ist meine Kirche die einzige Institution, in der Kinder-schänder weiter beschäftigt werden?"*

Missbrauch en gro. Dahinter die anerzogene verantwortungslose Heuchelei, die Möglichkeit, dass der Stärkere alias Mächtigere mit den Schwachen spielen kann und es tut: Der Arzt mit Patien-ten, der Bürokrat mit Bürgern, der Politiker mit Wählern oder den Parlaments-Kollegen. Der Papst mit den Gläubigen. Und es ist weniger der Zölibat, der zum Missbrauch führt. Es ist die grund-sätzliche Sexualfeindlichkeit der römisch-katholischen Institution und die angezüchtete Sexual-Unbeholfenheit gläubiger Mitglieder und nicht nur in der katholischen Kirche. Weltweit. Menschen ste-hen unter Mitwirkung des Vatikans und sicher auch anderer Insti-tutionen mit der Sexualität immer noch auf Kriegsfuß, haben im-mer noch nicht gelernt, dass es die natürlichsten Gefühle des Le-bens sind, die jedoch niemals gegen den anderen weder praktisch, noch optisch noch psychisch noch kommerziell gerichtet werden dürfen. Und das ebenso wenig wie Empfindungen des Hasses, der Ablehnung, der Missachtung insgesamt usw. (urchristliches Denken?). Das eigentliche Übel ist nicht überschäumende Sexualität, sondern die vorgelebte und systematisch anerzogene seelentrockne Empathiearmut des Machtmissbrauchs. (Plagiat-Skandal 2011: der Betrug war für mich von geringerer Bedeutung als dessen unverantwortliche Verteidigung).

Und wer will es bestreiten: Wer dem Schutz des Machtanspruchs mehr Aufmerksamkeit widmet als der Sorge um die Psychen alias Seelen von Menschen, entfernt sich doch wohl - Gewissensfrage - von der Liebe, was nach katholischer Sittenlehre SÜNDE ist. Somit bleibt dem Vatikan, der zum Missbrauchsskandal 2010 verspätet und insgesamt nur vage reagiert hat, leider nur das Etikett 'Lippenbekenntniss', eine Haltung, die viele Menschen vor den Kopf stößt (Verantwortungs-Leugnen wie Duisburg 2010) und vermutlich auch verunsichert. Immerhin 2010 als Folge des Missbrauchskandals reges Erregen in der Bevölkerung: 84% sind der Meinung, dass die katholische Kirche nicht richtig darauf reagiert. (Politbarometer 23.04.10). Im Volk Enttäuschung, Abwendung, Verzweiflung; zwar viele Ursachen, aber grundsätzlich Missachtung menschlicher Bedürfnisse.

Auch auf IHREN Lippen immer wieder Todessehnsucht. Warum? Sind es Ängste IHRER Ohnmacht wegen. Klinik, Hausärztin, MDK usw. haben IHRER Willenskraft die Flügel gestutzt, die positiven Vorteile praktisch weggenommen und damit negative somatische Marker gesetzt.

> 'Willenskraft ist auf die Bewertung eines bevorstehenden Ereignisses angewiesen, und diese Bewertung wird nicht stattfinden, wenn die Aufmerksamkeit nicht entsprechend auf die unmittelbar bevorstehenden Probleme und die späteren Vorteile gelenkt wird: auf das Leiden jetzt und die Entschädigung in der Zukunft.' Somatische Marker kennzeichnen die Wirkungen des Geistes in den Körper hinein – positiv oder negativ. Damasio: Descartes Irrtum, S. 240.

Im Volksmund: Motivation oder Demotivation. *Traumatische Syndrome lassen sich nicht mehr löschen*, so der Arzt, Psychologe, Autor und 'unkonventionelle Wissenschaftler' *David Servan-*

94

Schreiber in seinem Buch 'Die neue Medizin der Emotionen'. Seligerweise ist zumindest der Hirnforschung diese Tatsache heute bewusst. Hirnforscher wissen ebenfalls, dass sich Sinnesreize schon ab der 6. Schwangerschaftswoche in Gefühle umsetzen! Neuronale Grundzüge strukturieren sich in emotionalen Hirnbereichen. Bis zum vierten Lebensjahr fügen sich Bindungserfahrungen ein: Grundvertrauen oder Misstrauen, positive oder negative Emotionen. Das 'Unbewusste Selbst', ist gebaut und kaum noch kaputt zu bekommen, sagt die Hirnforschung (Resilienz). *Also det mit de Resilienz, Erhabener, könnte Holzköpfen, ich meine dem Verstehen mancher merkwürdigen Verhaltensmuster doch uff de Beene helfen, oda, Sir?* Meine durch 'Verwandten-Konfekt-Fraß' gestörte Natur ist jedenfalls in meinem Limbischen noch gegenwärtig; mit wenig Chancen, das durchgreifend zu ändern? Aus einem Gummibaum ist nun mal keine Eiche zu stricken. Klar, jeder ist seines Glückes Schmied ...

Macht – das Böse dieser Welt! Etwas ...*gegen den Willen eines anderen, gegen SEINE NATUR durchzusetzen...* setzt Macht sich da nicht gnadenlos über den Schwächeren hinweg? Und hat das mit Motivation, mit Achtung oder gar Verantwortung zu tun? Und ist Verantwortung nicht umso wichtiger, je schwächer der Betreffende ist? - Manipulation bis in den privatesten Bereich hinein (in das Sexualleben z.B.) das ist Machtmissbrauch, unverantwortliches Handeln! Das Ziel des Miteinander verfehlt, Entfernung von Gott alias Sünde. Vielleicht auch deshalb peinliches Schweigen zu den Missbrauchsskandalen der letzten Jahrzehnte?

Ja, Herrschaft nochmal: ALLES, alles, was mich von der Liebe alias Gott trennt, ist doch Sünde oder wie oder was! Entscheide dich endlich, Vatikan! Nicht so wischi-waschi lau. Wenn mich z.B., Gier nach Geld und Macht daran hindert, auf Augenhöhe, anerkennend, human zu handeln, dann weeß ik jemäß christlicha Lehre, dat ick'n Sünder bin, wa, wenn ick se ernst nehm, de Lehre. Warum aba Sünde, wenn ick 'unschamhaft' blinzle, det weeß ick nich. Na, wenn Gott Liebe ist und ich außerehelich hormonell schaue, also unschamhaft, ich mich also von Gott durch diese Sünde trenne, trenne ick mir zwangsläufig ooch von Liebe, oder wie oder was? Obwohl ick SE doch jenauso wie imma knuddeln möcht, weil ehmt de Hormone oder so übakochen. Und det is ehmt bei de Penunsen anders. Na ja, Chef, Macht, wat ja ehmt ooch Jeld is, entfernt schon ma von Liebe, wat ehmt Sünde is. Aba – jemäß Max Weber ...gegen Widerstreben usw... *et offißiell keene Sünde is. Herrschaft nochmal, ich krieg's einfach nicht zusammen, dieses Kuddelmuddel jener Intelligenz. Aber villeicht ist Macht nur eine herzerweichende, also fast liebenswerte Sünde und außereheliches Schauen tatsächlich des Satans? Oder warum streben so viele nach dieser 'wertvollen' Sünde 'Jüldenes Kalb'? Klar, ooch jetarnt durch Jlaubensmacht: Missionierung, Kreuzzüge, Columbus und die Azteken, Wissenschaft und Aborigines. Und wat is mit de Homosexuellen, denen der Priesterberuf verwehrt wird? Einerseits Mitmenschen sündig stempeln, die natürliche Prozesse nutzen; andererseits Mitmenschen ausgrenzen, die für ihre Eigenarten nicht verantwortlich sind. Na, det jenau is Liebe, nee! Also nach Enzyklika der Herrjott selbst? Oder is er ma so oder so – gemäß entsprechenden Machtworten des Vatikans. Verträgt sich Liebe überhaupt mit Macht? Oder was soll der Eiertanz hinter der ganzen Glaubens- und Sünden-Chose! Warum kriegt die Superintelligenz der Weltkirche da keine klare Linie hinein. Nach zweitausend Jahren noch nicht?*

Wer das Relikt der 'hominiden' Entwicklung bedenkt, weiß, dass MACHT keine 'göttliche' Vorgabe sein kann; oder Gott ist nicht Liebe. *'Liebe deinen Nächsten wie dich selbst'*, in dem du ... den eigenen Willen auch gegen Widerstreben durchsetzt...

Also, Herr Erhabener, komisch, komisch und mehr als seltsam! Ge-

wiss, Herr, ob es durch gesunde, verantwortungsbewusste, kompetente Hierarchie oder ständige Anprangerung kranker Macht weniger Missbrauch geben würde, wer weiß? Ich meine, grundsätzlich überall fürsorgliche Betreuung in Heimen, Krankenhäusern und dergl., wäre schön! Oder ob manche bürokratische und politische Übeltat vermieden werden könnte? Ich weiß es nicht. Warum aber einerseits die oft unglaubliche Leistung vieler Ärzte, Operateure, der oft uneigennützige Einsatz von Hilfskräften usw.? Warum einerseits Menschlichkeit, soziale Hochleistung und andererseits der rotzige, ausbeuterische, verachtende Mittelfinger von Luschen. Das muss einen Grund haben. Ist es vielleicht doch das teuflische Spiel tolerierter Machtgier, über Jahrhunderte gewachsen und perfide gefestigt und normalisiert. Von Männern festgeschrieben, die die Finger nicht vom Herrschen lassen können trotz Unfähigkeit. Garantiert hat Christus das durch Einsetzen der Hierarchie – wenn er hat – nicht erreichen wollen. Fehlkonstruktion, oda?

Ich meine, vielleicht ein bisschen mehr Empathieschulung, und der letzte üble, sündige Akt in X, der IHRE Natur nochmals zusätzlich verwundet hat, wäre vielleicht verhindert worden.

Aber SIE hatte ja den freien Willen, eine der zig anderen Reha-Zentren in der Republik aufzusuchen? - Oder nicht? SIE hatte den freien Willen, einen verantwortungsbewussten Chefarzt zu wählen. - Oder hatte SIE nicht? Wer also dirigiert hier, wer steuert? Wer drängt uns in Sachzwänge hinein? Klar – mit vollem Einverständnis unseres Verstandes. Oder hatten wir es sehr viel anders gewünscht, gedacht, erhofft, gewollt? - Wer von außen will wirklich zutreffend urteilen, was das einzelne Gemüt an miesen Empfindungen aushalten kann und oft aushalten muss?

DIE KRUMME TOUR DER WAHRHEIT

Der bereits am 30.11.2005 gestellte Antrag auf Anerkennung IH-
RER Schwerbehinderung wurde *schon* ein viertel Jahr später, am
8. 3. 2006 mit einem amtlichen Bescheid des Versorgungsamtes
beantwortet, in dem der Grad der Behinderung von 70% festgeschrieben wurde. Der Sachbearbeiter wörtlich:

> *... Um entscheiden zu können, ob bei Ihnen eine Behinderung vorliegt,
> habe ich den medizinischen Sachverhalt aufgeklärt. Die Auswertungen
> der jetzt vorliegenden Unterlagen unter ärztlicher Beteiligung hat er-
> geben, dass bei Ihnen Beeinträchtigungen vorliegen [...] Unter Be-
> rücksichtigung des Ausmaßes und des Zusammenwirkens dieser Be-
> einträchtigungen ist ein GDB von 70 angemessen.*
> *Mit den in Ihrem Schwerbehindertenausweis einzutragenden Merkzei-
> chen GB, können Sie nachweisen, dass Sie in Ihrer Bewegungsfähig-
> keit im Straßenverkehr erheblich beeinträchtigt sind („G"); bei Benut-
> zung öffentlicher Verkehrsmittel ständige Begleitung benötigen („B").
> Die Merkzeichen aG – außergewöhnliche Gehbehinderung [...] ... ste-
> hen Ihnen **nicht** zu.*
> *Eine außergewöhnliche Gehbehinderung (aG) liegt nur bei Personen
> vor, die sich wegen der Schwere ihrer Behinderung dauernd nur mit
> fremder Hilfe oder nur mit großer Anstrengung außerhalb ihres Kraft-
> fahrzeuges bewegen können[...] nach meinen Feststellungen gehören
> Sie nicht zu diesem Personenkreis ...*

Merkwürdige Feststellungen, und das unter *...ärztlicher Beteiligung...!* Zu der Zeit hatte SIE weitaus mehr als eine außergewöhn-
liche Gehbehinderung. Sie konnte ohne Hilfe nicht mal sicher stehen. Im Widerspruchschreiben vom 20. 3. 2006 halte ich also u.a.
höflich fest: „*...hier kann nur eine total falsche Information ans
Versorgungsamt herangetragen worden sein ...*" trotz 'ärztlicher
Beteiligung', die im Zusammenhang mit dem Antrag – bitte beachten! - nicht stattgefunden hat.
Was haben die sich gedacht? War diesen Bürokraten die Wahrheit
IHRER fast totalen Hilflosigkeit völlig egal? Und die Rotzigkeit,
die sich hinter dieser Einschätzung von außen – ohne direkten

Kontakt mit der Patientin - verbirgt? Ob solches Verhalten ...Beleidigung Gottes im Ungehorsam gegenüber seiner Liebe... ist, weiß ich nicht. Aber es war (wieder einmal) die Verwundung IHRER MENSCH-LICHEN NATUR. Wie vieles in diesen Wochen der Superbelastung.

Schon in X dachte SIE, SIE sei abgeschrieben. *'Das wird nichts mehr'.* Ärztliche Meinung. Durst, und das Wasser nicht greifbar. Erledigt. Nicht wert genug, geheilt zu werden. „Das wird nichts mehr", hatte ein <u>Arzt</u> verlauten lassen. Und SIE dachte auch daran, diesem Schicksal ein Ende zu setzen. Und ihre Gedanken drehten sich zu häufig darum, wie SIE, die keinen Schritt zu laufen vermochte, über das Balkongeländer gelangen könnte. SIE dachte ebenfalls, dass dieses Denken nicht richtig sei. Und dass es doch unerträglich war bei dem Gedanken, in dieser Abhängigkeit künftig leben zu müssen. Und dass diese Gedanken einfach nicht abzuschalten waren – vor allem immer dann nicht, wenn der Schmerz in Körper oder Blase zubiss oder der Durst in X plagte und niemand aus Zeitmangel greifbar war, um zu helfen.

Jedoch die Gleichsetzung mit dem Massenmissbrauch von Schülern in Milwaukee usw. - unverschämt! Belastende Vorkommnisse, klar, einerseits; andererseits eher belanglos in manchen Hirnen. So belanglos wie des Priesters 'Spielen' mit den Kindern - einmal pro Woche zwecks 'Sex-Vermeidung unter Jungen'? Zwar religionsverbohrter Zynismus, aber psychische Gewalt – nee! Schon allein deshalb nicht, weil nach Vatikan die 'Geistseele' der Opfer als unbeschädigt gilt. Oder warum hat Vatikan solange geschwiegen? Ist es normal, seelische Verbrechen zu ignorieren?

Anderes Beispiel: Eine Mutter fällt ihrer beruflich gestressten Tochter nervend zur Last: Neugier, Aufdringlichkeit usw., – und das, weil die Mutter Angst vor Einsamkeit hat und gebraucht werden möchte. Zwar tragischer Hintergrund, aber Vorlage für eine Filmkomödie (2010), in der das belastende Verhalten der Mutter nicht gegeißelt wird, sondern der Spaßgesellschaft zur Unterhaltung dient. Wie viele Menschen meinen wohl, dass das normal ist?

Und wie viele meinen, dass solches Verhalten, weil unmöglich, zu verurteilen ist?

Oder erste Klasse Volksschule. Ein Mehrfach-Sitzenbleiber, groß, stark, wirft in einer Pause einen Sechsjährigen auf den Asphalt des Schulhofes. Der Rohrstock des Klassenlehrers nach der Pause trifft die ausgestreckten Hände - des Knirpses – meine Hände - für's Petzen. Klar, die schmerzende Hand fühlte sich nicht unbedingt auf Wolke sieben, doch die Ungerechtigkeit dahinter - fast unerträglich: Pädagogik 1939. Wer Hundekot vor seiner Haustür beklagt, wird zum Hundefeind, wer den Dreck verursacht und sich nicht erwischen lässt, zählt zu den Cleveren. Wer als älterer Mensch Anstands halber seinen Platz einem Gebrechlichen anbietet, ist doof, und wer als Jüngerer es nicht tut, ist cool. Und wer solches anprangert, gehört zumindest mundtot geschlagen - per Psycho-Terror z.B.. Nicht überall, jedoch öfter, als man denkt.

Rund eine Million Mobbing-Opfer – das stille Leiden und die daraus subtil resultierende Resignation mit entsprechenden Krankheitsfolgen – oder im Extremfall – Aggression. Und es scheint immer noch fast unmöglich, verstehbar zu machen, welche Bedeutung das Innenleben hat – für Individuum und Gesellschaft.

> *... Neurowissenschaft und Kognitionswissenschaft haben der Emotion während des gesamten 20. Jahrhunderts bis in allerjüngste Zeit die kalte Schulter gezeigt ...* 'Ich fühle, also bin ich', Antonio R. Damasio, 2000.

Logisch, heute darf nicht mehr geschlagen werden. Pestalozzi, Soziologenwarnungen usw. haben schon manches bewirkt. Heute also weniger physische Gewalt, jedoch ersetzt durch psychische. Psyche noch immer schutzlos. Knapp 2000 Jahre lang unbedeutend. Früher wusste man wenig von der Seele. Heute: Wie epigenetisch verwurzeltes Denken ändern? 2000 Jahre falsche Prägung wie umschalten? Das Machtdenken normalisiert, verfilzt, voller Gier, Tausende von Jahren verwurzelt. Und die ungezählten Sünden der Neuzeit deuten nicht gerade auf durchgreifende Änderung hin.

Zujejeben, meen Herzallaliebsta Herrr, seelischer Stress führt höchstens in Ausnahmefällen zu fatalen Aggressionen. Ein, zwei Amokläufe im Jahr, mehr nicht. Und die spezielle Art, geboren aus gemobbter Libido und Seele, du lieber Gott, die paar missbrauchten Kinder! Macht doch nicht jeder. Ähm, gewiss, ein neues Denkmuster nach 2000 Jahre Christianisierung, ja, warum nicht! Und Sexualdelikt als Seelenmord is schon 2010 erkannt worden. Öffentlich! Jroßartige Denkleistung für Köppe von industrialisierte Jesellschaft, wo Vollmacht-Mentalität des Goldenes Kalbes rauscht wie Wasserfall?

Wen wundert die weltweit soziale Kälte noch? Und auch in unserem Sozialstaat immer wieder Frost – trotz vieler sozialer Bemühungen. Die politische Argumentation für das Sparpaket (2010) nahezu kabarretistisch: Die Reichen schöpfen ab, und die Normalen inklusive Staat zahlen drauf. Die ernstgemeinten Beiträge in einer TV-Sendung nahezu skuril: einerseits unverzichtbare Einsparungen abgewälzt auf die sozial Schwachen. Und gleichzeitig ausgeklügelt taktische Verteidigung und Schonung des Reichtums. Kabarretisten können es kaum besser servieren. Und Normalbürger staunen: subtil vermitteltes 'Recht auf Reichtum', was oft über Ausbeutung passiert. Etwa Hochfrequenz-Spekulationen, die einige wenige blitzschnell reich machen. Verteufeltes Kapital-System zu Lasten der Normalbürger; und subtile Schuldzuschiebung an die, die ohnedies die Folgen der Ausbeutungsgier am meisten spüren. 'Zynismus pur'. Von 'christlicher' Moral Lichtjahre entfernt.

Für den weltweit derzeitigen Trend - REICHTUM SCHONEN - ARMUT AUSNEHMEN - müsste ein neuer Begriff kreiert werden. Das Adjektiv *krank* für die politische und gesellschaftliche Auffassung vieler sagt jedenfalls nicht genug aus. *Schizophren, bekloppt, gierig, unsozial, egoistisch, inhuman, ausbeuterisch* – keines dieser Beiwörter ist für sich allein treffend genug. Vielleicht kennzeichnet noch nicht mal die Summe aus all diesen Adjektiven dieses selbstzerstörerische Verhalten. Selbst *suizidal* driftet vorbei.

Ausbeuter wollen sich nicht töten, sondern leben. Und gut leben. Warum sie nicht merken, dass sie durch eigenes Verhalten ihr Leben zunehmend gefährlich gestalten, ist wohl das Rätsel.

2012 endlich Aktion 'Umfairteilung' – aus der Bürgerschicht. Die wahrhaft Verantwortlichen (politische Elite) immer noch im Tiefschlaf; 2013 unsanft geweckt durch Steuerorasen-Dilemma uvm..

Tja, Chef, uff'n Acker von Macht spriest de soßiale Blindheit wie'n Knöterich jejen Hümmel, oda? Vielleicht wäre die treffende Kennzeichnung dieser Spezies dumm, kurzsichtig, überheblich, blind, rückschrittlich, steinzeitlich uvm. Wie aber aus all diesem negativen Wust einen Begriff machen, der wirklich trifft. Mir fällt da, verflixt, nichts anderes ein als känozotisch. Klar, wer versteht das – außer ein paar Paläonthologen. Obwohl das Känozoikum noch gar nicht solange zurück liegt. Vielleicht mal gerade so 50 oder 60 Millionen Jahre, jene Evolutionsphase, da sich die ersten Primaten auf Bäumen entwickelten. Also der Beginn von Lebewesen ohne Vernunft und Verstand.

So is Macht villeicht det Lächerlichste vons Lächerlichen überhaupt, wa? Macht in jroße Lettern und Vaantwortung in janz kleene, un Vawundung von NATUR DES MENSCHEN religiös valagern uff een Wesen, det nich jreifbar is. Oda sollte ick mir villeicht wenjer denken? Weil ehmt Macht een Käfig is, wo Miteinander nüscht ßu suchen hat. Det kommunikativ Fördernde beschneiden. Det Lukrative aba unbehelligt lassen. Icke, meen Fürscht und Boss det Janzen, möchte dich zu jern begreifen, nachvollziehen und natürlich auf Empfinden für dich nicht verzichten. Ja, ich würde dich zu jern ernst nehmen. Ja, ehrlich, ich würde das alles sehr gern seriös bewerten. Tja, aber, ähm ... villeicht nich clever, wa! Süffisant belächeln, det janze Obrigkeit einfach nich ernst nehmen, wa! Müde Wahlbeteiligung, Partei-, Kirchenaustritte, wachsende Mittelfingermentalität belächeln, Herr...

Und grundsätzlich nicht bedenken, warum das Limbische System des einen resilient ist und ein anderer sich verzweifelt vor den Zug wirft? Auf keinen Fall fragen, ob dieser Unterschied vielleicht doch genetisch oder Prägung ist, welche Anteile an Erziehung und Glück beteiligt sind? Wie und warum die Innenwelt so unterschiedlich reagiert auf die Sünden der Macht. Warum Geist und Seelen Betroffener mit Suizid, Resignation, Isolation, Aggression Kompensation reagieren (oder aus einer Mischung davon)?

> *Etwa alle zwei Stunden* nimmt sich in Deutschland ein Mensch über *60 Jahre das Leben.* Und der Frust Jugendlicher ...

Oder sind es keine Sünden, was die da oben, jene selbst ernannte Elite, gelegentlich voller Willkür entscheiden, steuern, dominieren; was die da oben treiben wider den individuellen Geist? Gegen Gemüt und Innenwelt. Die wirklich Verantwortungslosen dieser Welt, die Knechte ihrer Gier nach Macht mit dem Kainsmal der Rücksichtslosigkeit und dem Gütesiegel widernatürlichen Verhaltens! Nicht alle, aber immer wieder welche und offenbar in den letzten Jahrzehnten immer mehr. (Helfen gute vierzig Euro/Monat [Steinbrück] wirklich den mehr als 3 Mio ausgegrenzten Jugendlichen, Süddeutsche.de - Juli 2013? Oder müsste da nicht zusätzlich anders gedacht werden?)

Macht – das Böse dieser Welt! Etwas ...gegen den Willen eines anderen, gegen SEINE NATUR durchzusetzen... setzt Macht sich da nicht gnadenlos über den Schwächeren hinweg? Und hat das mit Motivation, mit Achtung oder gar Verantwortung zu tun? Und ist Verantwortung nicht umso wichtiger, je schwächer der Betreffende ist? - Manipulation bis in den privatesten Bereich hinein (in das Sexualleben z.B.) das ist Machtmissbrauch, unverantwortliches Handeln! Das Ziel des Miteinander verfehlt, Entfernung von Gott alias Sünde. Der FREIE WILLE der Mächtigen. Vielleicht auch deshalb peinliches Schweigen zu den Missbrauchsskandalen der letzten Jahrzehnte?

SIE hatte, wie gesagt, den freien Willen, Reha, Chefarzt, Behandlungsweise zu wählen. - Oder hatte SIE nicht? Und die

Hirnblutung – freiwillig oder? - Natürlich nicht. Denn es war in ihrem emotionalen Speicher etwas vorausgegangen an seelischer Last, die den Blutdruck in leider nicht erkannte und für ihre Gewebeschwäche viel zu große Höhen trieb? IHR Empfindungsleben war von Stressoren durchsetzt. Doch was sind die Gründe dafür? Eine Trennung von Gott alias Liebe? Bei IHR gewiss nicht. Was also hat IHREN Organismus oder den ihrer Zwillingschwester überbelastet? Wann haben negative Gefühle ihr zersetzendes Werk (Damasio) begonnen? Kurz vor dem Crash, oder zählen auch die Jahre davor?

UNTER DIE HAUBE GELINST III

Wie Gehirn u. a. auch arbeitet:

- Die Verarbeitung aller Sinnesreizungen, Wahrnehmungen und deren Umsetzung in Körperreaktionen, die eindeutige Zusammenhänge darstellen, gelangen nicht ins Bewusstsein, sondern werden vom unterbewussten limbischen System reguliert.
  Erst wenn das unterbewusste System nicht in der Lage ist, ein Problem zu lösen, schaltet es über das Aufmerksamkeitszentrum die jeweils erforderliche Region der Großhirnrinde ein.

- Die Zentren für das Ich-Bewußtsein und für die Bestimmung von Ortsveränderungen sind ständig aktiv, werden aber jeweils kurzzeitig ausgeschaltet, wenn andere Anforderungen anliegen, die eine bewusste Verarbeitung erfordern. *Quelle: **Neurobiologie des Unbewussten**, Prof. Dr. Dr. Gerhard Roth, Vortrag 23.11.2000.*

Autoren-Interpretation: 'Das emotionale Gehirn (i.w. Sinn das limbische System) reagiert u.a. sehr genau auf Empfindungen wie Achtung oder Missachtung alias Motivation oder Demotivation. Und je nach Dosierung positives oder negatives Denken' .

Wie Langzeitgedächtnis 'funktioniert':

Das Langzeitgedächtnis besteht aus 2 getrennten Bereichen, die nicht miteinander in Verbindung stehen:

- Im **Gedächtnis für Fertigkeiten** werden diejenigen Erfahrungen gespeichert, die während der Ausführung von Tätigkeiten erworben werden, die im weiteren unbewusst ausgeführt werden können (sensomotorisch??). Das Wissen über diese Fertigkeiten kann nicht verbal erklärt und vermittelt und <u>nur sehr schwer durch Umlernen</u> verändert werden.

- Die im **deklarativen Gedächtnis** gespeicherten Inhalte können dagegen verbal dargestellt und schnell verändert werden. *Prof. Dr. Dr. Gerhard Roth,*

Wie aus Materie Bewusstsein entsteht:

- Wer etwas bewusst erlebt, aktiviert gleichzeitig voneinander entfernte Areale der Großhirnrinde.
- Verschiedene Erlebnisse aktivieren verschiedenen Areale.
- Selbst bei gleichen Erlebnissen verschiedener Personen sind die aktivierten Areale unterschiedlich.
- Die Struktur des Gehirns hängt somit wesentlich auch von Lebenserfahrungen ab, *nach Edelman und Tononi, bewiesen durch Bildgebungsverfahren.*

Wie Wissen verarbeitet wird:

Der unbewusste Bereich:

Die im UNTERBEWUSSTEN abgelegten Gedächtnisinhalte bestehen im wesentlichen aus fest verschalteten Neuronen, <u>deren Verschaltungsstrukturen in der Kindheit festgelegt werden.</u> Und: Affekte und Emotionen bestimmen den Charakter des Menschen, **die hierfür zuständigen <u>unbewussten</u> Gehirnregionen werden <u>im frühen Kindesalter strukturiert.</u>** Eine Einflussnahme des Bewusstseins auf das Unterbewusstsein ist zwar **nicht unmöglich**, aber sehr schwierig. In der Großhirnrinde gibt es sehr flexible Neuronenstrukturen, deren Verschaltungszustand durch chemische Substanzen in den Synapsen bestimmt wird, <u>die durch häufige Benutzung verändert werden können.</u> Aber: Wissen wird nur dann im Langzeitgedächtnis abgelegt, wenn das Unterbewusstsein seine Wichtigkeit für das zukünftige Leben signalisiert. Prof. Hüther nennt es Begeisterung.

Willenshandlungen werden durch das **Unterbewusstsein infolge von Sinnesreizen ausgelöst**. Das Bewusstsein kontrolliert lediglich, ob die vorgesehenen Handlungsabläufe in Übereinstimmung sind mit den im deklarativen Gedächtnis gespeicherten Erfahrungen und ob sie positive oder negative Glücksgefühle auslösen. Je nach dem werden die vorgesehenen Handlungsabläufe blockiert oder verstärkt. *Prof. Gerhard Roth.*

KNECHT DER EIGNEN PSYCHE?

Konnte ich mich damals frei entscheiden zwischen Psycho-Kerker? Zwar keine 'Telefonzelle' und keine feuchten Füße, nein, helles trocknes warmes Büro, aber weg gesperrt, zum Nichtstun gezwungen? Frei entscheiden zwischen meinem sozialen Gewissen und dem Willen des Konzerns, meine Würde sprich Seele zertreten zu lassen? Meine Zivilcourage war jedenfalls nicht stark genug, Gesundheit und Wohlfühlen der Familie aufs Spiel zu setzen. Und dennoch habe ich vermutlich zu lange gewartet – zu lange für IHRE Gewebeschwäche. Freier Wille. Natürlich kann ich mich frei entscheiden - zwischen der Vollmacht von Päpsten und meiner Seele, denn ...

KKK 69: *[...] Im Menschen bilden Geist und Materie eine einzige Natur. Diese Einheit ist so tief, dass der aus Materie gebildete Leib aufgrund des geistigen Prinzips, der Seele, ein lebendiger menschlicher Leib wird und an der Würde des Seins „nach dem Bilde Gottes" teilhat.*

Aha! Und welcher Seele: der Geist- oder Körperseele? Frei entscheiden zwischen päpstlicher Macht, Glauben zu verbreiten (**182.** ...Aufgrund göttlicher Einsetzung die höchste, volle, unmittelbare und allgemeine Vollmacht ...), und MEINER NATUR, diese Glaubenslehre auf der Basis meines Gewissens zu hinterfragen: Wer z.B. hat denen die Autorität verliehen, über andere bestimmen, sie also benutzen zu dürfen – wenn die heutige Vorstellung von Gott (grundsätzlich nur durch die Entwicklung des Gehirns und der Sprache möglich) sich erst im dritten Jahrhundert n. CH. etwa ergeben hat (Augustinus, später Kaiser Konstantin)? Und Außerdem: Weil die geistige, in Millionen Jahren gewachsene Fähigkeit es erst möglich machte, folgendes zu formulieren:

> ***KKK 358. Was ist die Wurzel der menschlichen Würde [...]*** *... Der Mensch ist mit einer geistigen, unsterblichen Seele, mit Verstand und freiem Willen ausgestattet, auf Gott hingeordnet und mit Leib und Seele zur ewigen Seligkeit berufen.*

Menschliche oder göttliche Vorgabe? - Dennoch festgeschrieben. Festgeschrieben schon seit Jahrhunderten und für Jahrhunderte. Auf wunderbare Weise: Da ist einer mächtiger als du - ob Gott oder Papst genannt -, aber dir bleibt der freie Wille, in die ...*ewige Seeligkeit* ... einzutreten oder nicht.

Da gibt es das emotionale Gehirn, in dem sich alle Empfindungen deines Werdens (Erbgut, Mutterleib) und deines Lebens (Sozialisation) speichern und sortieren und dein Verhalten - zumindest - stark beeinflussen, genau betrachtet, sogar dominieren. Aber freier Wille! Genau deshalb hat folglich das Kind eines einflussreichen Menschen - der mit allen Mitteln (Geld, Intrigen, Macht) fördern oder verhindern kann - kraft des freien Willens die gleichen Chancen wie du als Nachkomme eines Alkoholkranken? *Du armes Wurm, nutze deinen freien Willen, du Dummerchen! Na, mach schon!*

... Wer oder was also dirigiert, wer steuert? Wer drängt uns in Sachzwänge hinein, gegen die freier Wille machtlos ist? Und warum eigentlich? Und ist freier Wille überhaupt notwendig für Wohlfühlen, also für ein echt menschliches Zusammenleben? Für die ...besondere Teilhabe an seinem göttlichen Leben in Heiligkeit und Gerechtigkeit ... (**KKK 72**)

Man kann an all das glauben. - Oder muss man daran glauben? Und wenn, warum? Weil alle Welt daran glaubt?

Glauben im Sinn von 'nicht wissen' oder frei nach Paulus *'fest in dem stehen, was man sich erhofft'*? Erhoffen wir uns die absolut freie Entscheidung des eigenen Willens oder haben wir sie? Natürlich hofft jeder, dass der Schlitten seines Lebens wie geschmiert läuft! Doch läuft er Kraft des freien Willens oder besser kraft Macht alias Geld? Wohlfühlen, menschliches Zusammenleben – kraft des freien Willens oder kraft der Gnade Gottes? Kraft der LIEBE. Und welche Art Glauben hilft z.b. verantwortlicher Gerechtigkeit auf die Sprünge?

> **KKK 404:** *Es ist notwendig, dass die Gerechtigkeit und die richtige Ordnung der Werte beachtet werden und man die materiellen und triebhaften Dimensionen den inneren und geistigen Dimensionen unterordnet. Besonders dort, wo die Sünde das Gesellschaftsklima verdirbt, <u>ist zur Bekehrung der Herzen aufzurufen und an die Gnade Gottes zu appellieren, um Gesellschaftsveränderungen herbeizuführen,</u> die wirklich im Dienst jedes Menschen und der ganzen Person stehen ...*

Tja, und dann erst die Zusammenfassung; der Satz, der dem Leben am nächsten steht (und am leichtesten zu verstehen ist). Ein bedeutender Satz. Der bedeutenste im KKK eigentlich:

> *... Die Liebe, die gerechtes Handeln verlangt und ermöglicht, ist das größte soziale Gebot.*

Mensch, Erhabener, ist das nicht so richtig knuddelig schön! Nur, verflixt, wer kann sich daran halten, wenn er nich weeß, wat Gnade Gottes is? Was ja auch Gnade der Liebe wäre, oder? Und wenn Liebe nicht vorhanden, weil Macht dahinter? Und: An die <u>wer</u> ...appellieren soll? ... Aufzurufen und herbeizuführen... *von* <u>wem</u>?

An wen hätte SIE oder ich appellieren müssen, damit SIE die Gnade der Nächstenliebe ... pardon, damit IHR immer rechtzeitig die Gnade eines Schluckes Wasser zu teil geworden wäre. Oder nur rasche Hilfe bei der Notdurft? Oder vielleicht noch ein Stück bescheidener: die Gnade der Beachtung der Klinik-Maxime: Der Mensch im Mittelpunkt. SIE, SIE war in ihrer Hilflosigkeit nur Last in X. Wenn auch Last, für die bezahlt wurde - im Dienst materiell kassierender Personen ... *Logisch, verbal grundsätzlich sittliche Meinung oben im Sitten-Stüble', klar! In der Praxis – Himmel hilf* ...ist zur Bekehrung der Herzen aufzurufen... *Und ick dachte imma so bei mich, det Hirn wär's, wat jekehrt jehört. Na, uff de Jnade von Herrjott setzen, um de Jesellschaft uff de korrekte Schiene zu balancieren – is det Jlauben oder jeistige Fehlleistung? Also de Verantwortung uff een nebulöset Wesen ladn, keene üble Idee, wenne dir fakrümmeln wills, wa! Verantwortung als Verschiebebahnhof, Mann! Duisburg 2010 z.B.. Glaubst du, Herr, wirklich, wer mit Geld Zählen beschäftigt ist, die Mächtigen der Wirtschaft also, denken über die Gnade Gottes nach! Wenn überhaupt, schon eher darüber, wie gnädig LIEBE sein kann. Warum also diese Verschleierung? Ist Gott die Liebe oder nicht? Und wenn doch: Die Mächtigen der Wirtschaft halten sich ja grundsätzlich an das größte soziale Gebot. Wie de Kirche ehmt ooch. Die janz* ...besondere Teilhabe an seinem göttlichen Leben in Heiligkeit und Gerechtigkeit... *der zweihundert jehörlosen Steppkes, o ja! Und dat anfangs jroße Schweigen dazu! Müsste det nich ville jenauer 'gehörloser Vatikan' heißen? Un dat soll de wahre Liebe sein, na, ick weeß nich.*

Was also, wenn der Wille nicht wirklich frei ist – und die Hirnforschung recht behält – und Wille stark abhängig ist von der Unverwundbarkeit (Resilienz) des emotionalen Gehirns, was dann (Willenshandlungen aus dem **Unterbewusstsein infolge von Sinnesreizen)**. Abhängig von erfüllten oder unerfüllten Wünschen? Von der Stärke der Libido? Vom Hormonhaushalt. Von der Hormondichte? Von der Menge vorhandener (erlernter oder nicht erlernter) Empathie usw.?

Aba villeicht, Fürscht, is et ooch soo, dat missbrauchte Kinda keen frei'n Willen habm und so eijentlich ooch keen Lebensrecht. Und ooch andere Missbrauchte alias Jemobbte nich. Villeicht, ehmt weil de Je-

109

sellschaft nur mit een nich vawundbarn Jehirn ßu ertragen is? Selbst schuld also, wer wat Vawundbares inn Schädel rumschleppt. Un warum nutzen Missbrauchte ihren freien Willen nich! Und falls det hinhaut: Woher sollen Priester das wissen und andere Erzieher, wenn das doch kaum einem Normalbürger bewusst ist. Oder ist das alles nur Zeichen für die Ignoranz des Seelischen? Des Innenlebens?

Ich will mich keinswegs lustig machen über theologisches Gedankengut, das auf dem Acker einer natürlichen Unwissenheit gewachsen ist. Doch dem Gewissen entsprechend muss ich ernsthaft fragen, ob nach heutigen naturwissschaftlichen Erkenntnissen solches Denken, Produkt 'hominider' Entwicklung, von Menschen erfühlt und gemacht, überhaupt noch Verbreitung finden darf?

Oder muss es verbreitet werden, um Macht zu bewahren?

Das contraproduktive Denken. Dagegen ...Liebe deinen Nächsten wie dich selbst'...: gesunde Logik. Doch ist denen, die Macht üben, das klar? Oder üben sie Macht aus gefühlsbetontem Anspruch, besser zu sein?

> *„Es sei denen ja gegönnt, sich als etwas Besseres zu fühlen. Aber dann sollten sie sich auch besser benehmen."* Prälat Claus 'Vogt in einer Morgenandacht des WDR, 2010

Wie sieht es in IHREM Kopf denn aus? Immer wieder die Qual: unverzichtbare Körperfunktionen nicht einsetzbar. Immer wieder psychische Ohnmacht – auch kraft der Macht des Chefarztes ins X. Und keine Ahnung, was ihr noch an miesen Sinnesreizen aus der kalten kapitalisierten, seelenarmen Gesellschaft bevorsteht? Hat SIE nicht eigentlich zwei Schläge erlitten: 2005 den überraschenden biologischen und danach den schleichenden, seelischen, den SIE erst 2009 – fast vier Jahre später – einigermaßen überwunden zu haben schien. Angst vor dem Leben - ist Todessehnsucht da nicht normal? Jeder 10. Suizid in der BRD älter als 60. Haben sich Politiker, Ärzte, Pfleger, all die beteiligten Entscheidungsträger also vielleicht doch versündigt an IHR? Per Mittelfinger-Mentalität und Denk-Irrsinn: Was kümmert mich deine Seele? Wenn kümmerte die Psyche von Magret F.? Wirklich all jene, die diese Frau mit Selbstverständnis benutzten? Macht. Was ist Sünde wirklich? Verwundung? Aber kann Macht wirklich verwunden? Ist die NATUR DES MENSCHEN vielleicht doch die Psyche? Seele? Gemüt? Innenleben. Was ist Seele? Was Sünde? Was Liebe, was Gott, was Macht? Unbedeutend erscheinende Fragen, und doch - was wäre IHR alles erspart geblieben bei einem gesunden sozialen Klima in den Industrienationen. Wenn nicht ein ständiger Kampf zwischen gutem Willen und kaltem Profitstreben in der Gesellschaft wogte. Und immer zu Lasten der Schwachen. Seit undenklichen Zeiten. Und heute 2011 USA, 2012 Europa, Gierschichten überall. Wurde IHRE Geist- oder Körperseele in X missachtet? Vielleicht hat der Leitende gar nicht gewusst, was er da verletzt. Vielleicht haben die Politiker der Gesundheitsreform im neuen Jahrtausend oder die Hartz-IV-Autoren oder versagende Ärzte sich bisher noch nicht entscheiden können, ob sie die Geist- oder Körperseele oder überhaupt Seelen schonen wollen. Vielleicht haben die beiden Lager im Parlament in der Plagiat-Anhörung noch immer nicht begriffen, was da wirklich passiert ist? Vielleicht ist gründsätzlich noch nicht festgelegt, ob die Geist- oder Körperseele zum Psychologen muss. Offenbar wissen noch nicht mal Seelsorger, wo der Unterschied ist. - Oder wo Gott ist?

Vielleicht gibt es diesen Gott tatsächlich, der all die unverzichtbaren, sozialen Formulierungen initiiert hat, Voraussetzung für ein friedliches Zusammenleben. Die gute Seite einer Sittenlehre.

Eh, Gott, du Allwissender! Und ausgerechnet die Bedeutung psychischer Messerstiche haste vajessen, wa? Oda nich gesehen – als de mit Adam und Eva zu gange warst? -

Schon aus dieser Sicht ist die Einsetzung der kirchlichen Hierarchie durch Christus an den Stellvertreter, den Papst, und das vor rund zweitausend Jahren, zumindest fragwürdig. Aus all den genannten Gründen ist für mich das Gefühl LIEBE praktikabler als das, was hinter dem erst lange nach den Anfängen der Sprachentwicklung entstandenem Begriff GOTT sich verbirgt. Und Gedanken sind immer noch frei – viel freier als hormonell gesteuerte Lust, auch wenn es der Macht oft nicht gefällt. Und viel freier als der, wie es heißt, freie Wille ...

Denn was, wenn GOTT tatsächlich das Ergebnis menschlicher Hirnleistung ist? Und nicht der, der alles erschaffen, alles im Griff hat? Alles weiß: der Allmächtige.

Ketzer-Denken!?

Und was löst dieses mein Ketzer-Denken in vielen Köpfen aus: Klar. Empörung über die hier angedeuteten Zweifel, verletzten Glaubens wegen?

Oder vielleicht konstruktive Nachdenklichkeit: Was SÜNDE letztlich wirklich bedeutet? Wem sie schadet, wem sie nützt?

Gewiss, mancher wird Probleme mit dieser Einschätzung haben. und andere werden sinnvoll begründen, warum auf der einen Seite spielerisch mit unglaublichen Kapitalmengen herumgeschoben und herumspekuliert wird; und auf der anderen Seite Menschen leiden und sterben, auch weil Kapital fehlt.

Alles menschlich, klar. Christlich humane Gesellschaft.

Okay, was kümmert es mich: Ich kann es ja doch nicht ändern? Oder hilft es, festzustellen, dass für Machtstrukturen es typisch ist, alles besser zu wissen (Erden-Scheibe), also auf Flexibilität und Akzeptanz von Fakten zu verzichten (Seele, Geistseele statt Psyche) und Schwächere zu benutzen: schlechtere Bildung, weniger Wissen (Bücherverbrennung 1933, Düsseldorf 1965 u.a. Kästner, Grass, Camus, Sagan, Nabokov), Informationen zurückhalten (Glauben und Akten schreddern), Imagepflege, Schönreden (keine Transparenz) und Ängste schüren (früher Hölle, heute Arbeitsplatzverlust). Es ist immer wieder der gleiche Mechanismus, der hinter Machtstrukturen steht über Jahrtausende hinweg. Und auf der anderen Seite: Bequemlichkeit, Faulheit usw. in der Normalbürgerschicht. Oder vielleicht Ohnmacht? Oder Feigheit? Doch

Feigheit nur bedingt, denn Zivilcourage ist von dem leicht zu fordern, der sein Schäfchen im Trocknen hat.

Was ist Seele? Was Sünde? Was Liebe, was Gott? Und was ist Macht? Seit wann existieren diese Begriffe? Wer hat sie geschaffen?

Wie auch immer: SIE ist wieder bei mir, in ihrem Zuhaus, daheim. Dem Himmel sei Dank! - Und trieste Grausamkeit ade!

Zwei Schritte: ein gutes halbes Jahr nach dem Crash

Ballade von der Seele

Alles schon mal da gewesen,
in klugen Büchern nachzulesen:
Völlerei der Herrscherschicht,
doch sie begreifen's einfach nicht.
Unterm eignen Butterfass
zündeln sie mit Psycho-Gas;
wundern sich dann über'n Knall
und ihren 'Hüpfer in das All'.

King Ludwig und die Antoinette
lagen mal in einem Bett.
Der King, der hielt sich für 'nen Gott,
Sein Ende jämmerlich: Schafott.
Und auch die knize Antoinette
starb nicht in ihrem Luxusbett.
Selbst die Revolutionäre -
im Kopf nur Macht – nicht mal Ehre -
suizidierten eignes Leben.
Himmel, ja, so ist das eben.

Der Mensch lernt schießen und bescheißen.
Und das will wirklich etwas heißen.
Denn schließlich fliegt er auch zum Mond.
Doch Seele ein Wort – nicht mehr -
und ungewohnt!

Tja, alles schon mal da gewesen,
in klugen Büchern nachzulesen.
Bis auf die Seele – das ist neu:
Sie schwirrt nicht irgendwo herum.
Sie sitzt im Kopf, wie Kluge wissen.
Und wer das nicht ins Köpfchen lässt,
bleibt sozial - und christlich – dumm.

TANZ MIT DER KLEINEN FLATTER

Lieber Himmel - daheim – haha! Gemütlichkeit, Wohlbefinden? Die nackte Wahrheit jedoch: Schwere Tage. Tage, ausgefüllt mit der Frage IHRER körperlichen und seelischen Genesung. Es scheint, als bleibe ihr Zustand bestehen: physisch und psychisch. Toilette und sehr häufige Wiederholungen depressiver Gedanken. Dazu ihre Kindheitserinnerungen: „'Ach lieber Gott, nimm mich doch zu dir', hat Süffchen immer auf dem Klo gesagt. Und wir Kinder haben uns amüsiert. Heute versteh ich es." SIE wiederholt das immer wieder.

So verlaufen unsere Tage: Toilette, Schwermut, Toilette. Die Zeit fliegt dahin. Drei Wochen daheim. Wie wird sich alles weiter entwickeln auf dem langen Weg zur Vernunft? Werden wir jemals wieder gemeinsam segeln?

Und über allem auch immer noch die große Frage im Hintergrund: Weitere Blutung, vielleicht Tod – ausgeschlossen oder nicht?

> *... Patienten mit Hirnblutung hatten eine deutlich schlechtere Prognose als solche mit ischämischem Hirninfarkt: Aus der ersten Gruppe waren nach 28 Tagen 42 Prozent, nach drei Monaten 50 Prozent und nach einem Jahr 58 Prozent gestorben.* Aus wikibooks

Davon abgesehen: fünfmal in einer halben Stunde Harndrang, marktbeherrschend wie ein hochbeworbenes und doch nutzloses Produkt. Aber es ist nicht nur das Blasenproblem, das uns beide beherrscht. Und einer, der laufen, der sich bewegen kann, weiß nicht, was dieses Problem wirklich bedeutet, was meine Geduld über das erträgliche Maß strapaziert. Es ist zudem mein Kampf gegen ihre Traurigkeit, gegen die vermaledeite Lethargie.

Am 03. März immerhin wird SIE endlich 'aktiver'. SIE hat sich soeben zum ersten Mal allein im Bett aufgesetzt im Versuch, den Toilettenstuhl neben dem Bett zu benutzen. Mühsam, Kräfte zehrend. Ist dann auf dem Bett sitzengeblieben. Obwohl SIE es kann, weil wir es probiert und immer wieder geübt haben. Aber ohne

Kontrolle scheint es mir noch zu gefährlich. Denn wenn SIE vornüber fällt - in der Nacht - wer kann ihr helfen? Also habe ich vor dem Alleingang gewarnt.

Dennoch: Allein der Versuch, im Ansatz selbst wieder das Heft in die Hand zu nehmen, ist eigentlich Gold wert. 'Es wird nichts mehr' - nein. Es ist durchaus noch Hoffnung drin. Doch die Tage laufen weiter davon, ohne wirklich Entwicklung sehen zu lassen. Was ist mit ihrer Seele los? Ich versuche tagaus tagein, Stunde um Stunde unser Leben wieder in jene Bahnen zu lenken, die wir für normal halten, die uns bisher begleitet haben: gemeinsam frühstücken, auch mal gemeinsam einkaufen, abends Serien schauen, öfter mal Kaffee trinken und ein Stück Kuchen dazu. Wie vor dem Crash. Wie früher, als das Leben noch Genuss war.

Das Vollmond-Baden im Bodensee, nackt wie gerade geboren, das blinkende Wasser warm wie im Mutterleib, Zeiten gemeinsamer Freuden. Oder gemeinsamer Abenteuer: In einer Nuss-Schale von Boot. Manches Ruderboot ist jedenfalls länger. 5-Meter über alles mit Segel, bei Windstärke 6 mit Wellen höher als die Kajüte, knackige Strapaze für zittrige Seelen. 'Kleine Flatter' – der passende Name; ein Schiffchen, von dem du nicht mehr viel siehst, wenn es ins Wellental sackt. Kurze Wellen - die andere Seite des lieblichen Bodensees. Er kann so teuflisch wüten, dass die Schiffsschraube auf dem Wellenkamm sichtbar wird. Und es gehört eine Menge Mut dazu, nicht durchzudrehen, standhaft zu sein. SIE hat es durchgestanden, die unaufschiebbare Heimfahrt damals in den Heimathafen durch das aufgewühlte Wasser.

Ob ich es durchstehe? Mir scheint, ich bleibe auf der Strecke dabei. Meine Bedürfnisse sind praktisch auf Null. Und sei es nur das Bedürfniss, meine Gesundheit zu erhalten. Das Herz, das verflixte. Der Druck im Brustbereich wird immer heftiger.

Doch dann IHRE Blicke. „Ich bin froh, dass ich dich habe." SIE sagt es immer wieder mal. Und das macht das Leben erträglicher. „Wenn ich wüsste, womit ich dir eine Freude machen kann."

„Es reicht, dass du noch da bist."

„Kam es dir noch nie in den Sinn, dass es dir besser ginge, wenn ich nicht mehr da wäre?"

„Nicht so dummes Zeug, bitte!"

„Aber es überfordert dich."

„Bestehen oder untergehen. Wenn du nicht mehr da wärst, wer weiß, wo ich wäre."

„Du willst mir nur Mut machen."

„Weil ich die Psyche verstehe. Weil die Psyche die Motivation bringt. Dies ist meine Gegenleistung für deine Fürsorge in meiner schweren Zeit. Nach dem vermaledeiten fast tödlichen Mobben. Wie oft hast du mich getröstet in deiner Art. Hast mich nachts in meinem depressiven Elend zum Therapeuten gefahren, weil *ich* nicht mehr wollte, nicht mehr so funktionierte wie die angeblich Normalen. Statt Wegschließen und Stilllegen, Einweisung in die Psychiatrie, wie der Hausarzt es wollte – du hast mich vor diesem folgenschweren ärztlichen Irrtum bewahrt. Jetzt bist du dran."

„Du liebst mich wirklich."

So ist es wohl. Doch wie das Ganze ausgehen wird – wer weiß! Diese Liebeserfahrung jedoch ist von unvergleichlichem Wert.

Das war am 8. März. an dem Tag, an dem auch der oben genannte amtliche fragwürdige Bescheid über den Grad IHRER Behinderung eintrudelte.

Am 11. März - drei Tage später – ist SIE trotz der Arzt-Meinung 'das wird nichts mehr' – daheim - die **ersten zwei Schrittchen** allein gelaufen. War ihr nicht bewusst. Immerhin greift SIE immer seltener zuerst nach einem Halt, hat in diesem Fall 'vergessen', dass meine Schulter der Halt ist, und ist mir einfach nach dem Aufstehen von der Toilette gefolgt und hat erst nach den zwei Schritten meine Hand gesucht.

Außerdem hat SIE heute - nach einem unser längeren 'Thera-piegespräche' - begonnen, eine Geschichte zu entwerfen, und ist am PC aus eigenem Interesse 'hängen geblieben', hat nicht den Kopf schon nach drei Minuten auf den Schreibtisch erschöpft abgelegt. Das sind verdammt gute Zeichen.

Dann der 14. März 2006. Der MDK (Medizinischer Dienst) war da. Ein Arzt, verständig, behutsam, vernünftig, menschlich. Hat ihre Probleme erkannt. Und anerkannt. Keinerlei Missachtung.

An diesem Tag ist SIE **drei Schritte allein** gelaufen! Allein wie ein Baby zwischen meinen Armen. Hoffnung keimt auf. Winzige Partikel davon. Gut, wie SIE die Füße voreinander setzt. Und ihr Ausspruch: „Bald brauche ich immer weniger Hilfe." Ich denke das ebenfalls – wenn Sie fleißig übt. Hoffnung.

Ich weiß nicht, ob SIE auch Anflüge von Hoffnung gehabt hat, damals vor zwanzig Jahren etwa, als ich zusammengekrümmt wie ein Embrio in der Ecke unseres ‚Schlafgemaches' von der Welt nichts mehr wissen wollte. Als SIE mich zum Therapeuten zwang und es mich kitzelte, das Fahrzeug auf diesem Weg gegen einen Baum zu steuern und doch die Angst der Folgen spürte. Fataler Widerspruch im Hirn: endgültig weg von allem Übel und doch das Leben weiterführen wollen. Überlast im Innenleben. Herbeisehnen des Todes und doch eigentlich nicht sterben wollen, nur allem Scheißdreck entgehen. Gefühle, die Menschen nicht kennen, die unter solchen Dingen nicht leiden, weil ihr neuronales Muster gesund gereift ist. Ich kenne tiefste Depressionen und weiß um IHRE Leistung für mich damals.

Tage später ernsthafte Frage von ihr am Frühstückstisch. „Glaubst du wirklich, dass ich es schaffe?"

Meine Antwort war der Bericht über die teuflisch einsamen und grausamen Wochen meiner Todesangst direkt nach ihrem Crash. Das hat sie tief berührt.

So vergingen die ersten vierzehn Tage im März. Bis nach meinem Geburtstag, der 73.

Am 21. März beginnt SIE überraschend selbständig zu werden. Die Gespräche fruchten. SIE knöpft selbst – sehr unbeholfen. SIE wartet nicht, bis die Jacke zurechtgezupft wird. SIE greift zu.

Am 28. März - genau einen Tag vor ihrem Geburtstag – die Überraschung: SIE läuft die ersten **etwa zehn tappenden unsicheren Schritte** durch unseren Flur daheim. Ohne jegliche Stütze.

Das ist die eine Seite. Die andere: Mental scheint SIE doch größere Probleme zu haben, als bisher angenommen. SIE wiederholt fortwährend Wunschdenken. 'Wenn ich wieder gesund bin, dann ...' Offenbar akzeptiert SIE den Zustand nur schwer. Das sagt SIE auch: „Ich werde immer klarer. Und mir wird jetzt erst mein Zustand voll bewusst, wenn ich sehe, was die anderen können. Aber ich will wieder gesund werden."

„Du bist nicht krank, du bist behindert. Und du lernst jeden Tag etwas hinzu."

In der Tat, so wie SIE jetzt läuft an mir als 'Krücke', sieht es sehr gut aus. Ihre linke Hand aber macht mir Sorgen.

Vor zwei Jahren noch habe ich die XENO, einen winzigen Motor-Segler, aufgemotzt in unglaublich mühseliger Arbeit. Aus vierzig, fünzig Jahre altem Buchenholz einer Couch ein Sprayhoud zusammengeleimt. Nicht ein rechter Winkel, alles schräg, und das Objekt nicht vor der Haustür, nein, im 150 km entfernten Hafen die Ausmaße fotografiert, übertragen auf den PC und in der Garage nachgebaut und auf dem Schiff später aufgebaut. Es hat weitgehend gepasst. Das alles, weil wir tuckern wollten, wenn das Segeln zu beschwerlich wird. Und jetzt ist es in der Tat mehr als beschwerlich. Es ist nicht mehr machbar, selbst wenn SIE aufs Schiff klettern könnte, SIE wäre zu unbeweglich. Und leidenschaftlich Wassersport – das hatte SIE nie wirklich gemocht und dennoch auch harte Situationen durch gestanden - damals mit der Nussschale auf dem Bodensee. Und jetzt – in der eigenen 'Nussschale der Behinderung' festgezurrt, depressiv, unmotiviert: „Warum habt ihr mich nicht sterben lassen?"

Was soll daraus noch werden? Wird SIE psychisch jemals wieder gesunden? Wird SIE jemals wieder leben wollen? Wird man IHRE kranke Seele demnächst fördern oder durch weitere Sünden – bewusst oder unbewusst - auf Null ausbremsen? Auf der Basis christlicher Kultur, die im Ansatz ideal und in der Praxis mehr als miserabel ist. Von Missbrauch durchtränkt.

Was hat sich der Sachbearbeiter vom Versorgungsamt gedacht?

Hat er überhaupt gedacht oder nur nach Paragraphen entschieden? Okay, letztlich hat die Behörde korrigieren und einen größeren Behinderungsgrad 'genehmigen' müssen. Aber hätte der Beamte sich nicht vor seiner schriftlichen Fixierung wirklich sachkundig machen müssen? Nein, er, dem Papiertiger hörig, verwundet gedankenlos die Natur des Menschen, missachtet das Wesentliche. Selten bewusst, dennoch bleibt es Missbrauch behördlicher Macht? Und dieses Verhalten ist üblich, kein Einzelfall. - Aber normal?

Also, Herr, selbst nur kurze Beene un jroße Sprünge fordern, vastehste, n'kleenen Mann den eijnen Willen uffzwingen, det is in meene jrauen Zellen imma Vaachtung von de Natur! Vastehste, von dem seine Innenwelt. Da krieg ick det Flattern, wenn det keene Jewalt is, wa! Und wenn nich mal inne Weltkirche Katholizismus een jewaltloses Denkmusta is, wie dann inn Öffentlichkeit: Missionieren, Manipulieren – bis unta de Bettdecke, dat Privateste. Nee, Chef: dat Miteinander total im Arsch, vastehste.

Oh, vadammich, Vata in Himmel, vadammich, vadammich! Uff wat vor'ne Schiene beweg ick mir da! Ähm, logo, ick weeß jut, dat sonne Jedanken mulmig sind. Wenn de det ehmt ßu Ende denkst, kommt det vatikanische Machtjefüge noch ins Wanken, wa – rein logisch jesehen. Vielleicht sogar mehr als anno 2010 durch das peinliche Schweigen zum Kindesmissbrauch. Okay, Psyche von Oberhirten nich antatschen, okay. Wat aba, wenne Mischpoke nich merkt, dat Jefühle die Knöppken sind für 'Gut oder Böse'. Wo doch de Jlaubenslehre sojar inne Welt hinaus posaunt: ...das Sündig-Werden an Mitmenschen als Gottes Geschöpfe ist implizit gegen deren Schöpfer gerichtet'... *Also wenn de mit wat anfangen kanns, Jebieter. Oder willste statt det Jute de Knute? Dat Verlustieren is dochn bielogischen Prozess, wo ohne, wir ja nich uff'n Globus rumkrakeelen tätn, wa!*

Der Mensch in echt im Mittelpunkt und nicht nur auf Papier – und SIE wäre voller Verantwortung gepflegt und verarztet worden und hätte nicht so leiden müssen, und all die Probleme wären nicht verlagert worden, und die Kosten wären letztlich geringer ausgefallen usw. usw. Aber wer will das schon! Rentabilität <u>statt</u> Humanität!

HILFLOS WIE EIN SECHSJÄHRIGES

Im April 2010 äußerte ein Arzt einer Reha-Klinik unserer Tochter gegenüber: „Wenn ich Ihnen was anhängen wollte, hätte ich Ihnen Ihren Status vorgehalten."
Den Status als Hartz-IV-Empfängerin und MS-Kranke in besagter Klinik. Das musste sich unsere Tochter während ihrer Reha-Maßnahme sagen lassen.
Aufbauarbeit eines, der geschworen hat, Menschen zu helfen. Oder unbedachte Äußerung eines Machtsüchtigen, Überheblichen, der nicht weiß (oder wissen will), was Sinnesreize bewirken: inneren Aufbau oder innere Störung oder - in ohnedies schon Gestörten - gar Zerstörung?

> *Geradezu unheimlich ist es, wie sehr negative Manipulation das Wohlbefinden beeinträchtigen kann.* spiegel spezial 6/200/26. 2007, s 9: Wundermittel im Kopf /Placebo-Effekt
> Nochmals Prof. Roth: ... *Willenshandlungen werden durch das **Unterbewusstsein** infolge von Sinnesreizen ausgelöst ...*

Und was sind Sinnesreize? Sind nur Liebe, Sex oder auch Macht und Ohnmacht Sinnesreize? Sind vielleicht alle subjektiven Erfahrungen Sinnesreize? Oder wo scheidet sich das Denken des Miteinander? Aktuell auf SIE bezogen: Wo entscheidet sich die Festlegung auf 70% Behinderung – trotz *Aufklärung des medizinischen Sachverhalts unter ärztlicher Beteiligung*, ohne Patientenanwesenheit – was für eine Super-Entscheidung! Oder die zu schnelle Einweisung nach X ohne Absicherung der Möglichkeiten oder Kompetenzen dort. Was ist dort passiert? Grundsätzlich ein Gegeneinander? Oder Willkür oder Druck? Oder Bequemlichkeit? Zumindest im 70-%-Vergehen eine merkwürdig oberflächliche Begründung einer Behörde. (So merkwürdig wie manche Stellen im Katechismus). Im Fall X vermutlich finanzieller Druck: Verlagerung von Verantwortung. Gegen die Natur des Menschen. Gegen IHRE Natur. Arm an Gewissen oder gewissenlos?

Erich Kästner schrieb schon 1945 in seinen Tagebüchern 'das Gewissen sei drehbar. Unter wachsendem Druck verwandle sich der Mensch bis zur Unkenntlichkeit'. Druck von oben, Sachzwänge die Humanität nicht zulassen usw.. Müsste also im Hirn nicht irgendwo eine Sollbruchstelle eingebaut sein? Oder ist sie, nur noch nicht entdeckt? Oder zerreißt es bei ähnlichem Druck grundsätzlich jeden gleich? Oder wie ist das mit der Resilienz? Mit der seelischen Widerstandsfähigkeit auch gegen sogenannte Sachzwänge?

Klar, was kann uns das alles - SIE und mich - kümmern! Wir sind wieder vereint. Und das zwar ausgerechnet vor der Glotze. Aber Glücksgefühle. Wenigstens für ein zwei Stunden gemeinsamer TV-Konsum (ja, was für ein Glück!). SIE also immerhin schon neben mir im Sessel. Klar, ich schlafe wie ehedem vor Erschöpfung ein, diesmal wirklich froh, endlich raus zu sein aus dieser mentalen Hölle. Und deshalb greift SIE auch mit aller Rücksicht nach meinem Arm und rüttelt zart und haucht fast gleichzeitig die äußerst vorsichtige Frage hinaus: „Soll ich dich schlafen lassen?" Wunderhübsch: 'Hallo, da bin ich wieder!' Doch ich hätte gern weiter geschlafen. Natürlich habe ich darüber gesprochen. Aber am nächsten Tag die gleiche Zeremonie. Und noch zwei mal, dann erst wurde ihr der Widersinn ihrer Handlung und Frage bewusst. Gedächtnisprobleme. SIE benutzt mich z.B. für Fragen, die SIE selbst beantworten kann. Mag sein, dass IHR Nachdenken Mühe bereitet? Diese eindeutig schwächelnde mentale, typisch kindliche Fehlleistung gab es in der Form später glücklicherweise nicht mehr, schimmerte aber immer wieder mal durch. Positive Ansätze also ja. Aber verflucht nochmal, zwei Tage später wieder vergessen, wie nie passiert.

Wir schreiben den 3. April 2006, ein nervender Tag – der erste Tag seit dem Crash – an dem ich stinksauer auf SIE bin. So stinksauer, dass ich am liebsten weglaufen würde. Seesack schnappen und ab übers Meer. Der ganze Schlamassel ist kaum zu ertragen. Von morgens bis abends rede ich auf SIE ein, damit SIE aufbaut, aus ihren depressiven Stimmungen leichter rausfindet; aber es fruchtet nichts. Und längst stecke ich selbst schon in der Depressions-Kacke. Doch was soll ich machen! Es ist verteufelt Kräfte zehrend, gegen den eigenen Schweinehund, gegen die eigne Resignation all die Alltagspflichten zu erfüllen, zu funktionieren. – Und dabei gesund zu bleiben, ist fast unmöglich. Wo ist der Schalter?

Stress-Spirale auch bei Pflegenden: *erst Schlafstörungen, dann Aggressionsausbrüche und letztlich Apathie. Und der Hausarzt (Nr. 1) weiß es - und schweigt. - Weil es außer 'Abschiebung ins Heim' – zumindest vorübergehend - kaum eine Lösung gibt für z.B. pflegende Angehörige.*

Und es ist ja nur IHRE verdammte Blasengeschichte, was sonst! Immer noch und immer wieder. Und unsere Beziehung zerrüttet es. Ich habe kaum noch Motivation, weiter zu kämpfen: jeden Gedanken vorausdenken, anweisen und die Ausführung kontrollieren. Als hätte ich kein Eigenleben, keine eigenen Bedürfnisse, z.B. meine Medikamente zu nehmen. Ich vergesse sie immer häufiger. Und ich weiß nicht, ob SIE jemals wieder ihre souveräne Eigenständigkeit zurück erlangen wird. Es sieht nun wirklich nicht danach aus. Tag für Tag die gleiche Schinderei. 7. April 2006. Über ein halbes Jahr seelische Überlast. Für SIE, für mich. Über ein halbes Jahr IHR Kampf zurück ins Leben. Doch was ist schon ein halbes Jahr! Sind hundertundsechsundsiebzig Tage. Hundertundsechsundsiebzig Tage Krankheit, Schmerz, Leid, Frust, Hoffnung und Hoffnungslosigkeit im Wechsel. Und immer neue Kosten – vom Pflegegeld keineswegs abgedeckt.

Zwar 176 Tage, gleich sechs Monate. Für MDK-Hirne jedoch zu kurz, wie sich später herausstellen sollte. Im April 2006 wussten wir jedenfalls noch nichts von der verbogen gequälten Rechnungsart aus Hirnen des Medizinischen Dienstes; wussten wir noch nicht, wie unser Schicksal auf pikante Weise bürokratisch bereichert werden sollte. Ein halbes Jahr - viel zu kurz offenbar, um korrekte Entscheidungen zu treffen. Bürokraten stufen ihre Opfer ein, als handle es sich bei Schlaganfall-Patienten um Simulanten-Wildwuchs, den man nur kräftig zurückschneiden muss.

Musste aba in echt vastehn, Chef, Sau–Jobb so een Bürokratenposten! Na, villeicht müssen se det Pflejejeld aus den eijenen Pottmaneh löhnen. Jewiss, ja, een hartes Schicksal, vaflixt, und dat ooch noch bei jesicherte Penunsen vonne Pengsion!

Was ist dagegen schon ein halbes Jahr Bewegungslosigkeit, Lähmung, fehlendes Stehvermögen. Hat in 176 Tagen das in Unordnung geratene Hirn nicht ausreichend Zeit, sich wieder zu ordnen, die alten Funktionen wieder herzustellen, um die Gliedmaßen korrekt zu steuern und zu versorgen. 176 Tage - das ist doch nicht wenig, verdammt und zugenäht! Klar, wir schauen voller Neid auf Bürokratengemütsmasse, die uns nicht zur Verfügung steht, sonst hätten wir mehr Verständnis für diese Spezies. Außerdem war es gut, dass wir die herzlosen Entscheidungen von Ordnungsamt und MDK nicht kannten. Last - ein halbes Jahr! Doch was bedeutet ein halbes Jahr, gemessen an der Ewigkeit.

Mein erster Roman brauchte vierzig (40) Jahre bis zur Veröffentlichung. 'Der verschenkte Frühling': mit 22 geschrieben (tagsüber gemauert, nachts geschrieben), der Lektor eines bekannten Verlags damals sehr interessiert, wird krank, stirbt, und der Fall war gegessen. Erst 40 Jahre später wurde die Geschichte unter dem Titel 'Vergessen werden die Kinder' als Buch verlegt. Zur falschen Zeit am rechten Ort, und eine Geschichte wandert ins Schubladen-Grab – bis zur Auferstehung in meinem Fall.

SIE aber lebt jetzt. Wenn auch irgendwie im Abseits des Lebens wie meine Nachkriegsgeschichte aus Breslau damals. SIE füllt mein Gemüt zwar durch Anwesenheit mit Freude, ein guter Ausgleich für meine Seele, doch sechs Monate 'Lechzen nach Normalität' sind wirklich lang und doch nicht lang – denn wie viele darben ein Leben lang, ohne Ausgleich!

Und doch beschwere ich mich bei der Tochter: „Verdammt nicht einfach mit Mama. Sie fordert viel Geduld. Und es schmerzt und hört überhaupt nicht auf, wenn man SIE so hilflos liegen sieht und die Wahrnehmung ihrer Situation sich in ihren Augen spiegelt."

Die Tochter nickt müde. Unergründlich tiefe Augen. Sie wünscht es sich auch anders. Ich bin jedoch nicht jener tolle Mann, das anständige Kerlchen durch und durch, das die Blicke von Töchterchen und seinem Weib vor dem Schrecklichen eines erigierten Pferdepenis mittels eines Mantels bewahrte. Das ist wahre Vaterliebe! Bewundernswert diese hochwertige Moral (USA). Verdienstkreuz verdächtig.

Unser Leben - das bekannte Thema. 17:00: SIE quält sich von der Toilette, ich helfe in den Rollstuhl. SIE sagt, es wäre jetzt die Zeit für den Fernsehsessel. Ich aufgemuntert: Eigeninitiative, toll! Ich will SIE dann hinausbugsieren aus dem WC. IHRE Anfrage: „Wäre es nicht besser, vorher noch mal...". Die Uhr zeigt 17:05. Ich weiß, dass SIE aus Angst, mich zu belästigen, voraus eilend gewissermaßen … und erst vor wenigen Stunden habe ich geduldig versucht … verflixt, kann SIE nicht anders, will SIE nicht?

Die 17:05-Zerreißprobe hat sich letztlich über eine Stunde ausgedehnt – ohne zwingenden Druck. Ihre Angst ruiniert meine Gesundheit, was SIE nicht erkennt. Warum nicht? SIE kann sehr klare Gedanken fassen. Doch ein eingebranntes Gefühl überflutet offenbar ihren Verstand: die zersetzende, gedankenlose unverantwortlich nachlässige Pflegeleistung der Klinik X. 'Das kann nicht sein!' Das sagte damals die Pflegekraft – vermutlich aus Zeitnot heraus; die Schwester hat IHR den Druck nicht geglaubt, SIE wie ein Kind abgewimmelt. Das bleibt in den grauen Zellen kleben.

Jeder Reha-Prozess verläuft in Schüben, auch eine Binsenweisheit in Fachkreisen, für Bürokraten-Hirne jedoch zu hoch. (Denn was kümmerte das den MDK!) Zur Zeit scheint es, als entwickle sich nichts mehr. Und dann geht plötzlich wieder etwas voran. Meint man. Eine Winzigkeit? Oder nichts? Oder nur die Wunsch gefärbte Hoffnung? Man redet sich Entwicklung ein und stellt dann doch wieder nur Stagnation fest.

Wird SIE jemals aus diesem Tal klettern können? Und wie soll SIE es schaffen, wenn ich versage.

Ich habe in zunehmendem Maß Schmerzen in der Brust. Vielleicht wird mich der Sensenmann bald holen?

SIE registriert es. „Muss ich Angst haben?" fragt SIE, Hilfe heischend wie eine Ertrinkende.

Was soll ich antworten! Mein Schweigen also sagt ihr genug, lockt Depressionen. Aufblitzende Todessehnsucht. Schon drängen sich auch wieder Tränen in IHRE Augen, das Gesicht verzieht sich schmerzhaft wie bei einem abgewiesenen Kind, dann der bekannte Satz. „Ob ich jemals wieder gesund werde?" Wie dicht Gemütsbewegungen doch aufeinander folgen bei ihr! Und es ist deutlich zu sehen, wie sehr SIE mit sich kämpft. Diesen Kampf aber vielleicht schon verloren hat? Ihre Resignation ist zu stark, bricht immer wieder durch. SIE ist – oder gibt sich hilflos wie ein Sechsjähriges? Ich versuche mich mit ihrer Persönlichkeitsveränderung zu arrangieren.

Nunmehr Mitte April, 2006, mehr als ein halbes Jahr grässlicher Tage. Aber: 'In guten wie in schlechten Tagen'. Vielleicht, mein Herz, lässt du mir noch die Zeit, bis SIE sich wieder gefangen hat - falls SIE sich jemals wieder fängt. Bis SIE laufen, sich selbst organisieren und mein Herz sich erholen kann – durchblutungsfähig wie ehemals. Funktionsrein! Unser Streben, klar: Blasenreinheit, erotische Reinheit ohnedies, aber hallo! - Und dazu ein Klacks katechetischer Reinheit?

VATIKANISCHES REINHEITSGEBOT

Wie verkorkst muss das Limbische wohl sein, um schnell einen Mantel vor einen erigierten Pferdepenis zu halten, damit's pubertierende Töchterchen nicht auf irgendwelche unschamhaften Gedanken kommt! Wie leicht es da ein Schimpanse doch hat!

Also det Jetue mit de Reinheit, Erhabener, nee, det vasteh, wer will! Und jene Pferde-Erektionsposse nicht etwa Mittelalter, nee, Jahrtausendwende. 21. – In Texas/USA tatsächlich passiert. Und das, um sittliche Moral zu demonstrieren? Wahnsinn! – Oder vielleicht nur vorzutäuschen? Ja, et jibt da wat, Herr, das wir nicht völlig verstehen können: det menschliche Hirn in seine irre Verkoddelung ...

Wollust das große, einzig wahre Übel! Wollust, nach katholischer Theologie eines der sieben Hauptlaster (Wurzelsünden[1*]), treibt nun immer wieder mal seltsame Blüten. Ende der Neunziger, also lange nach Kolle und sexueller Revolution hat ein Siebzigjähriger hier in Deutschland in einer seriösen Diskussion über Kindesmissbrauch, innerlich sehr verunsichert, gefragt, ob nicht das Schaukeln seines Enkels auf den Knien – jener liebevolle, enge blutsverwandtschaftliche Körperkontakt - schon missbrauchverdächtig ist? Wahrlich komisch. Was Wunder bei dem Beachten vatikanischer Reinheitsgebote unter Frage

> **KKK 530: Was verlangt die Reinheit ... ?**
> *Reinheit verlangt Schamhaftigkeit. Diese wahrt den Intimbereich des Menschen, bringt das Feingefühl der Keuschheit zum Ausdruck und lenkt Blicke und Gesten entsprechend der Würde der Personen und ihrer Gemeinschaft. Sie befreit von einer diffusen Erotik und hält von allem fern, was die krankhafte Neugier fördert [...]*

[1*] *Die Laster (althochdeutsch: lastar, Schmach, Tadel), als ausschweifende Lebensweise* entsprechen im traditionellen christlich-abendländischen Verständnis den sieben Wurzelsünden, (Hauptsünden/Todsünden): **Stolz, Neid, Völlerei, Geiz, Zorn, Faulheit, Wollust.** Dahinter eine ethische Wertung menschlichen Verhaltens, von der kollektiven Meinung innerhalb einer Gruppe und der kulturellen bzw. religiösen Prägung der Gesellschaften abhängig, also Menschenwerk aus einer Zeit ohne neuropsychologische Kenntnisse.

Mann Jottes, det Jeheimnis von solche Erjüsse erschnüffeln, is for Unbedarfte wie icke natürlemang fast Null. Nicht mal alle Pfaffen können es offenbar. ...Reinheit verlangt Schamhaftigkeit... *hoppla, warum das? Und was ist* ...diffuse Erotik...? *Damit sind doch nicht etwa jene merkwürdigen Katechismustexte gemeint? Oder vielleicht doch 'nur' die geheimnisvolle unverzichtbare Anziehungskraft des Geschlechtlichen? Das Verlangen, die Begierde, concupiscential gewissermaßen? Und* ...krankhafte Neugier..., *Herr? – Also wenn sie krankhaft ist, die Neugier, wo kommt das wohl her? Was sich bedauerlicherweise ziemlich häufig in Hirnen tatsächlich fest gefressen hat (so im Laufe der Jahrhunderte o ja, o ja) und immer wieder fest frisst Und wie entsteht solch krankhafter Scheiß, z.B. in Priesterhirnen? Vielleicht durch das* ...Feingefühl der Keuschheit... *du lieber Himmel noch mal, Erhabener! Und Blicke und Gesten* ...entsprechend der Würde der Personen... *Oh, ist nicht Würde jedem gleich oder wie oder was, Erhabener! Haben Herr und Knecht oder Priester und Kinder jeweils andere Würden?*

Was war mit IHRER Würde, als SIE trinken wollte, selbst nicht einschütten konnte und niemand IHR zu Trinken reichte. Als SIE im Kraftraum üben sollte, ohne sich gezielt bewegen zu können.

Als SIE gedankenlos dorthin abgeschoben wurde von überforderten Pflegekräften, letztlich aber – wenn auch indirekt - von unbedarften, kurzsichtig- oder machtsüchtigen, überheblichen Politikern initiiert ...

Die Philosophie der Konkupiszenz in der katholischen Theologie sagt heute natürlich an <u>einer Stelle</u> (mehr Stellen habe ich leider nicht gefunden) ziemlich eindeutig, dass es dem Vatikan bei 'sündigen Taten' nicht um organische, sondern im Sexualbereich allein um psychische Prozesse geht. Und warum dann erst im Juni 2010 die offizielle Entschuldigung von Benedikt XVI., Monate nach dem Bekanntwerden in der Öffentlichkeit der Missbrauchswelle?

Denn Vatikan wusste es schon Jahre zuvor. Und psychische Prozesse – gelten die nur für das Lustgeschehen? Oder ist die Psyche nicht grundsätzlich die NATUR DES MENSCHEN?
IHR Körper erhielt nicht die erforderliche Flüssigkeit in X. Böse genug. IHR Gemüt jedoch verzweifelte. - Hat irgendein Pflegender daran gedacht, was er wirklich anrichtet? Sowohl physisch als auch psychisch? Hatte er Zeit, daran zu denken? Denkt irgendein Politiker an verdurstende Gemüter von Hartz-IV-Kindern, denkt irgendein missbrauchender Seelsorger an die von ihm gequälten Kinderseelen? Oder wer aus der obersten Entscheidungsträgerschicht hat z.B. auf warnende Normal-Bürger-Stimmen in Duisburg gehört? Statt Erotik katechetisch diffus zu reden, wäre es nützlicher dem Machtwahn den Zahn zu ziehen. – Irgendwas fehlt jedenfalls in der Bewertung vatikanischer Sex-Experten der Oberschicht. (Und leider nicht nur dort).

Jewiss, man kann det ooch ma anners sehen. De Vatikanisten sind so edel und unsündig ins Jemüt, dass sie das Ding nicht direkt beim Namen nennen <u>können</u>. Obwohl – Kopulation klingt doch gar nicht so schlecht. Zumindest deutlicher als die 'Verhüllung – organischer Prozess'. Jedoch scheint immerhin die Psyche oben angekommen zu sein – im neuen Jahrtausend! Klar, Erhabener, logisch, geht ja auch nicht anders! Denn ...heftiges Verlangen, Begierde... – gleich welcher Art – schlummern ja wohl im emotionalen Gehirn (im limbischen System und vernetzten Bereichen), was, so nebenbei bemerkt, immer irgendwie auf einen natürlich gewachsenen (organischen) Prozess deutet; was dennoch in jedem Neugeborenen – Achtung – in jedem <u>ungetauften Neugeborenen</u> (ungetauft <u>muss</u> es sein, sonst flutscht es durch's Raster) - zur festgeschriebenen Neigung von Gier, Bösem, Sünde, Trennung von Gott und Hölle wird. Und das grundsätzlich, sonst funktioniert Erbsünde ja nicht?

Unzucht oder nicht?

UMFASSENDES SYSTEM DER KONTROLLE

Die Gewerkschaft ver.di wirft dem Bauhaus-Konzern vor, ein "umfassendes System der Kontrolle" über seine Angestellten geschaffen zu haben. So werden Mitarbeiter nicht nur von Detektiven und Kameras überwacht, sie werden auch "gegeneinander in Stellung gebracht", berichtet ver.di-Frau Schmitt (Name geändert). Leider stehe damit Bauhaus nicht alleine da. Vielmehr seien solche Methoden im Einzelhandel gang und gäbe. *Frontal 21, August 2011, Christian Esser*

PATIENTENRECHT SCHNUPPE

Das Recht, mehrere Ärzte zu konsultieren hat Frau Dr. Komtess, (BUCH I. DENN LIEBE TICKT ANDERS) nicht respektiert ... *wir entscheiden, was medizinisch notwendig ist ...*

Diese Art von Überheblichkeiten sind nicht nur weit verbreitet. Sie werden als 'normal ' gewertet. Motto: So ist das Leben. Sie werden mit System herangezogen, ins Bewusstsein manipuliert – obwohl das die Quellen für *Kriege aller Art* sind. Unzucht in der Tat also.

EINE IRGENDWIE URKOMISCHE STORY

Aba is ooch schnuppe, ob Unßucht oda Unsitte oda Zucht und Sitte, ob wahr oda nich wahr, ob so oda so vakasematuckelt, ob vons Vatikan oda nich usw.. De Sittenlehre hat nu ma als Machtmittel jut funkzioniert, aba ehmt nich de Sittlichkeit in echt vabessert. Ergo hat et nu ma, so beäugt, ehmt nich funkzioniert un funkzioniert wohl ooch weita nich. Oda ick frag mal janz anders rum: Wat is unschamhaft *jenau? Denn, Mann, Erhabener, da hat mir – icke jrad in Pubertät – doch eenmal wat jeträumt. Een nacktet Ding, und dat keen Jesichte. Dat Gör in eene Wanne, aaba nich in'n Kämmerlein. Uff sowat wie eene Bühne: jroßer Raum und uff de Straße hin keene Wand. Und dat Girl senkrecht, stolz wie Oskar, duschte unjeniert. Und ick solche*

Oogen, jrad vierzehn oder so, wegen .... Tja, und denk dir, et hat mir jefreut. – Im Traum natürlemang!

Werter Oberhirte: War meine geträumte Freude unschamhaft *oder die pure* 'Wurzelsünde Wollust'? *Und wenn ja, hab ick mir dadurch von de Liebe alias Jott entfernt? Und wenn ja: habe ICH mich oder hat mich die* Ungeordnetheit meines Willens *entfernt – also jener Traum? Und wenn ja: Was hätte ich tun müssen, um diesen Traum zu vermeiden. Oder direkter gefragt, mein höchster Herr: Wie kann ich die Phantasien meiner pubertären Phase vor etwa sechzig Jahren, eingebrannt durch klösterliche Verklemmungs-Theorien, aus meinem emotionalen Hirn verbannen? Solltest du die einzig zutreffende Antwort darauf wissen, dann wären dir endlich hirnphysiologische Kenntnisse zu attestieren. Doch bis dahin – Hirnwäsche a la Beicht-Bekenntnis! Allein schon mit dem Vorschlag kalter Waschungen war es mir unmöglich, nicht* unschamhaft *zu denken, obwohl ich noch immer nicht so genau weiß, was* unschamhaft *ist.*

Ähm, hm, urkomisch, ja, Erhabener! Das Wort unschamhaft *kann doch nur aus Köppen kriechen, die wo keinen normalen Zugang zur Sexualität habm oder habm dürfm. Oder ist tatsächlich alles schlecht, was außerehelich die Genitalien betrifft? Aba vasteh jenau: Schlecht im Sinn von Ungehorsam gegenüber der Liebe Gottes (obwohl Gott und Liebe dasselbe ist, oder?) Egal, Trennung von Gott oder Liebe jedenfalls Sünde? Also muss ick mir schämen. Aba warum? Weil ich mich von Gott alias Liebe trenne? Verflixt! – Oder muss ich mich deshalb schämen, weil es grundsätzlich schlecht ist – dieses sonderbare, außergewöhnlich amüsante Gefühl? Und nochmals verflixt: Dann wär det 'Jefühl von Lust' ehmt det wahre Schlechte, oda? Det wahre Wurzel-Böse uff Welt. Na, weil, wer Elmentares nich darf, ehmt Ersatz herbeifummelt. Un wenn's de Schwächstn oda Kleenstn sind. Un* mag ooch sein, wenn der belustigende Kitzel fehlt in Hirn – wie schon mal bei ältere Herren – dann, ja, dann könnte es schon mal mental schmuddelig, unreinlich grummeln in de jrauen Zellen. Und det is ßwar ßu tolerieren, allerdings noch lange keen Jrund, diese relevante Angelegenheit grundsätzlich unsittlich zu stempeln, Herr. Denn Psyche massakriern, det is unsittlich. Oder jenauer: Unßucht pur. Scheibe, statt Kugel.

Oda is ehmt det Ettiket ...diffuse Sündigkeit... für gedankliche Kontakte außerhalb 'erlaubter' Bindungen villeicht als Schmunzerl jedacht? Irre, wa! 21. Jahrhundert!

Hat nicht jeder seine ureigenste Erlebniswelt, seine private Welt? In vielen Facetten, die nur er kennt und über die er deshalb nur ganz allein zu entscheiden hat? Und logisch: voller Verantwortung und nicht Macht gesteuert. – Wenn ja, wird jeder manipulierende Eingriff von außen tatsächlich zu einer Art Hirnwäsche. Mann o Mann, Erhabener, denk doch mal nach! Weshalb, Herr, nach meiner Auffassung sogar Schutz vor der Beichte erforderlich ist, Herr. So was wie Datenschutz. Denn Beichte, pures Eindringen in die Welt der ureigensten Gedanken. Klar, freiwillig, angeblich! Ha, ha! In Wirklichkeit durch die Angst vor Sünde 'erpresst'. Hat meine Natur jedenfalls verwundet. Mit jeder Beichte, die man von mir als pubertierendes Kind gefordert hat, durch das Geständnis unkeusch in Gedanken, Worten und Werken, wurden meine Hintergedanken – neben der erzwungenen 'Verwundung' – und das ist beachtenswert – auch auf merkwürdige Weise, hallo, verflixt aber auch – stimuliert! In eene anfangs unschuldje Birne. Un villeicht ooch absichtlich vakasematukelt?

Mann, wenn ick ne ßauberhafte Blüte erkieke, denk ik doch nich jleich ans Pflücken. Oder wenn, dann pflücke ich noch lange nicht; erst recht nicht, wenn ich gelernt habe, sie verantwortungsvoll gleich-

wertig zu beäugen. Aber logo, bei jedem Baum, den man interessiert betrachtet, denkt – na wer schon – 'n Kapitalist sofort an Nutzholz! Klar, Profit! Vielleicht sogar lustvoll an Kamin: flackerndes Feuer, Gemütlichkeit! Brennholz. Fünf Klafter, zwei Winter warmer Arsch. Wunderbar! Na ja, eben mit ziemlich heftigem Verlangen, gierig; mag sein, lüstern geradezu. – Ähm, hm. unschamhaft *vielleicht sogar? – Also holst du sofort deine Axt, um den wunderschönen viel versprechenden Baum flachzulegen und sich daran zu weiden, hä? Wenn du verstehst, was ich meine, du kluger Mensch der höheren und einzig intelligenten Regionen.*

Verflixt, Erhabener, ich wäre auch dafür, das Denken, also letztlich den Geist (so er vorhanden, ok, nicht unbedingt den heiligen), sondern üblen, pardon, ich meine üblichen Geist schon im Vorfeld sozial menschlich hinzubiegen – o Gott, das wäre es! – Ähm, nun ja, ja, ja, wenn das ginge, ähm ... bei Werbung, ja, funktioniert doch. Und denk nicht an Achterbahn. – Peng, Scheiße, was! Schon ist die Achterbahn im Hirn. Hoast mi! Was machen wir in der christlichen Gesellschaft eigentlich: das eine subtil verherrlichen und das andere raffiniert verteufeln. Wie etwas zum Guten verändern, wenn wir systematisch Gewalt-Gedanken, kommerziell abgesegnet, in Kinder- und Jugend-Hirne pflanzen und die positiven Seiten des Lebens einengen und verschleiern, statt sie sinnvoll zu kanalisieren! Okay, Denken als solches verbieten, tja, geht wohl nicht.

Verbiegen fällt schon leichter, aber hallo! Menschenskind, besonders bei Menschen, die sich dumm halten lassen. Es ist also die ernsthafte Frage, ob nicht die Begriffe 'unschamhaft und Unzucht' auf das Produkt sogenannten sittlichen Denkens viel eher angewandt werden müssten? Logo – und auf all das, was an verletzendem Unsinn aus Köpfen kommt. Die vielen, vielen lieblosen Gedanken der Macht.

Diese psychische Scheiße, verstehste – die macht die Welt doch zur Hölle, Erhabener! Also wenn schon, denn schon diesen geistigen Blödsinn der Reinigung unterziehen. Oder besser, ihn nachhaltig verteufeln. Statt subtil verherrlichen. Überleg doch mal, Menschenskind: Wenn die Geistseele tatsächlich unmittelbar von Christus sprich Gottes Sohn, also ...von der Liebe geschaffen... *ist, beißt sich doch die Katze durch die katechetische Verunglimpfung in den Schwanz, denke ich mal. Okay, logisch, klar: falsch gedacht. Denn die christlichen ca 31% der Weltbevölkerung denken da wohl anders und werden mich vielleicht steinigen wollen ob meines Denkens.*
Und kann sich eine Milliarden-Menge irren!?
Okay, die andere Seite, Erhabener: ein Leben oben ohne! *Ohne Gedanken, logo, inklusive Hintergedanken – wie fad! Eijeijei, Herr Papst, du armer, der du jetzt mit den hirnphysiologischen Erkenntnissen der Menschheit umgehen lernen und eine arrogant benutzte Moral, jenen (damals noch nicht erklärbaren) Unsinn der Vorzeit ausbaden musst, falls du überhaupt willst. Du willst doch, oder?*
Allein schon jenes irre Wunder der Sozialisation: soeben noch böse concupiscential geboren, rasch getauft und Neigung zum Bösen futsch, ergibt liebstes Gotteskind: glaubend, huldigend, demütig gedankenlos, angepasst, obrigkeitshörig. Und freier Wille – wo? Herrlich, Herr, dein Erbsündlein. Logo, nur für die Katholen! Der Rest der Menschheit – pah...
Und wahrlich: Die Welt ohne Unzucht jeglicher Art, ohne Sünde und Tod – wäre das eine lebenswerte Welt? Ist Sterben vielleicht das Paradies? Und das Sterben Wollen die unerlaubte Sehnsucht oder Sünde wider den Hl. Geist? Obwohl mich jene katholisch besondere Form der ...Sünde wider den 'heiligen... Geist' *stutzig macht, welche nach theologischer Meinung nicht verziehen wird. Also Sünde mal so mal*

so? Und was ist Sünde, wenn Sünde erst im frühen Mittelalter zu dem geworden ist, was heute darunter verstanden wird? Was also wird nur sündig geredet?

Für mich ist die Trennung von IHRER Liebe - die endgültige durch den Tod - jedenfalls derzeit der schmerzlichste Gedanke. Gewiss, in jungen Jahren wirkte eine solche Vorstellung mehr als Hölle. Doch auch im Alter noch, da man und weil man weiß, dass es jeden Tag zu Ende sein kann, dass Hirn und Herz urplötzlich versagen können – von jetzt auf gleich; überraschendes Zerschneiden einer Jahrzehnte langen geglückten Beziehung – ja, das ist immer noch fast wie Hölle. Da wird Sex, ob rein oder keusch (was ein Blödsinn!) oder begehrlich oder von heftigstem Verlangen gepuscht, gewissermaßen concupiszentester Begierde - wahrlich zu unbedeutendem Fehlverhalten, vorausgesetzt Sex an sich wäre überhaupt ein Fehler. Bei Gewalt dagegen bin ich mir absolut sicher. Da stimmt das mit der Sünde, mit der Trennung von der Liebe alias Gott. Nach meiner Auffassung.

Nein, ich mag es mir nicht denken, dass SIE bald sterben wird. – Oder vielleicht doch, weil IHR durch den Crash geschwächter Lebenswille von Bürokratie zusätzlich zerfressen wird? - Und ich dann ganz allein in der Welt sündiger Bürokratie … Himmel hilf!!

PLÖTZLICH – MEIN SCHREI!

Und die Zeit läuft unerbittlich, und es ändert sich nichts bei IHR. Äußerlich, sichtbar jedenfalls nichts.

Der 28. April 2006, Crash-Bilanz: Die ersten zweieinhalb Monate davon waren die Hölle; die sechs Wochen danach in der Reha: Überforderung des Pflegepersonals – Betreuung fast Null. Dehydriert. Körperlich vertrocknet, auch seelisch: Frust, Hoffnungslosigkeit. Therapie zum Teil falsch. Also Stagnation. Und dann daheim drei Monate systematischer Aufbau: Wohlfühlen, Fachkompetenz, intensives Training und Betreuung. Billiger und effektiver als in der Klinik X. Und Fortschritt? Was würde die Zukunft bringen? Immerhin: SIE, SIE hat sich innerlich geändert. Nicht mehr ganz so depressiv, hoffnungslos. Ist deshalb auch das Haus verändert? Obwohl SIE da ist. Nicht etwa, weil ich seit einem halben Jahr allein schlafe. Nein, etwas anderes fehlt. Es fehlt immer noch ihr Geist, ihre Ausstrahlung. Ich will, dass SIE wieder die selbstbewusste Persönlichkeit wird, die SIE gewesen ist. Es scheint nicht mehr die Beziehung zwischen zwei gleichstarken Persönlichkeiten, sondern eher eine Vater-Kind-Beziehung, was mir überhaupt nicht gefällt. Bis zum Crash habe ich – trotz meiner Eigenwilligkeiten – irgendwie immer zu IHR aufgeschaut, aufschauen dürfen zu einer starken Frau, deren Rat mir unbezahlbar schien. Und nun ihre Hilflosigkeit, Fügsamkeit, sicher auch genährt durch ihre Angst. Ja, SIE ist verändert. All die seelische Last der letzten Jahre hat SIE wohl mürbe gerieben. Überlastete Psyche – und der Crash war unausbleiblich. Und nun ist SIE verändert. Ihre Persönlichkeit durch Hirnblutung verzerrt.

Ich erinnere mich gut an Zeiten eigenen Überdrucks. Da ich versagt habe, kostenträchtig versagt habe und SIE die Nerven behielt. Der Transport unseres Zweitonnen-Schiffs ALEXE vom Bodensee heimwärts hätte jedenfalls ganz übel ausgehen können. Auf der Autobahn, Tote, Schwerverletzte vielleicht.

Und wohlgemerkt: Ich war nicht durch staatsgewaltige Überheblichkeit zweier Polizeibeamter auf der Autobahn gestoppt worden. Sondern wegen psychischer Überlastung und eigener Dämlichkeit. Im Normal-Zustand wäre ich jedenfalls nie mit zwei Tonnen Anhängerlast an einem mit 750 KG zugelassenen Fahrzeug über die Autobahn geschlichen. Nie! Viel zu hohes Verantwortungsgefühl im Schädel als zeitweise ehemaliger LKW-Fahrer. Aber eine Form von Black-out. Stress, Überdruck, Ärger im Beruf, die Last des Gemobbten, falsche Wahrnehmung von Daten, falsche Schlussfolgerung: rationales Hirn-Versagen als Folge emotionaler Überlast. Auch damals schon (wenn auch so nicht erkannt). Die Zugmaschine für die zwei Tonnen Anhängerlast war jedenfalls eine Riesen-Gefahr. Also unter Polizeischutz umgehend runter von der Autobahn, auf die Waage. Und damit Ende der 'Heimfahrt': 200 % über dem Erlaubten! Hohe Geld-Strafe. Es hätte auch den Führerschein kosten können.

Ich war damals nicht nur nervlich fertig, auch psychisch total geknickt. Und SIE war völlig anders gestrickt: sachlich, tröstend, Problem lösend.

Zwei Dinge danach erkannt: Nicht diese (oft unverzichtbare) aber oft auch unbarmherzige zugreifende brutale Art von Staatsgewalt (oder irgendeiner anderen) zersetzt die Seele, nein, das fehlerhaft konditionierte Gemüt der ersten Prägungsphasen wird subtil durch oft kaum wahrgenommene Ereignisse aus Bürokratie, also aus der Machtebene angenagt wie Sandstein, der ständigen Wassertropfen ausgesetzt ist. Das übersehen jene allzu gern, deren Grundmuster gesund strukturiert worden ist und deren Leben oft problemfreier verläuft

Wo – wo ist z.B. IHR Selbstbewusstsein geblieben? In Gottes Hand? Oder haben nicht greifbare Sinnesreize zu organischem Versagen geführt? Die Tatsache, dass wir nicht wissen, wann wir gezeugt werden und wann wir sterben, berechtigt uns eigentlich nicht, die Existenz einer steuernden Allmacht zu behaupten. Und der Wissenschaftler Damasio hat vielleicht doch recht: Ich fühle, also bin ich.

SIE bricht unvermittelt in Tränen aus, was mich schmerzt ob meiner Hilflosigkeit. Und SIE auf dieses mein Geständnis: „Wenn du nicht wärst, hätte ich mir längst das Leben genommen."

Wie desolat ihre Gefühlswelt, wie verzweifelt muss SIE sein! SIE weiß, dass es nie mehr so werden wird wie ehemals. Und ich will, dass ihr Gemüt, ihre Seele wieder zu mehr Eigenständigkeit und Selbstverständnis gelangt.

Ich setze ihr Grenzen, zwinge SIE z.B., sich selbst an- und auszukleiden. Es funktioniert weitgehend. Ich muss Grenzen setzen – denn ich will, dass SIE zu ihrer Persönlichkeit zurückfindet. Ich bin ihr vieles schuldig. Und SIE tröstet: „Wenn ich wieder fit bin, mache ich alles wieder gut. Erinnere mich daran! Früher habe ich dir leider viel zu wenig gesagt, was du mir bedeutest." Immerhin ein guter Vorsatz.

Und dann an einem dieser Tage Ende April überraschend ihr erster positiv energische Ansatz: „Ich will nicht, dass du mich so anschreist!"

Nun ja, ich habe SIE tatsächlich angebrüllt! Egal aus welchem Grund: Ich habe gebrüllt. Meine Nerven. Stress-Spirale, Stufe 2. Und SIE: „Ich will nicht, dass ...!" Dieses „Ich will nicht ...!" Ich will – ich will ... verflixt, verflixt, eine viel versprechende Entwicklung, oder? Meine Güte, sollte es jetzt wirklich vorangehen?

Was wäre, wenn seit der Christianisierung gelehrt worden wäre, wie böse, hässlich, kriminell Verletzungen der Seele, pardon, VERWUNDUNG DER MENSCHLICHEN NATUR sich auswirken? Sähe die Welt vielleicht dann etwas anders aus? Wäre dann z.B. ein Kardinal-Verbrechen, Menschen wegen materieller Werte zu benutzen, zu manipulieren, unter Druck zu setzen usw. usw., die große wirkliche Sünde? Die Literaturszene, die auf Schurken nicht verzichtet, hätte sich vermutlich um einiges anders entwickelt. Jeder Kaiser, König, Edelmann, Manager, Funktionär, der ausbeutend denkt und wirkt, wäre dann der echte Schurke. Und der, der Geldbörsen klaut oder einen Schwächeren schlägt, ein eher unbedeutendes Licht, sündhaft betrachtet. Wenn ... !

- -

CHRISTIANISIERUNG

Die Basis des Christentums ist jedenfalls noch gar nicht so alt. Erst mit Augustinus und Konstantin (360 – 450 n. CH.) begann die Christianisierung nachhaltig.
Augustinus war zunächst nicht getauft. Er war wohl ein normaler, ein 'richtiger' Mensch, der sich nach seinem zunächst eher lockeren Leben letztlich für Enthaltsamkeit (Keuschheit) entschieden hat. Und eine solche Entscheidung muss natürlich jedem freistehen.

Augustinus hat sein Lebensbild, gestützt auf Descartes Denken (Trennung von Geist und Seele), das heute so nicht mehr zutrifft (Capra, Damasio), seine Lebenserfahrungen in Theologie umgewandelt. Das ist legitim, aber sicher nicht ausreichend, eine Religion zu stricken, die Millionen von Menschen in ihren existentiellen Bedürfnissen knebelt. Das mag in der damaligen Zeit nicht anders möglich gewesen sein. Aber die heute noch weitgehend gültige Sittenvorgabe beruht im Wesentlichen auf der <u>persönlichen, wenn auch studierten Meinung eines Mannes</u>, der zuerst erotisch, dann in späteren Jahren enthaltsam gelebt hat. Also ein Mensch, der so und so gefühlt und sich aus freien Stücken entschieden hat: seine Meinung (fast so fragwürdig wie auch seine Meinung zum Kriegsrecht).

Der Unterschied zwischen Kirche von unten und (Vatikan) oben kommt nicht von ungefähr, eben weil eine Menge Missbrauch der Macht hineinspielt und viele Menschen das heute spüren.

Ja, ich habe Sie an jenem Apriltag angebrüllt wie ein arroganter Macho. Manchmal ist IHRE vorauseilende Fügsamkeit nicht auszuhalten. Also wenn ich mich 1946 nach dem Krieg meinem Schicksal so ergeben verhalten hätte wie SIE derzeit, wäre mein Leben wohl in anderen Bahnen verlaufen: Als Clochard vielleicht – günstigenfalls; eher aber wohl mit dem Etikett: kindlicher Selbstmörder. Ich hätte mich wahrlich zu Tode geschämt. Ich meine, mit nackten Füßen zur Kirche gehen zu müssen – grässlich! Alle Kinder hatten Schuhe. Die zwölf, dreizehnjährigen Dorfschönheiten, Bauernkinder, ordentlich gepflegte Schuhe; nur ich, pubertierender armer Lazarus, nichts an den Füßen. Der Kirchgang logischer Weise in Christenkreisen wichtiger als die Scham irgendeines dreizehnjährigen Klosterschülers. Und in einer Kirche, in der alle blank geputzte Schuhe tragen, kommt man sich barfuß splitternackt vor. Finde ich heute lächerlich. Damals war es existenziell für mich. Doch hatte ich eine Wahl? Ein Kind hat zu funktionieren. Meine Erzieher, Patres und Fratres, bewiesen da wenig Verständnis. Doch ich habe mich meinem Schicksal nicht duldend ergeben. Denn man lernt auf diese Weise früh, zur Selbsthilfe zu greifen: Und handwerklich geschickt war ich schon als Kind und hatte aus der Nach-Festungszeit Breslau einschlägige Erfahrungen: Sandalen, selbst gefertigt aus Autoreifen – für mich die Kirch-Geh-Lösung. Und für meine Erzieher immerhin ein deutliches Signal: Eine Woche später trug ich – möglich durch jemandes Erbarmen und Beziehungen – rauhe Arbeiter-Schuhe mit Stahlkappen. Bisschen groß, aber Leder, stabil, fest, geschwärzt mit Ruß. Selbsthilfe ist das Schlüsselwort: Und genau das möchte ich aus IHR herauskitzeln: Den Willen zur Selbsthilfe. Doch ihre Angst ist übermächtig.

Dennoch an einem Morgen das Überraschung-Ei. Draußen bisschen Sonne, kein schlechter Tagesbeginn. Doch IHRE Augen voller Tränen. Mein Morgengruß, schäkern, so ganz locker, wie es mir eben möglich ist: IHRE Depression überspielen. Plötzlich, völlig unerwartet geht SIE auf diesen Ton ein. Dazu knizer Gesichtsausdruck um ihre Augen und eine passende Antwort. Mit einem Mal schimmert ihre Persönlichkeit wieder durch! Hoppla! Ich bin fröhlich erstaunt. Und kurz vorm Mittagschlaf Ähnliches: SIE streift selbstständig Schuhe und Hosen ab, legt sich hin, und schielt vorsorglich auf den Toilettenstuhl ohne Topf: „Wunderbar - mein Freund steht da! – Leider unten ohne." Das ist SIE! Wie früher. Das ist ihre Persönlichkeit. Ihre Art. Immer pfiffig.

Ich lobe es: „Klasse! Du bist zurück im Leben, Mädchen!"

Ihre Empörung: „Ja, denkst du, mein Verstand hat gelitten!"

Ich bin überrascht. Schon wieder Eigeninitiative. Das ist gut. Dann schafft SIE es auch. Wenn SIE so weiter macht, schafft SIE es aus eigenem Antrieb.

In der zweiten Aprilhälfte nimmt SIE es tatsächlich endlich leichter, zwar immer noch dominiert von ihren Angst-Gefühlen. Denn der Mensch hat zwar 'nen Willen, aber eben keinen ganz so freien, wie er glaubt. Seine Gefühle, sein Unterbewusstsein bestimmen auch die Ratio weitgehend. Und bestimmen auch die Kommunikation zwischen uns. Die seelischen Lasten polieren jede Etikette weg. Nur noch Funktionalität auch in der Sprache. Es wird aber lockerer. SIE macht sich z.B. über ihren Harndrang lustig. „Geleite mich zu meinem Freunde, bitte", deklamiert SIE abends aus dem Fernsehsessel heraus und fügt hinzu: „O wie ist das Leben schön, wenn ich auf den Freund kann gehen!" So ganz im knizen Stil, mit dem typischen Glitzern in den Augenwinkeln. Nach Monaten der Hilflosigkeit.

Ja, SIE nimmt Ende April 2006 ihr Leben wieder etwas leichter. Endlich – wenn auch nur vorübergehend.

Denn abends – abends wieder Jammertal. Depression. Obwohl ich weiß, dass Weinen IHR gut tut, löst, entkrampft: Es setzt mir zu. Ich sehe lieber ihr Batman-Lächeln – wie bei einem unserer letzten Segeltörns - vor dem entsetzlich plötzlichen grausamen Crash. Damals, als unsere Welt noch in Ordnung war ...

Doch SIE ist daheim. In einem völlig anderen Klima als in X. Dazu hausärztlich gut versorgt - am Anfang jedenfalls; Schlupfsack, Medikamente, Therapie: Alles, was erforderlich und hilfreich war, verschrieb die erste Hausärztin ungefragt. Zunächst sehr fürsorglich diese Frau. Zunächst ...

Jedoch die politische Gesinnung dieser Jahre und damit die Folgen für die Schwachen der Gesellschaft ...

IX.

MISSBRAUCHTES HIRN

Sollbruchstelle Innenwelt
Schleifer-Mentalität
Lieblos oder gottlos?
Sünde des Vatikan *Buch im Buch* (auch als e-Book erhältlich)
Ungezählte ohne Schuld
Absoluter Humbug
Halle der Verzweiflung
Arroganz verursacht Unfrieden
Albtraum ohne Ende
Wer fürchtet sich vor Christ-Schimpansen?
Vertrauenswürdigkeit durchlöchert
Wat vawundet de Natur denn nu in Echt

Herr,
ich bin klein,
mein Hirn ist dein,
fang an zu bohren!
Denn Ohnmacht muss sein.

SOLLBRUCHSTELLE INNENWELT

Ja, die erste hausärztliche Versorgung – März, April 2006 – die war okay, besser als die Versorgung in X. Menschlich und angemessen. Doch unsere Innenwelt war schon schwer angeschlagen. Von Ohnmacht überspült. Fast unerträglich des Schicksals Last. Ohnmacht eben. Wo gab es den Schalter, der unsere Gemüter auf inneren Frieden, auf Gelassenheit zu transponieren vermochte? Des Schicksals Grundlast erträglich machte.

Und über diese Grundlast rollte dann – völlig überraschend - eine bürokratische Maschinerie, die uns fast platt walzte.

Im Jahr 2012 (leider erst) fand innerhalb einer Kampagne der Caritas „Armut und Gesundheit" unter dem Titel 'Mehr Menschlichkeit ins System' das Interview der *Zeitschrift Caritas in NRW* mit Barbara Steffens statt, NRW-Gesundheitsministerin, www.caritas-nrw.de).

Sprechendes Beispiel: Nichtraucherschutz

Barbara Steffens: ... Viele sagen, 'wir wollen rauchen und zwar überall, das hat etwas mit Selbstbestimmung zu tun'. Da bin ich sehr streitbar, weil es einen Unterschied gibt zwischen dem Recht auf Selbstgefährdung und der Gesundheitsgefährdung anderer gegen ihren Willen durch Tabakqualm. Ein vergleichbares Beispiel: Niemand darf in der Kneipe seinen Schnaps nehmen und mir in den Kaffee schütten. Aber jeder darf mir seinen Qualm in die Nase blasen ...

In der Tat: Nicht Geld und Besitz sind inhuman, das Teuflische ist die falsche Gesinnung; die falsche Vorstellung von Freiheit z.B., die viele Probleme bereitet; das hochnäsige Bewusstsein, das kranke Denkmuster, permanent gespeist durch Wettbewerbsgeilheit, Gier: der Beste, Schönste, Klügste; vorgelebt durch selbsternannte Sittenwächter und erschlichene, vorgetäuschte Verantwortungs-Vollmacht; dazu oft versteckt hinter einer aus der Machtschicht gebastelten und permanent genährten Vorstellung, die heutigen naturwissenschaftlichen Erkenntnissen nicht mehr standhält (etwa Gott wird es richten). Und das alles zu Lasten der Ohnmächtigen, der Menschen am Rand der Gesellschaft mit hoher Explosionsgefahr.

Ein Dampfkessel ohne Sicherheitsventil – undenkbar. Sollbruchstellen dienen in der Technik der Sicherheit (oder zumindest gaukeln sie Sicherheit vor). Diese Sicherheitsschaltung gibt es für Menschen nicht. Oder wo sitzt im Menschen die Stelle, die trotz seelischer Überforderung (Überdruck) mal eben auf gelassene Friedfertigkeit umschalten kann?

> *Nach dem Neurowissenschaftler Damasio strukturieren sich Vorstellungsmuster (neuronale Muster) von irgendeinem Objekt absolut subjektiv **im Zusammenwirken von früh Erlebten mit aktuellen Erfahrungen (Außenreizen)**.*

Früh Erlebtes und aktuelle Erfahrung: Dadurch ist offenbar die geringere Lebenserwartung armer Menschen begründet. Dazu Barbara Steffens: *„... Es gibt zwei Zusammenhänge: Wer krank ist, wird schneller arm. Und wer arm ist, wird schneller krank ..."*
Hängt z.B. die falsche Vorstellung von Freiheit letztlich vielleicht doch mit dem Bewusstsein – mit tiefsitzenden Gefühlen alias Psyche - zusammen?
Ein Gebäude (Objekt) als Beispiel kann zwar je nach subjektiver Erfahrung oder Erinnerung ein Schloss, eine Villa, Burg, Hütte usw. sein, aber es ist kein Baum, objektiv betrachtet. Die persönliche Einschätzung des Gebäudes hingegen ist subjektiv, entsprechend jener Gefühle im Zusammenhang mit dem Erleben und den

Erinnerungen an das Gebäude. Und genau das ist - bei genauem Blick – wiederum ein Nachweis, dass Bewertungen über Gefühle zustande kommen. In der Tat: Primär läuft nahezu alles über Empfindungen alias Psyche ab. Und doch wird die Bedeutung der Psyche, der Empfindungen, der Innenwelt heruntergespielt. Gesprochen von der und über die Seele wird allgemein schnell. Werbung nutzt sie seit etlichen Jahren oft auf peinlichste Art. Dennoch ist sie wenig in der Gesellschaft akzeptiert. Klar, der verbale Hinweis z.B. ‚mein Zahn schmerzt', erzeugt durchaus ein mitfühlendes Oh! Das Verziehen der Gesichtsmuskeln wegen mieser Gefühlslage bewirkt jedoch eher Abwehr. Motto *'geht mich nichts an, lass mich bloß zufrieden*, oder gar: *'Was hab ich dir denn getan usw.'* Geäußerte körperliche Schmerzen erzeugen durchaus Mitgefühle, seelische Schmerzen (Brüllen etwa oder auch Amok) so gut wie nicht. Dazu das Dosierungsproblem. Irgendwann platzt der Kessel. Eine Art Kernschmelze. Gegen sich oder gegen andere. Sollbruchstelle 'Freier Wille' – wenn überhaupt, nur begrenzt. Und das Durchknallen lässt Ignoranten dann überrascht fragen: „Wie konnte nur ..." (siehe 'totgeprügelt', Berlin, Oktober 2012 u.v.m.) Und leider gibt es auch Ärzte, die ein Durchknallen überrascht – oder auch in Kauf nehmen. Logisch: Menschen, die echten Überdruck noch nicht erlebt haben, (und glauben, das recht auf Freiheit alias zum Schädigen Schwächerer zu haben) verstehen das nicht und verstehen auch die Explosion nicht. Sie haben keine Karte dafür im Hirn. Oder wo ist – neben fragwürdig 'Freiem Willen' diese Sollbruchstelle, die möglichst vorausschauend Kriege verhindern sollte: Kriege, der kleinen und großen Art? Die für die NATUR DES MENSCHEN - gesund Erhaltung der Psyche - oder dagegen entscheidet? Absolut souverän und ohne Zwang. Gibt es diese Stelle? - Und wie in Köpfen, in denen das moralische Muster verlogen, durchlöchert, manipulierend ist? Und sind Erfahrungen mit Moral logischerweise nicht auch Sinnesreize? Und fördert eine Moral, von Menschen mit Verklemmungs-Syndrom gemacht, die Freiwilligkeit zum friedlichen Verhalten?

Ist Ohnmacht (was oft verletzter Psyche entspricht) ein Schalter zum Frieden? Oder die Tür zur Gewalt – gegen sich oder gegen andere?

Ist irgend jemand schon mal gefragt worden, ob er geboren werden und leben will! - Logisch, nein! Ohnmacht pur. Und niemand wird künftig gefragt werden: der Einzeller nicht und auch der komplexe Zellverband nicht. Und wir Menschen zählen zu den komplexesten Organismen mit außergewöhnlichen Fähigkeiten, die es uns ermöglicht haben, Geheimnissen alias schwer Erklärlichem des Lebens auf die Schliche zu kommen. Und dennoch werden wir kaum alles erklären können. Wir haben es jedenfalls (noch?) nicht durchschaubar gemacht (und werden es möglicherweise nie durchschaubar machen) die unerklärliche Frage: Warum existiert der Kosmos? In welchem unendlichen Raum fand der Urknall statt? Entstehung des Alls usw.. Wir wissen in etwa, warum es einzellige und mehrzellige Organismen gibt. Aber wir wissen nicht, wo das Universum endet. Oder wo es beginnt? Scheibe oder Kugel? Oder nur Ohnmacht? Wir brauchen ein Denken wie das jener grünen Ministerin. Doch was, wenn diese positive Gesinnung von negativer Macht ausgebremst wird. Und sie wird es leider zu oft durch Machtgier, Lobbyismus, Kapital.

Die erste Hausärztin jedenfalls hat plötzlich, nach Wochen, unvermittelt, ohne Absprache, ohne Warnung begonnen, unmenschlich zu handeln. Fast eine um 180 Grad andere Gesinnung in dem Elite-Hirn. Gewiss sind SIE und ich letztlich nicht unter der Walze des skandalösen Verhaltens dieser Ärztin erstickt, Dank einer guten (oder berechnenden?) Tante. Doch es hat sich herausgestellt, dass der Gesinnungswandel dieser Ärztin aus der Machtebene heraus über Jahre von unglaublichem Nachteil war – vermutlich als Folge der irrigen Vorstellung: *Es lohnt nicht mehr?* Wir hatten nichts dagegen unternehmen können in der bedeutensten Phase der Rehabilitation. Ohnmächtig. Dazu totales Versagen des Kontrollinstrumentes 'Ärztekammer' (wenn auch erst später erkannt).

Ohnmacht. Und viele akzeptieren es immer noch nicht - oder wollen es nicht akzeptieren? - welche außerordentliche Bedeutung die Psyche hat; weil unerklärlich?

Im Laufe der Menschheits- und Sprachgeschichte hat sich der Mensch für noch Unerklärliches immer wieder Begriffe zurecht gebastelt, die sich pö a pö auch wandelten: Gottheiten, Götter, Gott usw. Seele? Psyche? Innenleben? Wir wissen, dass es da etwas gibt, aber wir können es nicht korrekt fassen. Und niemand kann z.B. beweisen, dass es Gott nicht gibt. - Allerdings auch nicht, dass es ihn gibt. Und trotzdem wurden und werden mit Bezug auf dieses nicht fassbare Wesen (oder Konstrukt) Untaten aller Art verübt. Von alttestamentlicher Rechtfertigung der Todes strafe (damals lebensnahes Gesetz) über Kreuzzüge u.ä. bis zum Kindesmissbrauch in der Gegenwart (Milwaukee und all die anderen 2011 und später bekannt gewordenen Fälle). Oder in Bezug auf den Gott des Geldes Prestige-Entscheidungen wie 2010 in Duisburg: 21 Tote, über fünfhundert Verletzte, die psychische Belastung ungezählter Opfer nicht eingerechnet. Oder Waffenlobby USA und Boston und, und, und.

Denn Macht alias Druck entscheidet zu oft gegen Vernunft, übertölpelt jede Verantwortung. Macht ist ein Gefühls-Prozess, primär eine auslösende Empfindung. Mit dem Begriff Liebe – trotz ihrer vielen Facetten – ist Druckverhalten äußerst selten zu begründen. Dagegen sind die Begriffe Macht und Ohnmacht geradezu eindeutige Schalter, die erdrücken; gegen das eine angeknackste Psyche kaum etwas ausrichten kann.

Auch wenn SIE und ich nur winzige Partikel eines oft überlasteten großen Ganzen sind, wir waren – Schicksals bedingt – mehr als angeschlagen. Das hätte auch jener weibliche Mensch, der als Arzt freiwillig IHRE Behandlung übernommen hatte, unbedingt berücksichtigen müssen.

Was hat SIE falsch gemacht? Was habe ich falsch gemacht? Was hätten wir tun müssen, um jene damals zuständige Hausärztin (später auch noch etliche andere Ärzte) zu menschlichem Verhal-

147

ten zu bringen? Schließlich ist SIE nicht die stupide Mitglieds-nummer der Krankenkasse, sondern in diesen Jahren eine wirklich hilfsbedürftige Behinderte gewesen? Unmissverständlich behin-dert. Oder war IHRE Hilflosigkeit nicht unmissverständlich ge-nug? Was hätte SIE deutlicher oder anders machen müssen? Okay, intensiver Beten hätte kaum geschadet, doch jene Entscheidungs-Macht der Ärztin wohl kaum nachhaltig beeindruckt. Beachtung der Behinderten oder Missachtung der Belastung? Oder: Wäre Gott oder Liebe wirkungsvoller gewesen? Was ist nicht verstan-den worden?

Ein Beispiel aus Damasios Praxis dafür, wie auch unbewusst Emo-tionen ins Gehirn hinein wirken: Ich fühle, also bin ich, List ... S.60/61

Der Proband kann sich kein Gesicht, kein Wort merken. Er wird mehr-fach mit drei Test-Personen konfrontiert:
Person A verbindlich, B neutral, C extrem ablehnend.
Eine Woche später werden dem Mann mehrfach drei Bildgruppen mit je vier Gesichtern vorgelegt, in denen die Porträts von A, B, und C enthalten sind., wobei C zwar extrem ablehnend wirkt, aber eine auf-fällig hübsche junge Frau ist.
Zwei Reaktionen des Probanden: *Auf wiederholte Fragen, an welche Gruppe sich der Mann im Notfall wenden würde, wählte er zu 80% die verbindliche Gruppe A, obwohl er sich aufgrund der starken Bewusst-seinsstörung absolut nicht an sie erinnern kann.*
Die extrem ablehnende Gruppe C (hübsche Person) wählte er fast nie. Außerdem wählte er bei der direkten Betrachtung der Gesichter durchgehend Portrait A, trotz absolutem Gedächtnisverlust.
'Seine nicht bewusste Präferenz hat vermutlich mit Emotionen zu tun, die während des Experiments hervorgerufen wurden, und mit der Wie-derbelebung der verbindlichen Emotionen während des Tests', so Da-masios Einschätzung.

Noch aber hatten wir im April 2006 null Ahnung, was auf uns an Belastung noch zukommen würde. Im Gegenteil: Wir waren guten Mutes. Mit Blick nach vorn. Aufbauen ...

SCHLEIFER-MENTALITÄT

Klar, auch ich übe ständig Druck auf SIE aus. – Um IHR zu helfen. Was ist also zwischen IHR und mir: Liebe oder Verantwortung oder nur Macht? Schleifer-Gefühle, weil ich SIE immer wieder fordern muss, fast nötigen. Immerhin im April (19. 04. 06) trotz seelischer Überlast ein größerer Fortschritt: 2**0 'Schrittchen'** am Hirtenstab – und das ein gutes halbes Jahr nach dem Crash, jenem Ausgangspunkt Null im Oktober 2005.

Wohlgemerkt April 2006, denn April 2007 ... o Sch...!

Einen Tag drauf haben wir Stehen und Ausbalancieren geübt, und dann ist SIE los gelaufen. Tatsächlich allein. Ohne Stock, ohne Stütze: erst sieben Schrittchen, Pause mit Griff nach meinem Arm, dann 22 Schrittchen – ohne jede Berührung oder Unterstützung – nur als Kontrolle zwischen meinen ausgebreiteten Armen. Sicherheitsfaktor, logisch. Aber Fortschritt, eindeutig! Im April 2006.

Keine Frage: Die Ebene ihrer privaten Reha führt immer noch nach oben, wenn auch in einer Steigung, die immer flacher wird, dennoch die Alltagsbewältigung zusehends erleichtert. Für jeden von uns. Denn das steht fest: SIE ist in dem knappen viertel Jahr daheim voran gekommen, läuft immer häufiger (ohne Stock, zwischen meinen Armen) mit immer mehr Selbstverständlichkeit. Die erforderlichen Gänge im Haus eben. Alltagskompetenz im Aufbau, wunderbar! SIE ruft mit Sicherheit Ereignisse und Notwendigkeiten aus dem Gedächtnis ab – nicht absolut alles, aber eben doch weitaus mehr als in den Klinikwochen, die SIE offenbar aus ihrem Gedächtnis gestrichen hat. Daran nur knappe Erinnerungen, wenn überhaupt. Kurzum: Nicht nur ich sehe zufrieden diese Entwicklung. Besagte umstrittene Frau Doktor ebenfalls, auch unsere Tochter oder Nachbarn, die SIE längere Zeit nicht gesehen haben. Es tut sich was – in Bezug auf Eigeninitiative. SIE nimmt von selbst die Hand von mir, um eigenständig zu laufen. SIE geht immer aufrechter. SIE merkt von allein, dass ihre 'Fragen' („Kann ich noch zehn Minuten schlafen?") contraproduktiv sind und verbessert sich. - Und, ja, SIE lächelt häufiger. Doch - dann irgendwann - plötzlich, ohne Ankündigung Total-Resignation: „Ich bin müde, unendlich müde. Richtig lebensmüde!" Und es drängen Tränen aus ihrem vom Blut lädierten Hirn. Immer und immer wieder. Viel häufiger als bisher. Ich verstehe dieses Geschehen zwar, doch fehlt mir derzeit die Kraft, mit ihr zu leiden. Meine Empathie hat nicht mehr die Tiefe wie bisher. Schotten dicht. Abgestumpft mein Gemüt? Nein, falsch. Meine Wertung eher nüchtern, sachlich.

IHRE Müdigkeit hatte Ursachen. Und leider auch kurz danach-schlimme Folgen. Ich hätte IHRE Kraftlosigkeit eher analysieren müssen. Ich hätte IHRE Gefühlswelt früher und wirklich begreifen müssen. Doch auch mein Hirn ist verändert, missbraucht von Macht mit Wirkungen in IHREN und meinen Organismus hinein.

Das Hirn ist ein Modell des gesamten Organismus. Alles, was das Hirn verarbeitet, wird also auf den Organismus übertragen. Im Sinn der Selbsterhaltung unterscheidet das Hirn natürlich genau zwischen positiven und negativen Einflüssen; von Beachtung oder Missachtung von Leben erhaltenden Bedürfnissen. Diese Bedürfnisse sind 'angeborene Regulationsprozesse (Sekretion von chemischen Stoffen wie Hormonen oder Bewegungen von Eingeweiden oder Gliedmaßen usw. '. Eine automatische Steuerung, die auch die Lebensprozesse niederer Tierarten steuert.
*Dass Menschen die Manipulation dieser natürlichen Prozesse teilweise möglich ist, verdanken wir dem Bewusstsein (oder müssten wir ihm anlasten), **weil nur Bewusstsein es möglich macht, Vorstellungen und Handlungen kreativ abzuwandeln und zu kombinieren** ... Nach Damasio 'Ich fühle also bin ich', List, S 37/38*

Mensch, Erhabener, scheint es nicht angebracht, über die Wechselbeziehungen zwischen Liebe, Sex und Macht intensiv nachzudenken? Oder – im Gegenzug: 'Die Quadratur des Kreises als Gegenbeweis des Beweises' zu beweisen. Ein dämlicher oder ein stimmiger Satz? Klar und eindeutig oder verquast? Was denkst du, mein König, wenn du chronologisch denkst?

Wie auch immer: Sprachlicher Missbrauch – ein Hauptstrang unverantwortlicher Macht. Auch zu IHREN Lasten. Wer hat falsch oder verwirrend informiert? Warum falsche Wahrnehmung IHRES Zustandes? Warum zu früh nach X? Lieblos oder gottlos? Was ist lieblos, was ist wirklich gottlos?

> Nochmal DEUS CARITAS EST, 2005: ... *Jeder findet sein Glück, indem er in den Plan einwilligt, den Gott für ihn hat, um ihn vollkommen zu verwirklichen: In diesem Plan findet er nämlich seine Wahrheit, und indem er dieser Wahrheit zustimmt, wird er frei (vgl. Joh 8, 32). ... Die Wahrheit zu verteidigen sind daher anspruchsvolle und unersetzliche Formen der Liebe. Denn diese »freut sich an der Wahrheit«* (1 Kor. 13,6)

Während Insekten, Meeressäuger, Vögel usw. untereinander offenbar weitgehend unmissverständlich kommunizieren, hat der Mensch mit der Vielfalt seiner Sprache, so scheint es mir, die ausgeprägtesten Möglichkeiten, Sprache zu missbrauchen. Die Folge: krasse Missverständnisse. Weibliche Wesen z.B., die mit Maske und Peitsche versehen, Deliquenten bedienen, werden zu 'Liebesdienerin'. Ausbeutertypen, die mit Raffinesse und psychischem Druck die eigenen Taschen zu füllen verstehen, werden zu 'Siegern' stilisiert; sozial und gerecht Handelnde - und dadurch meistens weniger bemittelt - als Verlierer süffisant belächelt. Die Würde eines Großkopfeten ist von Bedeutung und die des kleinen Mannes unbedeutend. Oder noch früher das Unerklärliche etwa von Blitz und Donner, das in der Vorstellung eigener Ohnmacht sprachlich zur Allmacht von Gottheiten führte. Gewiss in einer Zeit, die noch keinerlei Begriffe für etwas hatte, das unbegreiflich war und noch ist? Wie auch jener 'GOTT', in dessen Namen zu allen Zeiten und auch heute die wirkliche Sünde – Macht - mitunter gedankenlos, oft aber bewusst immer wieder geübt wird. Oder werden viele Begriffe etwa nicht <u>falsch verstanden?</u> Oder oft sogar absichtlich falsch eingesetzt, also missbraucht?
SIE ist kein Tier. SIE ist getauft. Sie war als Religionslehrerin tä-

tig. Oder kurz: SIE war auch, trotz Behinderung in dieser Lebensphase ein wirklicher Mensch. Und doch werden ungetaufte Tiere oft humaner behandelt, als SIE in X behandelt worden ist und auch danach immer wieder mal behandelt wurde. Okay, passiert vielen mal. Viel zu vielen Menschen jedenfalls. Und bei IHR war es eine der wichtigsten Aufbauphasen, die durch arrogante ärztliche Lieblosigkeit regelrecht verpfuscht wurde.

LIEBLOS ODER GOTTLOS?

Was ist Wahrheit? Was ist Gott? Was ist Liebe? Was begreifen viele Menschen nicht? Wollen sie nicht begreifen? Oder werden sie mit System verwirrt?

Mann, erhabener hoher Herr, echte Missverständnisse bereiten schon genügend Probleme. Doch dazu die Verwirrung durch absichtlichen oder unabsichtlichen Missbrauch der Sprache; ein Übel, das nach meiner Überzeugung über die Gefühlswelt viel tiefer greift, als uns allen bewusst ist. Korinther, Johannes, Mose uvm., Erhabener, hoher Herr, mein Fürst und König – zitierte Erkenntnisse von wem auch immer damaliger Zeit: Es waren Menschen. Kluge Menschen! Aber Menschen! – Und die schon ewige Zeiten tot sind, Menschenskind! Und die damals im Glauben der Scheibe gelebt haben. Selbst Augustinus, der Vater der Kirchenväter überhaupt und ein wesentlicher Initiator der Christianisierung, ist mehr als 1500 Jahre tot. Was also trifft von deren Einschätzung zu?

Die hungernden und verhungernden Kinder dieser Welt – sind jetzt, Meister. Die Missbrauchten – jetzt! Missbrauchte Kinder mit kaputten Seelen, das Leben lang. Und sie – freuen sie sich wirklich an ihrer Wahrheit? Wahrlich, wahrlich, logisch, klar, denn die Wahrheit hilft ihnen so richtig weiter, während sie von innen her ausdörren, die Seele verkoddelt; oder unterernährt, auf die Knochen abgemagert, ...und indem sie dieser Wahrheit zustimmen, werden sie frei... (vgl. Joh 8, 32). Frei, klar. Von was? Aha, von Hunger? Und von ihrem psychischen Elend? Nun ja, dürfte wohl anders gemeint sein. Vielleicht frei von Sünden, die sie gar nicht begangen haben? Oder sind diese Kinder als Wesen grundsätzlich nicht wahr? Also nicht existent? - Vielleicht weil nicht getauft? Nochmals: SIE ist getauft. Und wurde durch ärztliche Lieblosigkeit (alias Gottlosigkeit?) verpfuscht. Was ist Wahrheit?

Was soll man von Oberhirten denken, die die Realität des Hungerns durchaus sehen, jedoch – statt unnachgiebiger Verteufelung - unnachgiebig am nicht praktikablen Sitten-Rezept kleben. Menschen, die die grausamen Realitäten – so scheint es – als zweitrangig einstufen. Das Ziel zu lieben, also verfehlt? Eine Sünde und damit nach christlicher Lehre seit Adams Sündenfall im Paradies (wann auch immer der gewesen sein soll) gleich Trennung von Gott. Oben jedenfalls, während unten caritativ geschuftet wird. Können Päpste, als Vertreter moralischer Werte, die theologisch als unfehlbar gelten, gottesfern sein? Oder ist die Wahrheit tatsächlich die, dass der Begriff GOTT für etwas Unerklärliches erst sprachlich evolutionär entstanden ist aus der sich entwickelnden Intelligenz der Urmenschen heraus? Menschenwerk also als Kennzeichnung für etwas, das nicht beweisbar ist? So wie auch die Begriffe für Liebe oder Macht oder Sünde Menschenwerk sind. Sünde z.B. ein künstliches Gebilde? - Wer die Erbsünde von Adam und Eva als Beginn der Menschheit oder Ausgangssituation des Sündigen immer noch verkauft, driftet jedenfalls ziemlich an der Wahrheit vorbei. Missverständlich angeboten oder absichtlich verwirrend? Bewusster oder nicht erkannter Missbrauch? Das Schleifen von Seelen mit sozialer Ansteckungsgefahr?

Okay, lieba Fürscht, wenn 'Nicht-Wissen' alias Glauben mehr zählt als wie Chronologie, denn ha' ick vadammt beschissene Karten mit det Logik von ehmt. Un meene Fragen bleibm unbeantwortet: 'Warum missverständliche Sprache einer unausgereiften Vergangenheit? Warum keine Klarheit der Moderne? Ja, ja oder nein, nein sei dein

Wort' – oder nicht (Mathaeus 5.37)? Aba ick werde dem Urteil meiner Vernunft zu folgen versuchen – jemäß meen Jewissen. Obwohl mein Innerstes eher aus Empfindungen besteht, die da rumoren und die Existenz Gottes und seine Vollmachtserteilung durch seinen Sohn Christus an den Vatikan sehr in Frage stellen, wat mir, logo – der ick ohne jegliche Vollmacht, also vatikanisch nicht autorisiert bin – in keena Weise jestattet is. Andererseits, Mijnheer, bin ich davon überzeugt, dass meine Zweifel, dem ...Urteil meiner Vernunft... *tatsächlich folgen.*

Denn ob Gewissen oder nicht: Mein Innerstes sagt mir jedenfalls, dass das am meisten misszuverstehende Wort 'GOTT' zu sein scheint, gefolgt von Begriffen wie LIEBE, SÜNDE und eben MACHT (neben etlichen anderen). Begriffe, die unser Zusammenleben entscheidend prägten und prägen. Und so werde ich, ... *damit daraus etwas Gutes hervorgehe...* mit meinen Zweifeln vernünftig chronologisch umgehen, weshalb an erster Stelle das Sezieren von den Begriffen GOTT und LIEBE steht.

GOTT:

Am Anfang schuf Gott Himmel und Erde. (1. Buch Mose, 1)

Demnach war am Anfang Gott und hat auch die Begriffe Himmel und Erde geprägt. Oder hat er nicht? - Fest steht – so fest wie unser heutiges Bild von der Entstehung unserer Erde - der Begriff 'Gott' in christlichem Sinn hat sich erst mit der Christianisierung im 3.-4. Jahrhundert n. Ch. aus dem Germanischen alias Indogermanischen entwickelt (und wurde später wohl immer wieder mal passend gebogen: Allmacht Gottes, Allwissenheit u.ä.).

LIEBE:

Gott ist die Liebe, und wer in der Liebe bleibt, bleibt in Gott, und Gott bleibt in ihm...

Demnach ist Gott ein Synonym für Liebe, womit 'Liebe' - egal wie sie benannt oder interpretiert wird - von Anbeginn auf dieser Erdkugel war? Oder nicht?

Nun ja, die ersten Hominiden (Menschwerdung, Beginn vor etwa 6 bis 7 Millionen Jahren, z.B. Sahelanthropus tchadensis, auch Toumaï genannt) verfügten garantiert zunächst mehr über Empfindungen wie Hunger, Durst, Lust (Ernährung, Vermehrung) als über sprachliche Fähigkeiten. Auch Gefühle wie Angst, Wut, Abneigung, Zuneigung, usw.. sind logischer Weise <u>vor</u> den sprachlichen Kennzeichnungen von jenen Wesen gespürt worden. Die ersten sprachlichen Formen der Kommunikation zwischen den Wesen gab es nun mal später, wahrscheinlich erst mit dem ersten primitiven Werkzeuggebrauch (scharfkantige Steine) – vor etwa 2,4 Millionen Jahren. Mit einer anfangs primitiv phonetisches Verständigung wuchs die Hirnmasse weiter. Mit der Zeit – wie lange auch immer – haben sich zunächst wohl Laute und aus den Lauten Wörter gebildet, die inhaltlich primär vermutlich dem entsprachen, was empfunden wurde. - Zum Beispiel – viel später erst - dass das Umfeld, auf dem die Hominiden lebten (die Erde), eine Fläche ist. Ein 'Gefühl', das Jahrmillionen später trotz wissenschaftlicher Erkenntnis der Kugel (Kopernikus 1473 geboren) lange noch als Scheibe 'verkauft' wurde. Erst 1757 erkannte die katholische Kirche die Gültigkeit des kopernikanischen Weltsystems an; und päpstliche Rehabilitation von Kopernikus erst 1993.

> *... Die Wahrheit zu verteidigen sind daher anspruchsvolle und unersetzliche Formen der Liebe ...*(1 Kor 13,6, auch zitiert 2005 in DEUS CARITAS EST).

Die Wahrheit ist also was? Dass das verantwortliche 'Füreinander-Dasein' (LIEBE) seinen Ursprung in einem Begriff hat, den Menschen erst geschaffen haben (GOTT), als sie fähig waren, mehr zu fühlen als Hunger, Durst und eben auch Lust? Oder ist die Wahrheit vielleicht, dass die Seele ein Prozess ist? Was ist wahrer als wahr oder zumindest nachvollziehbarer - für Lebewesen, die wissen oder es nachlesen können, dass Emotionen alias Gefühle unser Verhalten bestimmen?

> *'Emotionen bez. Gefühle von Emotionen sind der Anfang und das Ende einer Progression'. ('Mechanismen entlang eines Kontinuums'.)*
> Damasio, Ich fühle also bin ich, S 57

IHR Zustand war, leicht erkennbar, unmissverständlich schlecht. Die behandelnde Ärztin unterliegt dem Eid – und hat dennoch gegen SIE entschieden. Kraft ärztlicher (elitärer) Entscheidungsgewalt. Und diese Ärztin blieb nicht die einzige mit erheblichem Fehlverhalten. Und die zuständige Aufsicht Ressort Recht der zuständigen Ärztekammer versagte (aktenkundig erst später) kraft Stellung und juristischer Spitzfindigkeiten alias Verdrehungen von Fakten bzw. willkürlichen Auslegungen trotz eindeutiger Statuten (wie auch bei vielen anderen allgemein bekannten Streitfällen:

> *Die Berufsaufsicht ist eines der tragenden Elemente der ärztlichen Selbstverwaltung. Hier haben die Ärztekammern die gesetzliche Pflicht, für das Einhalten beruflicher Grundsätze zu sorgen. Festgehalten sind diese in der ärztlichen Berufsordnung als verbindliche Regeln für das Verhalten gegenüber den Patienten sowie untereinander.*
>
> *Qualitätssicherung gilt aus ärztlicher Sicht vor allem für die Qualität der Behandlung und der Versorgung der Patienten. Zunehmend verknüpfen Politik und Krankenkassen dies mit wirtschaftlichen Aspekten. Gesetze verpflichten die Ärzte zur Qualitätssicherung im ambulanten sowie stationären Bereich und fordern mehr Transparenz.*

Aber vielleicht ist es noch Wahrheit, wenn Verfehlungen zum Schutz der Täter und Nachteil von Opfern passend geredet oder Lebensmittel bewusst falsch deklariert werden? Oder ist das lieblos? Oder gottlos? - Schon in X Verwundung IHRER NATUR. Berechtigte Ansprüche klinisch missachtet. Und vor uns eine Entscheidung, von der wir keine Ahnung hatten, was sich da über uns zusammenbraute. Selbst politisch interessierte Menschen haben oft keine Ahnung davon, wozu Selbstherrlichkeit von Entscheidungsträgern fähig ist. Okay, es war nicht der große Schlag, den alle Welt zu interessieren hatte. Es war nur eine Kleinigkeit. Aber es war etwas Schleichendes, Subtiles. So schwer erkennbar wie

Gier. Durch Verdrängung getarnt wie 2011 die Missachtung des Parlaments und damit der Bürgerschaft: Lüge, Betrug und Sanktion durch Oberhirten damals. Orientierungsverlust der Allgemeinheit oder nur einer Minderheit? Der Minderheit der Elite und ihrer Wasserträger – o ja! Von vielen dieser Spezies jedenfalls nicht erkannt oder sogar bewusst geleugnet.

Warum wohl wühlten in Bangladesh ungezählte Menschen mit bloßen Händen unter Einsatz ihres Lebens nach Verschütteten? Motiviert durch Gier (conkupiscentia?) oder ist es die NATUR DES MENSCHEN, die antreibt zur Hilfe? Ist in diesen selbstlos helfenden Köpfen nicht etwas vorhanden, was jenem Teufel (und etlichen Wasserträgern), der die 3000 Menschen gezwungen hat, in einem rissigen Gebäude zu arbeiten, absolut fehlt: Loch im Hirn? Oder defekte NATUR DES MENSCHEN, überspült von Gier: Und ist das die Folge deformierter Hirnstrukturen? Wodurch deformiert: angeboren oder krankhafte Erziehung - also UN-ZUCHT?

Warum verhalten sich 3000 Menschen normal und einer (inklusive etlicher Befehlsempfänger) handelt bescheuert? - Oder macht diese zugespitzte Formulierung nicht nachdenklich – über Religionen, Moralverhalten, Sittenvorgaben?

Ein Hinweis zwischendurch:

Im Projekt GAUNER DER MACHT geht es nicht um persönliche Abrechnung, Rache oder dergl., sondern darum, das veraltete, (oft unbewusst) Gewalt normalisierende, bedauerlicher Weise eingefleischte Denkmuster oder Bewusstsein und Verhalten aufzuweichen; also um eine Vertiefung der wachsenden Mechanismen menschlichen Machtverhaltens. Nachfolgend deshalb, grau unterlegt, ein erläuterndes *Buch im Buch* (auch als e-Book erhältlich) Die Fortsetzung der Geschichte selbst Seite 175

DIE 'SÜNDE' DES VATIKAN
Kurzfassung neurophysiologischer Hintergründe
Ein komplexes Geschehen,
das aus vielen Blickwinkeln
diskutiert werden sollte

Vorbemerkung

Es ist nahezu unmöglich, als Normalbürger nicht wütend zu werden angesichts der vielen Elite-Verfehlungen, angesichts des Gespürs für Arroganz der Macht, im Wissen um taktische Lügen, um Verdrehungen, um verbale Kurzsichtigkeit und Unverschämtheiten. Um die sogenannte OBERSCHICHTEN-KRIMINALITÄT.

Und es ist auch nicht leicht, sachlich über die ungezählten Verfehlungen zu schreiben. - Ob Überheblichkeit von Großprojekten, Berlin, Stuttgart, Euro-Hawk, Pflegedesaster durch MDK-Willkür, Justiz-Skandal Mollath uvm., ob Täuschungsmanöver der Lebensmittel- und Autoindustrie u.a., ob Ausbeutungsverhalten von Politik - z.B. Bangladesh, ob Terror Oslo, Erfurt, Winnenden usw. usw.:

Was ist mit homo sapiens passiert?

Oder besser: Was ist noch nicht passiert?

WAS HAT DER MENSCH NOCH NICHT GELERNT?

Klar, als Verursacher von Problemen sind alle gleich: die vielen genannnten und ungenannten Fehler - alles nur menschlich. Oder? - Und **oben und unten** gibt es nur im gesellschaftlichen Leben. Zutreffend oder komisch, oder was?

Eine Einleitung zum Projekt GAUNER-DER-MACHT, das die Binsenweisheit bewusst zu machen versucht, wer die eigentlichen Verursacher des weltweiten Unfriedens sind. -

Und das - logisch - vor dem Hintergrund intriganter, verlogener, angeblich christlicher und demokratischer Machtebenen vieler Regierungen, wo gedreht, geschönt, betrogen, vertuscht, geheuchelt, abgesahnt wird auf Deubel komm raus:

Also das 'wahre Leben'! Logisch - oder? Oder nicht? -

Nun ja, die Logik meiner Hirnwindungen deutet Christlichkeit völlig anders - komisch, oder ...

Ich würde es begrüßen, wenn viele über diesen Widersinn diskutierten und auch darüber, ob sich über eine Veränderung im Bewusstsein tatsächlich ein friedfertigeres Verhalten erreichen lässt ...

jm olbrich, Juni 2013

SCHWERBEHINDERT IM CHRISTEN-STAAT

Rund 6 Milliarden Menschen wuseln auf der Welt herum. Ein gutes Drittel davon christlichen Glaubens (32%). In der BRD leben gut 80 Millionen Menschen. Davon christlichen Glaubens über 60 %..

Das Privat-Vermögen der gut 80 Millionen hat sich seit 1992 mehr als verdoppelt: von 4,6 auf 10 BILLIONEN €. (Quelle: 4. Armuts- und Reichtumsbericht der Bundesregierung). Unvorstellbar viel, jedoch beängstigend ungleich verteilt: 10% der Haushalte verfügen über mehr als die Hälfte des Nettovermögens - 2008 = 53% (Quelle: Armuts- und Reichtumsbericht 2005). Nebenbei bemerkt: Der Bericht von 2012 wurde nachträglich geschönt).

Die untere Hälfte der Haushalte verfügt über nur gut ein Prozent des gesamten Nettovermögens.

Zwischen den achtzig Mio Einwohnern rund 15 000 katholische Priester, darunter Kardinäle, Bischöfe, Kirchen-Manager - sicherlich nicht mit Hartz-IV-Einkommen (besoldet wie Staatsbeamte).

Und 14 Prozent der Bundesbürger - gut 11,5 Mio - haben kaum das Notwendigste. - Logisch: Weil sie alle zusammen faul sind, unfähig, Schmarotzer usw..

Oder vielleicht doch, weil es zu wenig Chancen für sie gibt? Und das, weil etliche nicht genug bekommen können? Weil Gier größer ist als Vernunft? Motto: Es muss sich rechnen.

SOZIALE AUSGEWOGENHEIT – WIE SCHÖN!

' ... DEN DEUTSCHEN GEHT ES GUT...'
Dazu sechzig Jahre Frieden in West-Europa, man lobt, man ist
dankbar – doch herrscht wirklich Frieden - also soziale Ausge-
wogenheit?

In einem TV-Interwiew mit einem Forensiker (2012) wird
festgestellt, dass Gewaltverhalten statistisch rückläufig ist.
Friedliche Welt also? Wunderbar! Oder wie, oder was?
Oder hat sich das Gewaltverhalten 'Fressen oder gefressen werden'
vielleicht nur verlagert in eine Form, die als Gewalt kaum erkannt
wird: Subtile Gewalt, alias Machtmissbrauch (Fall Mollath z.B.).
Logisch, dass aus der **Kartoffel*** kein Diamant werden kann!
Warum aber eine Minderheit (schein)paradiesisch leben darf und
jene sorgende und pflegende Masse, aber auch jene, die Zukunft
bedeutet – zu viele unserer Kinder - derweil seelisch elendlich
darbt und zu oft physisch verreckt (soziale Unausgewogenheit,
nun ja) – das muss einen Grund haben ...

**Was ist der Hauptgrund dafür, dass die Menschheit keinen
wirklichen Frieden findet?**

ODER NICHT FINDEN KANN?

Psyche gilt heute noch als privat (Lehar: … geht niemand was an)
Und so wie sich die 'Erdenscheibe' als 'Kugel' entpuppte, so muss
sich auch die falsche Vorstellung von Psyche ändern in ... **Psyche
geht jeden etwas an. Und zwar zwingend!**
Denn der Hauptgrund dafür, dass die Menschheit keinen
wirklichen Frieden findet, liegt an Ungerechtigkeit, Frust, Hass,
Streit - mündend in Krankheit – ein teuflischer Prozess, durch
neurophysiologische Erkenntnisse pauschal durchaus als

(*** Unser Planet** *ist keine Scheibe, auch keine Kugel. Er gleicht in seinen Formen
tatsächlich eher einer Kartoffel*).

GEWALTVERHALTEN zu definieren. Gewalt durch alle, die Streitigkeiten provozieren: Mobber, Raser, Arrogante, Ausbeuter, Betrüger usw.usw.. Alle jene, die Schwächere benutzen, manipulieren, dominieren: miese Geschäftsleute, überhebliche Beamte, verlogene Politiker und scheinheilige Priester usw.usw..

Psyche leidet und/oder wehrt sich durch Hass, Gewalt u.ä., mündet letztlich in Machtmissbrauch (gegen sich [Suizid] oder andere). Abgekürzt MM - in allen Variationen.
Die industrialisierte Gesellschaft lebt gegen den Strich – und das ist längst 'Normalität' – jedoch eines sehr unnormalen Verhaltens (Mollath).
Oder wird der kapitalistisch-christliche Teil der Weltbevölke-rung etwa nicht überwiegend zum GEGENEINANDER erzogen – u.a. mit der Entschuldigung: Alles ist menschlich. – Seit undenklichen Zeiten? - Das scheinbar Normale.
Die industrialisierte Gesellschaft definiert sich über Besitz und dergleichen statt über soziale Kompetenz! Zum Nachteil der Schwachen.

Eine zu häufig anzutreffende Formel:
RÜCKSICHTS – LOS   = BELOHNUNG
RÜCKSICHTS - VOLL   = BESTRAFUNG

DIE NORMALITÄT DES UNNORMALEN

DEUTSCHLAND IST AUF EINEM GUTEN WEG!' - Diese politische Phrase macht sich zwar sehr gut, betrifft aber nur einen Teil der Gesellschaft. Genau genommen ist es also eine (oft absichtliche) Täuschung. Taktik. Verlogene Werbung.
Das Schönreden, verfärben, täuschen … in Politik, Diplomatie, im Rechtswesen, in der Wirtschaft usw.usw.. ist längst 'normal'.

**WER GENAU IST AUF EINEM GUTEN WEG:
AUSGEGRENZTE JUGENDLICHE, HARTZ-IV-KINDER,
KRANKE, SCHWACHE? –
ODER JENE, DIE NICHT WISSEN, WOHIN MIT IHREM
GELD? -
WOHIN MIT DER DUMMDREISTEN ÜBERHEBLICHKEIT?**

MM zerstört menschliches Innenleben. Und je größer **MM**, umso größer die Zerstörung: Also Kriege aller Art – vom Gartenzaun bis zum blutigen Schlachtfeld.
Nochmals: Die industrialisierte Gesellschaft definiert sich über Besitz statt über soziale Kompetenz! - Kurz: **Rentabilität STATT Humanität!**
OK, eine These, die zu einfach und wenig glaubhaft scheint.
Aber vielleicht gehören Sie zu den wenigen Menschen, die wissen wollen, warum **Machtmissbrauch** im weitesten Sinn die Basis für folgenschwerste Verbrechen ist? Vielleicht haben Sie sich schon Gedanken gemacht, warum innerhalb von 2 Jahren 8500 Anrufe bei der Hotline für Missbrauchsopfer der kath. Kirche! Oder sich gefragt, warum diese Hotline eingestellt wurde?
Warum viele Sachen aus Archiven verschwinden?
Warum ein schwerbehinderter Mensch trotz Gesetzen von Verantwortlichen an den Rand gedrückt wird. Seelisch fertig gemacht wird. - Warum Herr Mollath (bis August 2013) noch in der Psychiatrie festgehalten wurde? WARUM?
Das Projekt GAUNER DER MACHT ist also Diskussions-Anreiz, soll zum Widerspruch anregen, zur Ergänzungen - durchaus auch zum Zuspruch.

ÜBER DIE DUMMHEIT DER INTELLIGENZ

Oder - über das noch Ungelernte. Oder über das, was offenbar kaum Chancen hat, gelernt zu werden: *Sozialempfinden, Sozialdenken - Sozialverhalten: kurz*

SOZIALE KOMPETENZ

Katastrophen ausgenommen: Dort beweist sich in der Regel, was Menschlichkeit ist? Wer wirklich human denkt und handelt: Elbe-Flut 2013 (typisch allerdings: Die oben besichtigen und - vergessen – und die unten schuften).

Nahezu alle zwischenmenschlichen Probleme haben ihren Ursprung in sozialer oder wenn man so will, in christlicher Unterernährung.

Ob aber Sozialverhalten wirklich von Religion abhängt oder nicht, erlernbar ist oder nicht, darauf versucht das Projekt GAUNER DER MACHT Antworten zu geben.

Das Projekt ist also eine Herausforderung an neues Denken und - eigentlich ein böses Buch. Mit einem Thema, das komplex und ungewöhnlich ist.

AUSUFERNDER REICHTUM – WARUM?

Ist ausufernder Reichtum ein Produkt aus Moralmüll oder aus MachtMissbrauch, also aus psychischer, subtiler Gewalt?
Ist diese 'NORMALITÄT DES UNNORMALEN' Natur pur? Oder hausgemacht?
Wer ist Opfer, wer Täter - in diesem widersprüchlichen Theater einer tückischen Gewalt?
Gibt es einen Weg aus diesem Teufelskreis der Gewalt?

LEID fühlen
steht keineswegs an oberster Stelle
auf der Werteskala menschlichen Daseins.
Im Gegenteil:
Die NATUR DES MENSCHEN benötigt
für ein gesundes Leben -
WOHLfühlen.

Ohne Zweifel - gemäß neurophysiologischer Erkenntnisse: Denn nur auf dieser Basis gedeiht Friedfertigkeit - nicht zu verwechseln mit Konfliktlosigkeit.

Die Evolution hat in uns Menschen – und zwar in jedem – ob reich ob arm – eine Besonderheit wachsen lassen (und zwar deutlich ausgeprägter als in jedem anderen Wirbeltier): die PSYCHE.

Es ist jenes NEUROPHYSIOLOGISCHE GESCHEHEN, jener Prozess, der in der katholischen Sittenlehre/Katechismus, wie ich es deute, mit MENSCHLICHER NATUR umschrieben wird. Und wenn die Sittenlehre das tatsächlich so meint – anderes kann ich nicht erkennen – dann 'sündigt' der Vatikan tatsächlich und das wie bekannt seit knapp zweitausend Jahren.

PSYCHE - jenes neurophysiologische Geschehen - ist, vereinfacht formuliert, im Normalfall ein Bündel aus neurologischen Vorgängen im Gehirn: einerseits Empfindungen, andererseits Vernunft/Ratio (*entlang eines Kontinuums, Damasio*), also genau in dieser Reihenfolge: Erst EMPFINDUNG (Emotion, Gefühl), dann VERNUNFT (Verstand, Ratio).
PSYCHE steuert tatsächlich - obwohl das schwer zu akzeptieren ist - maßgeblich und primär das Verhalten jedes Individuums – selbst von total 'verkopften' Menschen.

Dieser von der Natur, chronologisch bedingt, vorgegebene Verlauf ist deshalb schwer zu akzeptieren, weil er in Millisekunden abläuft, für die wir Menschen keine Wahrnehmung haben. Wer sich aber mit diesem Thema beschäftigt, stößt zwingend auf diese wesentliche Gesetzmäßigkeit.

Zum Funktionieren benötigt die für Menschen typische und hoch entwickelte PSYCHE außerdem 'Nahrung', welche zwischenmenschlichen Beziehungen (Sozial-Verhalten) entnommen wird – in der Bandbreite von positiv bis negativ.

*

Zwei Beispiele aus dem Leben, die scheinbar nichts gemeinsam haben:
BANGLADESH: Ein Hochhaus stürzt ein, über tausend Tote. Mitmenschen, erbärmlich unter Trümmern verreckt.

Täter: eher Mutter Teresa-Charaktere oder eher Menschen mit Gier im Hirn? Mit überschäumendem Mitgefühl oder gefühlskalter bis -blinder Rücksichtslosigkeit (negative Empfindungen)?
Opfer: Grausam unter Trümmern sterbende Artgenossen. Deren Natur alias Psyche ist überlastet: Ängste, Hoffnungen, Wut, Ohnmacht (psychisch … und Schmerzen (physisch).
Draußen wühlen (wirkliche) Menschen im Schutt, um möglichst jedem zu helfen: dort ebenfalls Ängste, Hoffnung, Mitgefühl …

BUNDESREPUBLIK: Eine halbseitig gelähmte Frau spürt unerträgliche Rückenschmerzen. In einem Land mit flächendeckend ärztlicher Versorgung kein Problem. - Könnte man meinen. Aber … Wochenende. Zweckdienliche Hilfe erst ab Montag.

*

Noch streitet die Wissenschaft um die Antwort zur Frage 'ab wann menschliches Leben entsteht?' (Stammzellen-Disput).
Gleichberechtigt jedoch auch die Frage: 'Ab wann wird es inhuman, Menschen leiden zu lassen?' (Mollath).
Und: Wer entscheidet, ab wann Leid einsetzt?
Wer entscheidet, ab wann und wo es gelindert wird?
- Von Montag bis Freitag - human? Am Wochenende Null? - Geldmangel, Zeitmangel, Überforderung, gesetzlich geregelt: Zynismus oder Realität?

Die gelähmte Frau bleibt also unter den 'Trümmern einer kurzsichtigen Gesundheits-Politik' tagelang mit unerträglichen Schmerzen liegen – und in der christlich humanen Gesellschaft draußen wühlt niemand wirklich unter Bürokraten-Trümmern, um diesen Missstand (oder andere) abzustellen.
Zeitmangel, Gleichgültigkeit, logisch. Doch das ist nicht das Kernproblem. Geld über alles und allem: das Wichtigste – zwar ein absolut falsches Bewusstsein, aber …
Vielleicht wären - als Beispiel - 20 % mehr Geld auch 20 % mehr Zeit für richtige Diagnosen, rechtzeitige Hilfe, geringere Spätfol-

gekosten inklusive. OK: 20 % hochgerechnet auf grob 1 Mio Kranke pro Jahr (derzeit durchschnittlich 3,5% der Versicherten), summiert sich ganz ordentlich. Andererseits: Milliarden für kranke Banken? Für kranke Krankenhäuser Peanuts? Allein diese Gegenüberstellung beweist schon, dass Physis der Gesellschaft mehr bedeutet als Psyche alias die NATUR DES MENSCHEN, um die politische Entscheidungsträger (logisch, von Ausnahmen abgesehen) jedoch nicht so sehr kämpfen wie um Machterhalt (Gefühle steuern eben).

Und sie wundern und beschweren sich, wenn man Luschen dieser Art für unwillig, überheblich, gar unfähig hält. Für mich indes ist logisch: Nach meinen bescheidenen Kenntnissen kann die Frage, ab wann menschliches Leben und Leid entstehen, primär nicht über die physische, also 'materielle' Schiene beantwortet werden.

Über die Psyche muss nach Lösungen gesucht werden, soll Behandlung und Versorgung von Menschen human sein.

Die Staatsgewalt, verantwortlich für das Wohl der Bürger, dürfte Gier und Rücksichtslosigkeit (Bangladesh) gar nicht erst zulassen. Auch fadenscheinige ärztliche Wochenendversorgung nicht, wenn auch in der Auswirkung nicht vergleichbar. Oder taube, obrigkeitshörige Justiz nicht.

Alle ethischen Fragen und Probleme müssten folglich primär über die psychische Schiene diskutiert und gelöst werden.

'Primär materielle' Antworten können nicht nachhaltig funktionieren (und materielle allein erst recht nicht), eben weil – chronologisch vorher immer schon die Psyche mitspielt – in Millisekunden vorher.

Und genau auch deshalb hängt WOHLFÜHLEN – zwar ein subjektives Empfinden – nicht, wie das derzeitige Bewusstsein uns vorgaukelt, hauptsächlich von Geld (Besitz) ab, sondern von ANERKENNUNG (Gleichwertigkeit, Achtung voreinander: psychische Prozesse) – mit Anspruch selbstverständlich auf unverzichtbare materielle Grund-Versorgung: Nahrung, Kleidung, Wohnung (also u.a. belohnte Arbeit). Zwar sind subjektives Wunsch-Verhalten: Ruhm, Reichtum usw. auch psychisch gesteuert, jedoch Ziele mit einer Wertigkeit, die anerzogen (einprogrammiert), wurden, also nicht von der Natur vorgegeben sind.

Nach Neurowissenschaftler Damasio und vielen anderen Experten ist das Gehirn ein Abbild des Organismus und umgekehrt, also gegenseitig voneinander abhängig. Somit ist Verhalten zum einen zwar die Folge aus **psychischen** und physischen Komponenten (Vernetzung); aber zum anderen eben abhängig von der Qualität der Gefühlswelt.

Diese Gefühlswelten werden seit undenklichen Zeiten überwiegend – und das mit wachsender Tendenz - materiell programmiert (Siegerdenken: der Reichste, Beste, Schnellste), obwohl der eigentliche Wert die Gleichwertigkeit der Artgenossen ist. Jeder Mensch möchte sich als wertvoll empfinden.

Signale in Richtung Minderwertigkeit verbiegen das Bewusstsein.

DAZU DIE 'SOZIALE ANSTECKUNG'
Neue Forschungen aus den USA zeigen

... Andere entscheiden mit, ob wir (an Gewicht) zunehmen, aufhören zu rauchen und wie gut wir uns fühlen – darunter auch Menschen, die wir persönlich gar nicht kennen.
... die eigene Position in einem Netzwerk von Beziehungen bestimmt die Lebensgewohnheiten mit ... Apotheken-Umschau März 2011

Anerkennung oder Missachtung – auch aus dem Umfeld - wirken nun mal erheblich auf die Psyche ein.
Vor allem die MENSCHLICHE NATUR benötigt für eine gesunde Entwicklung ein artgerechtes Umfeld gleich menschenwürdiges Klima (also nicht nur Tiere im Zoo sind auf 'artgerecht' angewiesen, eigentlich jedes höhere Lebewesen).
Folgerichtig benötigt also auch jeder Arme, Schwache, Kranke ein (durchaus individuelles) Maß an positiven Empfindungen alias WOHLFÜHLEN, das beachtlicher Weise weit unter dem Level

von Luxus liegt. Der pauschale Begriff ANERKENNUNG - dürfte dieses Gefühls-Bedürfnis inklusive ausreichender Grundversorgung treffend kennzeichnen.

Daraus resultiert: Jede MISSACHTUNG (Überheblichkeit) bedeutet eine Verletzung der Psyche -
des neurophysiologischen Geschehens im Hirn mit Wirkung in den Körper hinein.

Folglich ist tatsächlich jede Überheblichkeit – und zwar jede (kirchlich, politisch, finanziell) eine Verwundung der Psyche, also der MENSCHLICHEN NATUR – gleich welcher Farbe und welcher Religion die Natur ist. Einerseits sind den meisten MenschenKrieg, Unfälle, Katastrophen, Streit höchst zuwider? Nur eine kranke Minderheit ergötzt sich an Gewalt – auch subtiler Gewalt (Mobbing, Waffen für Kinder usw.). Andererseits leben wir dennoch ein contraproduktives Programm, und tatsächlich gefördert auch durch den Vatikan, den Hauptverantwortlichen der westlichen Welt für Seelen- alias Psychenfragen.
Oder lebt - zumindest der christliche Teil der Weltbevölkerung – etwa nicht – von Ausnahmen abgesehen - im GEGENEINANDER plus Entschuldigung: alles ist menschlich. – Seit undenklichen Zeiten? - Das scheinbar Normale.

Das 'Christentum' (32% der Weltbevölkerung) ist also – von Ausnahmen abgesehen – durchsetzt von Heuchelei, Verfälschungen, Lügen, Überheblichkeit (**MM**[1*]). Es ist zwar durchsetzt von diesem Multi-Fehlverhalten, das bedauerlicher Weise allgemein tatsächlich als 'normal' gewertet wird - in Kirche, Politik, Wirtschaft, Werbung und - folgerichtig auch im Volk (Motto: So ist das Leben, so ist der Mensch). Dazu die Schuldverschiebung von oben nach unten (Das Volk will es so).

[1*] alias **M**oral**M**üll oder **M**acht**M**issbrauch = gesteuert zumeist von subtiler Gewalt contra Psyche, contra NATUR DES MENSCHEN.

Aber ist dieses Verhalten wirklich 'Natur'? Genetisch gesteuert? Hunger, Durst – ja! Sicher aber nicht die immer häufiger zu beobachtende ausufernde Gier, Schwächere zu demütigen, auszubeuten (Mobbing schon in Schulen).

Was ist der Motor dieses – trotz guten Willens – oft widersinnigen Verhaltens?

Nach kath. Sittenlehre gibt es seit Adam und Eva eine angeborene, also natürlich gewachsene GIER (concupiszentia). Eine 'Natürlichkeit', die schon rein chronologisch nicht möglich ist. Gier ist ein Gefühlsprozess, Teil der Psyche, und Psyche hat sich erst im Lauf der Evolution entwickelt. Hunger (Fressen und gefressen werden) als Gier zu deklarieren, dürfte so falsch sein wie die Adam-Eva-Story, die evolutionsgeschichtlich nicht möglich ist. Dennoch ist GIER tatsächlich ein psychisches Minenfeld, hat aber andere Ursachen, als der Vatikan uns weismachen will. Ehemaliges auch starkes Wunsch-Verhalten ist längst entartet. Nach meiner Überzeugung durch systematische Fehl-Prägung, durch eine 'Lerngeschichte' epigenetisch verfestigt; <u>gegen</u> die Natur des Menschen und nicht aus seiner Natur heraus entstanden. Es ist – auch wenn zunächst schwer zu akzeptieren - die fatale Folge einer seit undenklichen Zeiten desaströsen Denkweise; also einer schleichenden Heranbildung entgegen positiven urchristlichen Sittenvorstellungen? Die Zeitenwende – Christi Geburt - hat wohl versagt. Wir haben es bisher nicht geschafft, Affen-Verhalten abzulegen? Und der Vatikan hat aus meiner Sicht dank seines Vollmachtglaubens – wenn auch zu Beginn unbewusst, erheblichen Anteil an dieser **'Normalität' des Unnormalen?**
'Jeder ist seines Glückes Schmied' gehört zwar endlich auf den Müllhaufen geistiger Rückständigkeiten.

Dennoch ist jeder zweifellos mitverantwortlich für das Ganze – aber immer nur im Rahmen seiner Möglichkeiten.

Da wir KLEINEN nun mal im Netz der Entscheidungsträger hängen, also abhängig sind von der **Überheblichkeit falscher Entscheidungen**, was offener oder auch subtiler Missachtung entspricht (alte Menschen aus Wohnungen ekeln uvm.), ist es wider sinnig (und teuflisch), die Schuld nach 'unten' zu verlagern (das Volk will es so). Beteiligt sind wir alle, ja, doch die steuernde Verantwortung liegt oben.

Und **MM** agiert als Teufelskreis, weil dahinter ein Bewusstsein wirkt, das stört und letztlich zerstört. Brandherde alias Kriege allerArten weltweit (Utøya, Boston, Bangladesh, Berlin Alexanderplatz uvm.). Wer das nicht sieht, will es nicht sehen.

AUGENHÖHE = BEACHTUNG DER PSYCHE

Übereinander ist immer verantwortungslose Macht. Und der VATIKAN übt als entscheidende Sitten- und Moralinstitution nachhaltig Macht aus (Vollmacht-Glaube). Er verletzt damit die NATUR DES MENSCHEN, auch der eigenen Priester, erhebt sich über das Volk und postuliert diese Macht als normal und zwar für eine bestimmte Schicht – und das seit knapp 2000 Jahren (zerstörende Bewusstseins-Bildung), ehemals aus Unwissenheit (Bedeutung der Psyche damals unerkannt), heute - ohne die Folgen zu beachten – immer noch aus Angst vor Gesichts- und Machtverlust, kurz Überheblichkeit.

Der neue Oberhirte – das ist bisher (seit Pontifikatbeginn, März 2013) sein Verdienst – hat wenigstens einen Teil des wahren christlichen Bewusstseins – Bescheidenheit - in den Vatikan zurückgebracht, bisher allerdings den Kern des Übels nicht angefasst.

WARUM NICHT? - Wer Friedlichkeit will, muss Verletzungen der Psyche vermeiden. Den eigenen Willen schwächeren Individuen aufzwingen (nach M. Weber,) bedeutet nun mal Verletzung.

Denn

+ Psyche ist verletzlich, wenn auch individuell sehr unterschiedlich verletzlich.

+ Durch **MachtMissbrauch** (Überheblichkeit, Arroganz usw.) wird Psyche zwar oft unerkannt, also 'nur' schleichend gestört, jedoch oft erheblich verletzt – oder zerstört - und mehr als allgemein bewusst wird.

+ Die Folgen: Kriege - von Gartenzaun über Klinik, Betrieb bis Schlachtfeld - werden uns täglich vor Augen geführt – deutlicher, schneller und häufiger als früher dank Elektronik.

URCHRISTLICHES DENKEN

Einer der Auswege aus diesem Teufelkreis kranken alias verantwortungslosen Machtverhaltens könnte – welche Ironie - **christliches Gedankengut** sein. Genauer allerdings: **urchristliches** Gedankengut (logisch: auch ähnlich anders gelagertes humanes, die Natur des Menschen beachtendes Denken und Handeln).

Wie aber, solange ein Gottesbild alias eine ORIENTIERUNG vorherrscht, die Sünden vergibt und die individuelle Verantwortung subtil in die Ewigkeit verlagert!

Oder was denken Sie bei dem Wort GOTT. Wie stellen Sie sich *IHN* z.B. vor? Unterstellt meine Frage nicht schon eine Personifizierung? Oder ist *ER* eine Eigenschaft? Haben Sie ein zutreffendes Bild im Kopf? - Und welches Bild haben die anderen Milliarden Christen? Und die Menschen anderer Religionen?

Und selbst wenn es einen personifizierten GOTT gäbe, wir Menschen sind für das, was auf diesem Globus passiert, selbst verantwortlich. Von oben nach unten und zurück. Jeder. Und je mehr Macht, umso verantwortlicher!

Müssen wir also nicht mit falsch 'herangezogenen' religiösen Anschauungen brechen (gewachsen auf dem Acker von Gefühlen)? Gewiss, ein solcher Bruch scheint auf Anhieb **ungeheuerlich,** ist jedoch - naturwissenschaftlich betrachtet – sehr begründet!

Nochmals Stichwort Psyche: Jener besondere Prozess (Innenleben, Gefühlsleben, Seele, Würde) das typisch menschliche und wichtigste Merkmal des Menschen, ist nun mal evolutionär entstanden und allmählich durch wachsende Strukturbildung zu dem gereift, was sie heute ist. Und sie gedeiht dann positiv (friedlich), wenn sie ihre *'Hauptnahrung'* ANERKENNUNG' (Wohlfühlen) in ausreichendem Maß erfährt.

Durch verantwortungsloses Machtverhalten wird Psyche zwangsläufig verletzt, da jeder Impuls von außen das steuernde Netzwerk Gehirn entsprechend prägt: eben konstruktiv oder destruktiv mit allen Variationen dazwischen; und mit Wirkung in den gesamten Organismus hinein.

WOHLFÜHLEN ergibt sich vorwiegend aus Selbstwert, Hoffnung, auch aus erreichbaren Zielen und Wünschen: also aus etwas, an dem sich menschlicher Geist aufrichten kann. Oder kurz und einfach: ORIENTIERUNG. - Im Sinn von Hoffnung, Zukunft, Gesundheit, die existentiellen Bedürfnisse der Menschen. Und es sind Werte, die nur auf dem Boden von Ehrlichkeit, Wahrhaftigkeit, Vorbildverhalten positiv erfahrbar sind.

Deshalb waren ehemals GÖTTER als Vorbilder (Orientierung) Richtung weisend (und sind es in bestimmten Bereichen immer noch). Götter unterschiedlichster Herkunft und Art, heute mündend in die Begriffe GOTT, ALLAH, BUDDHA usw.. Religiöses Geschehen, epigenetisch verankert. Dieses heute *nahezu einheitliche* 'Gottesbild' verschiedener Religionen gerät jedoch immer öfter ins Wanken – oder wird verbissen verteidigt und ist als Gewalt wahrnehmbar (christliche Kreuzzüge u.v.m.).

WARUM DIE VERBISSENHEIT?

Wenn das kosmische Prinzip der Evolution und die Gesetzmäßigkeiten der Vernetzung zutreffen - und welcher informierte seriöse Mensch zweifelt heute noch daran - kann es diese von Menschen erdachte ORIENTIERUNG GOTT nicht geben.

Kurz: Das Gottesbild ist und bleibt nebulös, imaginär – bis zur Beweisführung – irgendwann oder nie.

Meine (durchaus praktikable) Überzeugung daher: GOTT ist eine Eigenschaft - nicht mehr und nicht weniger, und zwar eine sehr konstruktive Eigenschaft: Die Eigenschaft der LIEBE (siehe auch *1 Joh. 4,16 und Enzyklica Deus Caritas est, Benedict XVI*).

UNGEHEUERLICHE SCHLUSSFOLGERUNG – oder Fakt? - Jedenfalls bricht dem, der dieser Denkrichtung zu folgen versucht, etwas radikal weg. So scheint es zumindest ...

DENN ES BRICHT IN WIRKLICHKEIT NICHTS WEG

Würde schon seit der Christianisierung der imaginäre Begriff GOTT durch den erfahrbaren Begriff LIEBE in die Menschheit hineinwirken (bewusste Wahrnehmung der Verantwortung, Augenhöhe usw. – nahezu jeder weiß, dass es anders verlaufen ist und zunehmend anders verläuft), wären Heuchelei, Verfälschung, Lüge, Überheblichkeit in Kirche, Politik, Wirtschaft, Werbung und Volk, kurz **subtile Gewalt** (MM) das wahrhaft Sündige! Unsitte absolut! Das zu Verabscheuende, das Teuflische. Das, was nachhaltig, wirkungsvoll bestraft werden muss. Noch aber - trotz derzeitiger Liberalisierung (oder Normalisierung?) scheint Sex Maßstab für Sittlichkeit zu sein – statt Gewalt.

Man muss sich dazu Folgendes klarmachen: Menschen, die schon seit Hunderten von Jahren keinen Sex haben dürfen, basteln seit 2 Jahrtausenden - an der Sittenlehre und klammern sich an eine - nach neuen Erkenntnissen fragwürdige - Sittlichkeit. Und die Folgen kennt nahezu jeder (kommerzialisierter Sex – grausam).
Oder Gegenwart: Menschen, die nicht nachhaltig krank sind, basteln an einer Krankenversorgung mit Folgen, die immer mehr Menschen durch dieses desolate Denk-System erst krank werden lassen.
Und beides gesteuert durch Gewinn- und Machtdenken.

RENTABILITÄT <u>VOR</u> HUMANITÄT

Und das längst neurophysiologisch im Hirn verankert: Denn wäre der Begriff MACHT durch den Begriff VERANTWOR-TUNG – auf der Basis des internalisierten und gelebten Begriffes LIEBE - seit rund 2000 Jahren gelebt worden, würden sich heuti-ge Macht-Christen schwertun, sich christlich zu fühlen. Denn das allgemeine Bewusstsein (soziale Ansteckung) wäre ein völlig an-deres: keineswegs paradiesisch, aber wesentlich gerechter, verant-wortlicher <u>allen Kreaturen</u> gegenüber und vielleicht weniger be-lastend für die eigne Psyche alias für das Gewissen, falls Heu-schrecken eines haben.

LIEBE - EINE AKZEPTABLE ORIENTIERUNG?

Oder nicht? - Unser aller Zusammenleben sähe mit dem Grund-muster sozialer Verantwortung für das Ganze (Liebe) garantiert eher nach MITEINANDER als nach GEGENEINANDER aus.
Und das all die grausamen Jahrhunderte schon seit Christi Geburt.
Seit der Zeitenwende (das VORHER mal ausgeklammert).
Ein paar Inseln des MITEINANDER gibt es, klar, aber eben nur wenige im Ozean des herangezüchteten GEGENEINANDER.

Aus dem Mund einer Sterbenden zum Gatten (TV): „Ich habe Glück in meinem Leben gehabt, weil ich geliebt worden bin."

'Glaubt' diese Frau nur an die Liebe oder hat sie LIEBE erfahren?
- Oder hat sie GOTT erfahren?
Was ist leichter umzusetzen in der Vorstellung: GOTT oder LIE-BE? Dazu Vorstellungen, die in jedem gesunden Menschen indivi duell entstehen - auf der Basis unterschiedlicher Empfindungen – von absolut 'heilig' (überheblich) bis übersensibel (ideosynkra-tisch) oder von rücksichtslos bis vorauseilende Empathie usw..
Gewiss: Wenn der Hund nicht …, dann hätte er … Logisch, es

wird sofort gemauert, denn für einen großen Teil der Menschheit bräche – ohne GOTT - tatsächlich eine Welt zusammen:

Die Welt ohne Gott, den Allmächtigen, Barmherzigen, alles Verzeihenden (vorausgesetzt man bereut, und zwar rechtzeitig, sonst ist Hölle garantiert!) Dieser beruhigende Glauben an Allmacht von oben ersetzt durch eine Eigenschaft, die zur Eigenverantwortung zwingt – ungeheuerlich!
Wo bleibt die gewohnt bequeme ORIENTIERUNG! Die einschläfernde Überzeugung, in Gottes Hand zu leben? Beruhigend auf sein Verzeihen setzen zu können? Was ist mit dem bedeutensten Buch - der Bibel? Was mit Jesus, Apostel Johannes und seinem Spruch ... Gott ist die Liebe, und wer in der Liebe bleibt, bleibt in Gott, und Gott bleibt in ihm (1 Joh. 4,16). Hat Johannes die wertvolle Eigenschaft damals schon erkannt? Ist sie anders verstanden oder im Laufe der Zeit absichtlich verfälscht oder durch Unkenntnis verwurschtelt worden mit Sex; dank Concupiscentia vielleicht (der angeblich angeborenen Gier, was für Sex durchaus zutrifft)? Hat die Natur das vorgegeben oder der Mensch sich das ausgedacht? Und warum?

Jedenfalls bringt es auch heute die Menschheit (von Ausnahmen abgesehen) noch immer kaum fertig, die Eigenschaft LIEBE als das Göttliche überhaupt oder als Gottheit zu betrachten? Geredet ja, getan nein. - Und doch: Wäre die fassbare, erfahrbare LIEBE (caricativ, entsprechend *1 Joh. 4,16*) als Ersatz für ein nicht fassbares imaginäres Wesen wirklich eine so schlechte ORIENTIE-RUNG?

Wenn die NATUR DES MENSCHEN die Psyche ist, jene Prozesse, die menschliches Verhalten nun mal dominieren, müsste nicht auch genau an dieser Stelle ORIENTIERUNG ansetzen?
Oder sind wir immer noch Affen mit niedrigem sozialen Niveau, jedoch mit hoch komplizierter Psyche? Wesen, die Sittlichkeit hauptsächlich nur durch Knebelung eines unverzichtbaren Prozesses definieren können? Und die die wirkliche Sittlichkeit – Gewaltlosigkeit, auch psychische Gewaltlosigkeit - dadurch fataler Weise systematisch ins Abseits drängen?

Zu diesen Überlegungen gibt es die wahre Geschichte in drei Teilen: 'DENN LIEBE TICKT ANDERS', 'POLITIK MACHT WUT', 'ÜBERALL UND NIRGENDS', die verdeutlicht, wie viele Probleme aus scheinbaren Nebensächlichkeiten alias MM entstehen und nachteilig eskalieren.
Denn dieses kranke Machtverhalten (ohne Verantwortung dahinter) bringt immer nur vordergründig und nur Minderheiten finanzielle Vorteile. Der Gesamtheit jedoch wird immer auch sehr viel finanzieller Schaden zufügt.

Ende: Buch in Buch - weiter mit POLITIK MACHT WUT

UNGEZÄHLTE OHNE SCHULD

SIE – eine von den Ungezählten, badet es aus. Opfer von Macht-missbrauch für den Rest ihres Lebens.

Mit dem Bewusstsein LIEBE in den Köpfen der Verantwortlichen wäre SIE nie - zu früh oder falsch diagnostiziert - falsch behandelt worden, nie dreimal kollabiert. Hätte SIE nicht den Satz 'Das wird nichts mehr' ins lädierte Hirn geblasen bekommen. Mit Hilfe von LIEBE wären IHR konstruktive Karten ins Gehirn strukturiert worden: nämlich Mut, Hoffnung, das Gefühl, etwas wert zu sein. Wer will schon missachtet werden? SIE ist missachtet worden wie viele Kranke und schwache Menschen (oder Hartz-IV-, missbrauchte Kinder), weil Geld für Mächtige mehr zählt als der Mensch. Öl-Inferno, Brandstiftungen, selbstherrliche politische Fehlentscheidungen, Bankenskandale, Finanz-Oasen, Terror usw.. Machtgier. Ja, GIER, ein Prinzip der Missachtung, wird systematisch und subtil vorgelebt und schleichend bis zur Unerträglichkeit heute schöngeredet! Ja, geradezu gezüchtet, eingebrannt! Wenn auch schleichend durch die Hintertür (oder auch 2011 einmal sehr deutlich und krass im Parlament). Fatale Überheblichkeit, Träume, der Wunsch, der Reichste, der Gewinner, der Beste zu sein – und immer zu Lasten der Schwachen. Und Vorsicht: keineswegs der Faulen, Bequemen, derjenigen, die schmarotzen – die es unten wie oben gibt. Sehr unterschiedliche Gefühlswelten aus allen Ebenen prallen da jedenfalls aufeinander und führen zu *Kriegen aller Art*. ... Was du nicht willst, das man dir tu ... auch das ist eine hervorragende Orientierung – und dicht an Liebe.

Was ist in der Menschheitsgeschichte passiert, dass es so schwer ist, das Unerklärliche mit etwas durchaus Erklärlichem, 'Handgreiflichem', weil Erlebbarem zu ersetzen!

Korrekte positive, soziale, letztlich christliche Orientierung ist nicht nur möglich, sondern in handgreiflicher Nähe gewissermaßen. Aber wir greifen nicht zu.

Warum bringt es die Menschheit, die in rund acht Millionen Jahren es vom Kriechgang zur Entdeckung und Beherrschung der Mikroelektronik gebracht hat, nicht fertig, von einer vom Glauben abhängigen Hoffnung und Wunschvorstellung zur realistischen Kraft der Liebe umzuschwenken? Warum immer noch das Urzeit-Denken?

Warum die Gier nach Macht, die nur fressen will? Und andererseits die Ohnmacht der vielen Gefressenen? MITEINANDER wird zwar immer wieder versucht und dennoch zu häufig nicht vorgelebt. Die Medien, das Internet voll von Aggressionen. Was hat die zunächst fürsorgliche Frau Doktor sich letztlich gedacht? Oder hat sie überhaupt nicht gedacht – als Mitglied einer Elite!

Warum hat diese Ärztin den Satz 'Das wird nichts mehr' durch ihre überhebliche, selbstherrliche, wenn auch durch Existenzangst bedrohte Entscheidung im Mai praktisch bestätigt? Diese Ärztin hat IHR ins Gemüt getreten, brutal ...

> *Ich sollt der Ärztin Blumen schicken*
> *als Dank für Bürokraten-Nicken.*
> *Und Ministern Geld für'n Törn.*
> *det habm se doch soo jern.*
> *Ach, Scheiße, ich nicht elitär!*
> *Und auch kein Millionär!*
> *Ein Pfurz macht Krach,*
> *kaum mehr.*

ABSOLUTER HUMBUG

Ja, vielleicht sollte ich jener Ärztin, die IHR in einer wichtigen Phase so richtig ins Gemüt getreten hat, Blumen schicken? Zynische Danksagung für das mutige Zeugnis einer Machtkultur, die auf den Buckeln unzähliger Schwacher wuchert, oder? Demgemäß auf IHREM, auf meinem und auf vielen, die nicht Elite, nur Menschen sind. Jeder ist seines Glückes Schmied. Sie, die Ärztin, immerhin von Politik manipuliert? Tue ich dieser Frau also Unrecht, die der Politik zweifelsohne zugearbeitet und den Sinn des ärztlichen Eids zumindest vorübergehend vergessen hat? - Christliche Kultur muss unterstützt werden, logisch. Christliche oder Machtkultur? Was, wenn das Machtverhalten der Institution Vatikan tatsächlich das einzige wahre zutreffende Moralverhalten ist und all das gepredigte Miteinander nur Traum, Illusion? Gerechtigkeit ein Irrlicht? Sozialdenken ein Wahn? Frieden eine Utopie? Wohlfühlen ein überzogener Anspruch des sogenannten Sapiens? Fressen und gefressen werden: Das ist das Leben, oder! Ein System, an dem akribisch festgehalten wird. Ist in einer solchen Welt das Bemühen um Menschlichkeit nicht genau genommen bekloppt? Das Miteinander nur Humbug? Ergibt soziales Bestreben überhaupt einen Sinn? Christliche Kultur in Wahrheit eine Machtkultur? Mit Sollbruchstelle: Krieg oder Anpassung alias Resignation? Ohnmacht oder Kampf? Kampf gegen altruistischen Schwachsinn oder für die Liebe? Oder Schweigen? O verdammt! Möglicherweise ist ein christliches Miteinander nicht erreichbar: Die einen üben Macht, die anderen flüchten in Kompensation – desolate Gefühlsschiene. Wenn dieses friedlose Grundmuster die unveränderbare Basis menschlichen Daseins ist – okay. Dann sollten wir aber aufhören, von Humanität zu reden, an die Integrität von Entscheidungsträgern zu glauben, dann sollten unsere Kinder so erzogen werden, dass ihr Wert allein durch Besitz und Macht garantiert ist. - Hoppla – werden sie nicht so erzogen?

Erhabener: Eniete-Köpfe bilden sich ein, die Weisheit mit Löffeln gefressen zu haben, obwohl sie sich selbst aus dem normalen Leben heraus katapultiert, jedenfalls keine Ahnung von dem haben, was unten passiert. Politische Harzt-IV-Entscheidung endlich 2011 mit plus 3 €: lächerlich zwar, aber typisch. Passt schon.

> *...Die Liebe ist nun dadurch, dass Gott uns zuerst geliebt hat (vgl. 1 Joh 4, 10), nicht mehr nur ein „Gebot", sondern Antwort auf das Geschenk des Geliebtseins, mit dem Gott uns entgegengeht ... (Enzyklika 2005)*

Verwirrung statt Klarheit – warum? Wie soll ick det Jefühl los werdn, dat hier janz jezielt manipuliert wird? Denn, Männeken, wenn'et jefunkt hat zwischen zwee beede, wat ehmt Liebe jenannt is, denn sachste, wat Sache is! Wieso dein Meechen vawirren, wa! ... Sündig werden an Mitmenschen, is det, Erhabener. Sünde wider den Geist? Wider die Seele. Und ist es nicht immer der Stärkere? Oft irgendeine Obrigkeit, die irgendeinen Unsinn, Unausgegorenes, halb Durchdachtes oder bewusst Falsches den Köpfen unten aufs glaubende Auge drückt. Umgekehrt ist es jedenfalls kaum möglich. Huhn oder Ei? Und warum Obrigkeit die Kleinen dumm zu halten sucht, nu ja, det weeß jeda Piesepampel. Doch wo ist das Ende dieser beschissenen Hühnerleiter?

> **Aufstockung schafft Anreize für verschärfte Ausbeutung** initiative-mindestlohn.de (NGG)
> *Wie staatliche Transferleistungen zum Boom des Niedriglohnsektors beitragen, verdeutlicht das Beispiel der Leiharbeitsbranche. Die Zahl der Leiharbeiter hat sich zwischen Sommer 2010 und Anfang 2011 von etwa 700.000 auf über eine Million erhöht. Zum Jahresende 2009 erhielten drei Viertel der Leiharbeitnehmer einen Lohn unterhalb der Armutsgrenze ...*
> **Meldung vom 24. 06. 2010,** dasinvestment.com
> *Die Anzahl der deutschen Millionäre ist trotz Rezession im Jahr 2009 gestiegen. [...] 60.100 Millionäre mehr als noch 2008 – eine Steigerung um 11 Prozent. Die Zahlen stammen aus dem „D.A.CH Vermögensreport 2010", einer jährlich durchgeführten Studie über Millionäre und ihre Investments des Liechtensteiner Investmenthauses Valluga AG. Dabei wird nach Finanzvermögen in Euro gerechnet, ohne eigengenutzte Immobilien.*
> **779.300 deutsche Euro-Millionäre** – 8,4 Prozent mehr als 2008
> www.cash-online.de/

Ob stimmige Zahlen oder Interessen gefärbte, kann ich nicht überprüfen (gilt übrigens für das gesamte Projekt). Jedenfalls herrschen Gier und Unbescheidenheit mehr als Liebe und Empathie: Wenige versinken im Überfluss, und viele darben. Und von den

Darbenden wird offenbar erwartet, dass sie, Wasser saufend, zum Himmel blicken und halleluja rufen. Keine Frage: Auch Reiche blicken gelegentlich auf. Etliche haben sich jedenfalls 2010 für höhere Abgaben ausgesprochen. Nicht schlecht, doch man darf nicht übersehen, dass sie weiterhin Wein saufen und Prost rufen! Obwohl es nicht eine Frage des Geldes, sondern der Gesinnung ist, wie gesagt. SIE lag privat mit Zusatzversicherung, ökonomisch keine ganz schlechte Voraussetzung - und wurde dennoch links liegen gelassen dank ärztlicher Gesinnung.

Warum wurde vom Professor Chefarzt in X nicht akzeptiert, dass IHRE durch Schicksal erkrankte und durch Bürokratie erdrückte Innenwelt den Organismus nicht gesund werden lassen kann. Warum der inhumane, absolut bekloppte Spruch aus Elite-Mund 'Das wird nichts mehr'? Warum das Versagen von Frau Doktor? Sie, diese Ärztin war doch ursprünglich sehr okay. Sie hat schon IHRE Mutter, die Schwiegermutter auf dem Sterbebett versorgt und sehr fürsorglich. Sehr menschlich. Und in den kalten Februar- und Märzwochen 2006 hat Frau Doktor ohne Zögern einen Schlupfsack für den Rollstuhl verschrieben, damit IHRE aus X mitgebrachte Blasenentzündung nicht zusätzlich belastet wurde. Und Frau Dr. hat sich sogar in dieser unglaublich belasteten Phase ärztlich in der Verschreibung von Medikamenten vorbildlich verhalten. Trotz fragwürdiger Gesundheitsreform. Jener Grün-Tisch-Entscheidung mit politischen Zwängen. Und doch freier Arzt-Entscheidung. Warum?

Warum dieser schwerwiegende Einschnitt im Mai, der das gute Image jener Ärztin wegraspelte. Warum diese Gnadenlosigkeit? Denn Frau Doktor ließ nicht mit sich reden! Null!

Die Beurteilung jedes Verhaltens geschieht entsprechend dessen, was wir wahrnehmen (oder wahrnehmen wollen). Und wir nehmen selten das Innenleben wirklich wahr – eines Bekannten kaum und eines Fremden erst recht nicht, zumal oft auch bewusst getäuscht wird, gleich aus welchen Motiven heraus. Wir nehmen es nicht wahr, und unterliegen doch einem gewissen Einfluss im Netz der Beziehungen. Menschen jedoch, die im Sozialbereich tätig sind, ob Arzt, Pfleger oder Sachverwalter, müssten allerdings über dieses Grundwissen verfügen. Und viele dürften auch intuitiv solche Fähigkeiten haben. Und doch handeln sie oft inhuman: Dürfen sie nicht, können sie nicht? Was hindert sie? Wer hat Love-Parade-Duisburg 2010 letztlich erlaubt? In einem 'Doppel-Sack-Gelände' mit Nadelöhr-Verbindung - für über eine Million friedfertiger Normalbürger? Eine warnende Duisburger Dezernentin soll entlassen, dreimal der Bürgermeister gewarnt worden sein. Und trotzdem Tote, Verletzte, Wahnsinnskosten. Gier, Missverständnisse, Streitigkeiten, Kriege aller Art vorprogrammiert.

Verantwortung spürt, wann und wo sie falsch handelt. Und Verantwortung versucht daraus zu lernen. Und erst das Produkt aus Verantwortung, Klugheit und Einfühlungsvermögen (Empathie) ergibt eine gesunde Hierarchie. **Machtgier bedeutet Entartung.**

Ist das vielleicht die Wahrheit? Oder ist solches Denken Entfernung von Gott, also Sünde? Was ist Liebe, Sünde, Macht? Hat die Liebe SIE fast verdursten lassen oder oberflächlich gedanken- und verantwortungslose Macht? Hat Lieblosigkeit uns gezwungen, SIE aus einer gut ausgerüsteten Klinik zu holen? Hat Macht oder Gefühlsblindheit im Mai dieses Jahres Therapie verweigert? Was lässt Ärzte 2010 streiken, so dass sogar lebensbedrohende Krankheiten unterversorgt sind (Rundfunk-Meldung vom 17.05.10. und TV-Sendung, Phoenix, 14.02.13). Wirtschaft im Mittelpunkt, nicht der Mensch! **Rentabilität statt Humanität!** Mangel an Empathie. Nein, viel mehr: Empathie Nebensache! Stattdessen Gier. Missbrauch – wo auch immer - also ohne Ende und völlig normal!

Die Würde des Menschen ist unantastbar! Kernsatz des Grundgesetzes der BRD. Und die Pflegekräfte in Kliniken und Heimen werden weiter reduziert. Betreuung nicht mehr ausreichend, Personal überfordert (TV Ländersache Südwest, 19. 07. 07). Doch ob 2005 oder 2007: Das Übel, überforderte Pflegekräfte, zog sich über Jahre hin: Deshalb erhielt SIE nicht genug zu trinken. Deshalb ist SIE dreimal kollabiert. Deshalb Abbruch der Rehabilitation. Falsche Verteilung unverzichtbaren Kapitals.

> *... Auf das oberste Zehntel entfallen allein rund 47 % des Nettovermögens [...] .Die unteren 50 % der Haushalte verfügen über etwas weniger als 4 % des Nettovermögens ...*

Und das Sparpaket 2010 hauptsächlich zu Lasten der unteren Chargen. Der Schwachen und Kranken: Peinlich oder nicht? **Reichtumbericht 2012 geschönt.** Wird es eingebildeten Klugscheißern nicht besonders leicht gemacht, wegen sozialer, soziologischer Unwissenheit (Naivität) derselben? Ich kenne jemanden, der, wenn er sich einem Priester gegenüber sieht, demütigst und ehrfürchtig haucht: „Das ist doch ein Priester!" Es kann auch ein Präsident, Doktor, Papst, Politiker usw. sein, vor dem Menschen demütig in die Knie gehen. Und ist dieses Bewusstsein nicht anerzogen und jetzt längst epigenetisch verfestigt? Erschreckend, wie leicht Menschen sich manipulieren lassen. Ob und wie das je geändert werden könnte, ich weiß es nicht. Ich weiß nur, dass falsche Demut dem Mächtigen den Rücken stärkt, damit auch den Missbrauch von Macht stärkt, was immer wieder zu vermeidbaren Problemen führt. Sollte man nicht gerade deshalb lernen, alles zu hinterfragen? Eben nicht nur glauben! (siehe juristische Kurzsichtigkeit, Prozessplanung NSU. Zu kleiner Saal ein Fehler okay, aber den noch zu verteidigen! Kein Unrechtsbewusstsein, Gesichtwahrung, eines der Kernübel – mit Vorbildwirkung (soziale Ansteckung) im negativen Sinn.

2006. Eine reiche Witwe 'erpresst' den Neffen: 'Du erbst, wenn du Jura studierst'. Sie stirbt durch brutale Hammerschläge auf den Kopf. Der Neffe wird Tage später verhaftet. Aufsehen erregender Indizienprozess. Der Mann bestreitet die Tat, unterstützt durch Hungerstreik. Die Staatsanwaltschaft stützt sich auf tatsächlich belastende Indizien, die jedoch durch akribische Recherche von Verteidigung und Freundeskreis ziemlich aufgeweicht werden. Der einwandfreie Schuldnachweis, Grundsatz unserer Rechtsprechung, ist zwar nicht gegeben, dennoch Urteil: lebenslang. Der Neffe also Mörder oder nicht? – Ein zutreffendes Urteil ist in einem solchen Fall schwierig. Nicht zu verstehen ist allerdings die Ablehnung der Revision. Was, wenn der Mann tatsächlich unschuldig ist (wie etwa bei Mollath). Hätte die Justiz dann Schuld auf sich geladen? Fehlurteil durch Machtgehabe? (Wie unterscheidet sich das von überheblichem Arztverhalten zum Nachteil von Patienten, plus Kontrollversagen der Ärztekammer). MACHT statt Verantwortung. Wie soll man einer Justiz (oder auch Aufsichtsorganen) vertrauen, die im Sinn von Kumpanei entscheiden und damit die Opfer seelisch zutiefst verletzen. Nonverbale Angriffe mit enormen Folgen.

Ein (angeblich erst) neunjähriges, ohnedies kränkliches Mädchen in Brasilien wird geschwängert. Abtreibung unabdingbar, um Leben und Gesundheit des missbrauchten Kindes zu schützen. Die Folge: Ausschluss aus der Kirche, Exkommunikation, angeordnet durch den zuständigen Erzbischof: nicht etwa des Täters, sondern der Mutter der Neunjährigen. Begründung laut Interview: ' ...*Trotz der Natur des Falls müsse die Kirche an ihrer Ablehnung der Abtreibungen festhalten* ..., gemäß Vorgaben und Gehorsam der Kirche gegenüber. Katholizismus 21. Jahrhundert. Passiert kurz vor dem Hochschwappen des priesterlichen Missbrauchs von Kindern. Irgendwas stimmt also nicht im katholisch-kirchlichen Denkmuster und damit in der christlichen Welt nicht.

Nonverbale 'Angriffe' sind messbar nachzuweisen. Das heißt: Der 'Angreifer' muss noch nicht mal etwas sagen oder tun. Haltung und Denken des Angreifers reichen aus, um messbar 'Unordnung' im Hirn aufzeichnen zu können. (Deltawellen, Institut für Kommunikation, Stuttgart
... *Gedanken und Gefühle verändern die physiologischen Abläufe im Körper* ... Wundermittel im Kopf, spiegel- 26/07
... *Das somatosensorische System [...] ist eine Verbindung aus mehreren Subsystemen, die dem Gehirn Signale übermitteln und es jeweils über ganz verschiedene Aspekte des Körpers informieren* ... Ich fühle, also bin ich, Damasio, List

Und ein gestörtes Immunsystem ist für Krankheiten zugänglicher als ein ungestörtes, zumal auch Blut störende Substanzen in Hirnareale schleusen (eingeschränkt durch Bluthirnschranke) und in bestimmten Regionen 'unsichtbar' Unordnung stiften kann (Fehlsteuerung durch gestörtes Transmittergeschehen). Und was gestörte Steuerleistung anrichtet, wird im Menschen auf grausame Weise 'sichtbar': Schlaganfälle, Hirnblutungen, unverschuldete Armut, wo der Betroffene gegen seinen Willen krank 'gequetscht' wird. Magret F. Ist daran zugrunde gegangen. Jeder ist seines Glückes Schmied?

Haben wir – SIE, unsere Tochter und ich - unser Glück selbst in die Krankheiten hinein geschmiedet? Ihr Crash und mein Infarkt also hausgemacht? In Eigenleistung? Und das beinahe Verdursten in der REHA-Klinik – do-it-yourself - wirklich? Hat sich Magret F. wirklich selbst zu Tode gesorgt? Erkennen nur Intelligente die Ursache in den Unzulänglichkeiten des Gesellschaft-Systems, in den politischen Kurzsichtigkeiten und im fatalen Unrechts-Bewusstsein? Gefördert durch die Unmenschlichkeit des Denkens! Durch die Ignoranz der Seele. Durch das falsche Bewusstseins: Verletzungen der Psyche Privatsache – was für ein Blödsinn! Was hat sich Frau Dr. gedacht?

> *'Ich befürchte, dass erhebliche Bereiche der westlichen Gesellschaft allmählich zu weiteren tragischen Beispielen werden':* *Damasio im Zusammenhang mit dem Signalapparat 'somatische Marker', die den Organismus entweder positiv, aber auch negativ beeinflussen.'* Descartes Irrtum, Damasio, List

SIE hat die Verachtung ihrer Seele, ihrer Gesundheit in X zu lange erfahren müssen. Und dazu: Mitten in IHREM Heilungsprozess weitere durchgreifende Ereignisse - Frau Dr., MDK, Ordnungsamt. Immer wieder Druck gegen Grundbedürfnisse, gegen das eigene Empfinden (vergleichbare Ereignisse auch bei Magret F.. Dort mit Todesfolge). Alles so absolut sinnlos, u. a. auch teuer. Perspektive 2006. Eine Zukunft, die sich für uns nahezu unerträglich gestalten sollte. – Unerträglich? Wie viel kurzsichtige, empathielose Bürokratie und Politik können Menschen wohl ertragen, ohne auszurasten, ohne siech zu werden? Und warum 'gefördert' durch Eliten? Oder schärfer: **Warum lässt Gott alias Liebe das alles zu?** Leben im Hunger, im Koma, in nuklearer Verätzung, Verzweiflung usw.?

> **Eine oft gestellte Frage – und nie schlüssig beantwortet!**
> **Und doch braucht man nur ein Wort auszuwechseln –**
> **und schon werden Antworten möglich:**
> **WARUM LÄSST LIEBE DAS ZU?**

Ausgrenzung Homosexueller (gelockert 2013 d. Papst Franziskus), Armer, Duldung der Gier, Heuchelei, Lieblosigkeit, Gedankenlosigkeit, Bürokratismus, Tarnung durch politische Vorgaben: Liebe lässt das alles nicht zu! Eben weil menschliches Versagen contra Innenleben Grausames in die Gemüter schaufelt.

Klar, kann mich det ejal sein, wat öhjendwelche Oberhansels produßiern inne jrauen Zellen, aba dat se – ob von Außerirdische innjesetzt oda mit selbst jebastelter Berechtigung – per order mufti ihre Erjüsse andern subtil jewaltsam ins Jemüte jehämmert haben und immer noch hämmern, also det vafluchte Machtjetue von Fazkes, wa! Nee, det is mehr als een jesundet Jemüte vawurschteln kann.

HALLE DER VERZWEIFLUNG

IHR Rückfall nach der ersten Mai-Woche (9. Mai, 2006) war der Beginn eines bürokratischen Dauer-Feuers. SIE und ich waren vor Ohnmacht ohnedies fast gelähmt, unsere Gemüter erst vom Schicksal, dann von 'klinischer Bürokratie' gegen eine Wand geschleudert.

Oder waren wir zu unbescheiden? Glaubten wir an die Sittlichkeit - mit dem *Menschen im Mittelpunkt*? Ist das überhaupt erreichbar, da es doch heißt, dass die Amygdala, Zentrum des Gefühls, wenn von Testosteron überspült, auch den Verstand vernebelt (TV 26.3.13 Abenteuer Forschung). Klar, das Leben geht weiter.

Auch 2006 schlugen im Mai die Bäume aus! Und, ja, wenn SIE - statt lebensmüde zu sein - zu neuem Leben 'ausschlagen' würde, bei allen Heiligen des Himmels, das wäre erhebend! Wenn SIE wirklich nachhaltig Frühlings gemäß aufbauen würde! Doch weit davon entfernt. Totmüde. Beide. Das Auf und Ab nimmt kein Ende. Schier endlose Achterbahn. Erschreckend - diese Entwicklung. SIE verwechselt vieles, schiebt die Ereignisse in die falschen Tage, und nicht erst nach paar Minuten, schon unmittelbar nach Korrektur wieder falsche Ergebnisse. Zuerst mental, danach auch physisch, obwohl IHR betroffenes Bein oft erstaunlich normal funktioniert.

Nun - Fehlleistungen der grauen Zellen - wem passiert es nicht gelegentlich! Ich z.B. versuche bei Wege-Strecken immer möglichst den direkten Weg zu nehmen. Jedenfalls damals in Griechenland. Acht Kilometer statt 45, das bringt – so rechneten meine vermeintlich gewitzten Zellen - etwa eine Stunde Zeitersparnis. Nach Landkarte zwar Nebenstrecke, aber als befahrbar gekennzeichnet. Indes: Die Bezeichnung Hohlweg für diese acht Kilometer wäre in unseren Breitengraden mehr als schmeichelhaft. Es zeigte sich - nach meiner Einschätzung - ein abschüssiges Bett eines etwas breiteren Baches. Und dass kein Wasser enthalten war, lag wohl an der Jahreszeit. Also entweder Steine zu viel auf der sogenannten Fahrbahn oder zu wenig. Prächtig reizvoller Untergrund für ein 'Wohnmobilchen' mit Bootstrailer hinten dran. Gelände-Übung eben, Erlebnis-Urlaub. Immerhin drei Ruinen griechischer Kirchen-Baukunst von weitem ausgespäht. Ist auch ein bisschen was. Und statt eine Stunde eher, drei Stunden später am Meer. Tja, die verflixten grauen Zellen, die uns die Freiheit der Entscheidung vorgaukeln. Damals mir jedenfalls. Verstand verschüttet. Der Mensch trennt sich ohnedies nur schwer von festgefahrenen Vorstellungen. Rein rational schien die Abkürzung eine brauchbare

Entscheidung: Zeitgewinn! Doch was hat wirklich zu dieser Abkürzung geführt? Ich denke: Aus meinem Unterbewusstsein heraus die Sehnsucht nach dem offenen Wasser des Mittelmeeres; auch ein bisschen Abenteuerlust vielleicht, Testosteron gelenkt? Weg von den offiziellen Wegen; gefühlsbetonte, Wunsch betonte Entscheidung jedenfalls. Die zutreffende Wahrnehmung – Nebenstrecke, nicht Nebenstraße – rationale Kontrolle irgendwie ausgeschaltet – damals bei mir. Und bei IHR? Ist ihr Hirn durch den Crash nicht mehr fähig, zeitgenau und ortkorrekt zu denken? Abends glaube ich zu erkennen, dass auch SIE nur Wahrnehmungsprobleme hat. Denn bauen wir bei dem gemeinsamen Hirnleistungstraining zur besseren Wahrnehmung markante 'Erinnerungs-Pfeiler' ein (Eis kaufen gewesen, Polizei-Kontrolle registriert u.ä.) fällt es ihr tatsächlich leichter, Details korrekter wiederzugeben. So vergingen die ersten beiden Mai-Wochen noch fast normal, resigniert – jedoch auch aufbauend. Hoffend.

Klar, ich will SIE auf 'Biegen oder Brechen' letztlich aus der Passivität holen. „Du hast zwei Möglichkeiten: Lassen, wie es ist, dann brauchen wir uns nicht mehr zu bemühen, und ich muss dich nicht quälen. Oder du beginnst zu wollen!"

„Ich will doch. Glaubst du wirklich, dass ich nicht will?" Ja, SIE will, wirkt aber ausgebremst. Gratwanderung. Denn SIE leidet sichtbar, auch wenn SIE vorgibt, es sei alles einigermaßen okay. Schwäche, Vergesslichkeit, Todessehnsucht: Das sind IHRE oft stummen Signale. Und ihre Mobilität – eher rückwärts als vorwärts.

„Dein Verstand sagt 'ich will'", fahre ich fort. „Doch dein Gefühl: Dein Unterbewusstsein sperrt sich offenbar. Versuche gegen deine desolate Gefühlswelt vorzugehen! Versuche es doch bitte!"

SIE nickt, aber ihren Augen fehlt der Glanz der inneren Überzeugung.

Alberto Moravia schrieb in seinem Roman DIE RÖMERIN schon in den Sechzigern über eine Prostituierte, die unter der ZURÜCK-WEISUNG eines Freiers, in den sie sich verliebt hat, zu leiden begann. Aus vielen Sendungen über Tiere im Zoo erfährt der Zuschauer immer wieder, wie auch Tiere z.B. unter Vernachlässigung leiden. Die Natur zeigte 2011 in Japan die Grenzen des Machbaren: Eine Art lokaler Weltuntergang. Super-GAU. Gefahr zur Resignation, kurze Nachdenklichkeit als Folge. Politik und Energiewirtschaft plänkelten von der Notwendigkeit höherer Sicherheitstandarts. Und dann - weiter wie bisher. Ein Gesundheitsblatt stellte 2011 in einer Headline fest, dass die Politik nicht aus Schaden klug wird mit Verweis auf Thilo Bodes Buch 'Essensfälscher'. Elnieten versuchen durch Machtverhalten und Lügen ihren Mist zu rechtfertigen. Im Parlament wurde 2012 die Lüge sogar subtil als gesellschaftsfähig geduldet, und rund 75 % der Bevölkerung fielen auf glanzvolle Auftritte rein, kamen nur teilweise und allmählich zur Vernunft.

ARROGANZ VERURSACHT UNFRIEDEN

Arroganz scheint die Quelle für Gewalt zu sein. Und die dazu erforderlichen Vorurteile.

Vierzehn Tage vor dem Eklat mit der Hausärztin fragte SIE aus heiterem Himmel: „Was bin ich der Hausärztin wohl wert?" Ja, das hat SIE gefragt, obwohl es keinen Anlass zu zweifeln gab. Zu der Zeit.

„Wie kommst du zu dieser Frage?"

„Ich meine nur. Gefühlssache," entgegnete SIE.

Gefühlssache, denke ich und sehe SIE lange fragend an. Was fühlt SIE? Etwas, von dem wir nichts wissen, nichts wissen können? Entscheidendes oder Belangloses? Endgültiges oder Bedeutendes für IHRE Entwicklung? Intuition? In welche Richtung denkt IHR Hirn?

Vor acht Wochen (28. März 2006) war SIE die ersten zehn Schritte gelaufen, allein. Derzeit läuft SIE zwar immer noch, mühsam am Viererstock, quälend zehn, fünfzehn, zwanzig Schritte. Immerhin. - Aber es scheint, als wäre nicht mehr zu erreichen. Uns fehlt die Erfahrung mit dem Verlauf einer Rehabilitation. Zwar erklärt jeder Experte, wie wichtig Geduld ist. Doch ich kann das Wort Geduld nicht mehr hören. 'Üben, Üben, Üben' - wo doch ihr Hirn müde und immer noch mit Todessehnsucht verquirlt ist? Warten in der Halle der Verzweiflung.

„Sie könnte schon weiter sein, wenn ihre Psyche nur wollte", sagte die Therapeutin schon vor Wochen. Und in der Tat: das linke Bein scheint weitgehend okay. Warum klappt das Laufen dennoch nicht? Wie kann lädierte Psyche gepuscht werden? Resignation ist durch Missachtung offenbar leichter zu toppen.

Meine Geduld in dem griechischen 'Acht-Kilometer-Bachbett' wurde nur drei Stunden benötigt. Unsere Reha fordert jetzt schon über drei Monate Geduld von ihr und mir. IHRE Gefühlswelt muss im Grund übertölpelt werden. Doch hat ein durch Hirnblutung irritiertes, dem Tod fast erlegenes Hirn noch wirkliche Chancen? Es kann z.B. durch intensive, extatische Bewegung (körpereigne Drogen) nicht aktiviert werden – eben weil Bewegung fast unmöglich ist. Hier fühle ich mich überfordert. Pflegeleistung – Nahrung, Wäsche, Körperpflege – kein Problem. Die psychische Betreuung und Animation, ohne sichtbares Weiterkommen, das macht müde. Niemals aufgeben, das war mein Leben lang meine Maxime. Aktiv bis zum letzten Atemzug. Und nun: Weg sind all diese Vorsätze meiner klugscheißenden Jahre. 'Ich - *auf der Bank sitzen und in die Gegend Löcher starren, niemals! Wenn ich mal alt bin, dann werde ich Autos reparieren. Oder in anderer Leute Gärten Rasen mähen. Oder schreiben, malen. Auf jeden Fall werde ich etwas tun und nicht warten, bis der Dauerschlaf mich holt.'*
Aktiv bis zum letzten Atemzug, haha! Ich bin jetzt schon ausgebrannt (und mir wurde erst vier Jahre später klar, was ausgebrannt wirklich bedeutet.) Schlafe zu wenig, muss ständig ihren Kopf und meinen gleichzeitig anstrengen. Doch dann sehe ich SIE an, sehe, wie SIE sich müht. Und dann regt sich etwas in meinem Innenleben. Ob man es Liebe nennen kann? Ich kämpfe, kämpfe um SIE.

Und es fruchtet offenbar. Tage später ist SIE zum ersten mal intensiv geistig aktiv geworden, hat sich mit 'Englisch' beschäftigt, hat von sich aus an sich Forderungen gestellt: Ich will das, ich will das; ist dann selbst zur Toilette gefahren, selbst an den Muskeltrainer, selbst aufs Bett. Ihr Selbstwert beginnt zu wachsen. Sollte es so etwas wie ein Durchbruch sein? Sieg über die desolate Psyche? Üben, üben, üben. Und jede Bewegung erfordert einen Haufen Energie. Jeder Weg zum WC ist Arbeit, jeder Schuh, der angezogen werden muss, jeder Schritt ist Mühsal. Aber SIE kämpft. Trotz ihrer Schwäche. SIE ist verändert, ja. Jeden Tag aber fallen ihr - kaum wahrnehmbar – die Schritte leichter. Wenn SIE, im Halbkreis meiner Arme gesichert, zehn, fünfzehn Schritte wankt, pausiert und die nächsten Schritte angeht, dann glaube ich IHRE wachsende Sicherheit beim Gehen zu spüren. Jedoch ahnungslos, was IHR noch an bremsender Missachtung bevorstand. „Du wirst immer besser", sage ich.

„Du machst mir Mut", sagt SIE.

Das alles spielte sich in den ersten drei Maiwochen 2006 ab. Noch vor dem lausigen, miesen, herzlosen Einfluss von Frau Dr.. Im Hirn, klar, das Bewusstsein, dass Leben nicht ewig währt. Dauerschlaf unausweichlich, irgendwann. Gleichzeitig Hoffnung, dass alles noch mal so wird wie früher. Und weil das gespürt wird, setzt innere Angleichung ein: verstärktes Mitempfinden, ein eigenartiges Gefühl, etwas nahezu Unbeschreibliches. Ist es abermals ihre Ohnmacht, ihre Hilflosigkeit, der Schmerz in ihren Augen. Oder der in meiner Brust? Obwohl sich trotz Resignation etwas entwickelt hat – im Mikrometerbereich. So scheint es wenigstens. Denn es lastet ohne Zweifel auch die immer schärfere Wahrnehmung der Unabänderlichkeit wie ein Stein im Gemüt. Wie widersprüchlich benimmt sich doch unser Innenleben! Aber es ist unser Stück Leben zwischen Jetzt und Ende: Wollen wir es in Jammer absolvieren oder so froh, zufrieden und fröhlich wie möglich – auch wenn es Kampf, Arbeit, Mühsal bedeutet? Und viele Fragen offen lässt. Warum hat das Pflegepersonal in X SIE nicht sachgemäß versorgt? Gleichgültigkeit, Zeitmangel? Warum hat der Chefarzt in X IHRE absolute Hilflosigkeit übersehen und zu IHREN Ungunsten entschieden? Gibt es zu viel schlechte Ärzte oder zu viel falsche politische Entscheidungen? Wie würden Politiker entscheiden, wären sie fähig, IHR Leiden nachzuempfinden? (Oder 2010 das von Harzt-VI-Kindern) Oder können Politiker grundsätzlich nicht das Elend von Schwachen empfinden? Testosteron geschädigte Amygdala in Köpfen der Macht? Oder gibt es Mächtigere oder Mächtigeres, was Empathie in diesen Kreisen verhindert und mangelhafte Versorgung der Schwachen schafft? Subtiles Gewaltverhalten jedenfalls. Und längst üblich? Längst Sitte, Mangel an Empathie, an Mitgefühl. Vielleicht aber auch nur Mangel an der Fähigkeit, sich zu schämen (meint **KKK 530** das mit ... reiner Schamhaftigkeit*)? Oder Mangel an der* Fähigkeit, die Verletzlichkeit der Würde zu erkennen.

Müsste es z.B. nicht grundsätzlich heißen: 'Die <u>Seele</u> des Menschen ist unantastbar, sie zu schützen usw.'?

> *Laut Molekularbiologie sind Zellen im Prinzip 'schreibgeschützt'. Aber Kopien der 'Zellen eines Organismus sind in der Lage, zu kontrollieren, wo und wie genetisches Material verändert wird', was zu anderen Arten führte und führt.*

Bleiben wir Gewalt- oder werden wir zu Sozialwesen? Da gemäß der Bewusstseinsforschung äußere Reize wesentlich auf das Bewusstsein einwirken (Kartierung, Damasio), werden wir folgerichtig nur dann gewaltfreier werden, wenn wir Gewalt-Reizquellen verteufeln statt die der Lust. Also z.B. nach Ministerpräsidentin Kraft (Duisburg 2010, hervorragende Trauerrede) wieder - oder endlich wirklich und nachhaltig - den Menschen in den Mittelpunkt rücken. Genau das aber wird durch eine fehlerhafte Moral und krankhaftes Machtverhalten verhindert. Nachteiliges, in die Irre geleitetes Bewusstsein! Lässt sich das wirklich nicht ändern? Haben engagierte, positive Politiker (NRW-Gesundheitsministerin 2012/13) echte Chancen sich durchzusetzen? Fragen über Fragen.

Nur eines haben wir in jener Reha-Phase nicht gefragt. Wir nicht und jene Hausärztin leider schon gar nicht, sonst hätte diese Frau vielleicht anders entschieden: Warum SIE so außergewöhnlich schwach, so antriebslos war? Warum? Oder ist der Wunsch, auch behindert normal zu leben, tatsächlich zu unbescheiden? Warum ist alles so kompliziert? Warum haben Insekten diesbezüglich kaum Probleme? Und überhaupt: Warum dieses ganze Gewäsch um Psyche, Gemüt, Innenleben? - Nun, vielleicht deshalb, weil nur der das gedankenlose, letztlich lieblose Handeln von Frau Dr. erkennen wird, der etwas sowohl vom Zusammenwirken von Ängsten, Gier und Empathiearmut weiß als auch von Ohnmacht, und ängstlicher Verzweiflung: hie Täter, dort Opfer.

IHRE Schwäche hatte anfangs eindeutig psychische Gründe: die Aussichtslosigkeit. „Das wird nichts mehr!" Dieser Satz klebte jahrelang im Gemüt. Dazu pö a pö die Folgen hausgemachter, politischer Kurzsichtigkeit – wie die viel zu schnelle, durch politische strukturelle Fehl-Vorgaben erfolgte Überweisung nach X, nachhaltig falsch und die verletzenden Folgen im Gemüt verankert. Denn die unmittelbare Reha in der Stroke unit war wirksam gut gewesen. SIE aber hatte rasch in die 'Massenmenschen-Haltung' nach X gemusst, ohne Beachtung der subjektiven Probleme und Gegebenheiten. Wie ein Werkstück. Diese 'Wertlosigkeit' hatte IHR jedenfalls den Wind aus den Segeln genommen, das Wasser abgegraben, SIE fast willenlos gemacht. Ein Desaster! Ein Teufelskreis, denn daraus ergab sich über lange Zeit physische Entkräftung. Opferleid. Und doch hat SIE sich hoch gekämpft. Schrittchen für Schrittchen. - Und dann urplötzlich, in diese ohnedies psychische desaströse Phase hinein, wie gesagt der unbarmherzige Schlag zusätzlich ins Gemüt: hausärztliche Verantwortungslosigkeit gemäß Motto: *Es lohnt nicht mehr.*

Ja, in ein Wellental IHRER mühsamen Rehabilitation platzte am 31. Mai, 2006 die rücksichtslose Entscheidung: **Halbierung der Physiotherapie.** Statt zwei Einheiten nur <u>eine</u> pro Woche. – Weil es die Politik so will? Oder die Krankenkasse?

O nein - weil es die damalige Hausärztin so entschied. Elitär. Frau Dr. hatte die ärztliche Verantwortung für IHRE Genesung. „Physiotherapie jetzt - je mehr je besser! - Aber mein Budget!"
Wer ist letztlich für diese inhumane und verteuernde Sch...schande verantwortlich?

ALBTRAUM OHNE ENDE

Okay, Leistungs-Kürzungen längst normal in diesen Jahren. Dank Ausbeutermentalität, durch Sprüche kaschiert. Gewachsen auf dem Acker politischer Gefühlskälte. Kein großes zwar, jedoch ein zwangsläufiges Ereignis. Und für IHRE Psyche fast tödlich.

> Im Sozialgesetz (SGB) ist die Sicherung auf das Recht eines menschenwürdigen Daseins fixiert. Nach § 5 besteht ein Recht auf die 'notwendigen Maßnahmen zur Erhaltung, zur Besserung und zur Wiederherstellung der Gesundheit und Leistungsfähigkeit'.
> Oder noch direkter SGB §10: *Ein Behinderter hat 'unabhängig von der Ursache der Behinderung ein Recht auf die Hilfe, die notwendig ist, um die Behinderung abzuwenden, zu beseitigen, zu bessern, ihre Verschlimmerung zu verhüten oder ihre Folgen zu mildern.'* Und SGB § 24 regelt (und garantiert??) die Versorgungsleistungen bei Gesundheitsschäden.

Was dort steht, macht irgendwie Sinn, zumal das unter dem Strich kostengünstiger ist als dauerhaftes Siechtum. Dazu das Grundgesetz. Danach haben Bundesbürger das Recht auf Unversehrtheit. Oder nach dem BGB ist jedermann zur Hilfe verpflichtet. Doch das alles kümmerte Frau Dr. nicht. Und nochmal: Jedermann weiß eigentlich, dass Vorbeugung kostengünstiger ist als Reparatur. Die Wiederherstellung eines Schlaganfallpatienten – durch Fachkräfte begünstigt – ist in der Regel dann weitgehend garantiert, wenn sie intensiv nach dem Crash durchgeführt wird. Andernfalls bleibt sehr wahrscheinlich Siechtum mit hohem Pflegekostenanteil. Von der inhumanen Denk- und Verhaltensweise und dem persönlichen Leid mal abgesehen.

Und gerade wegen der Vernachlässigung in X war SIE in die private Rehabilitation gezwungen worden. Diese unfreiwillige Entscheidung war der Hausärztin Ende Mai 2006 wohl entfallen. Weil gespart werden muss. Weil schwachhirnige oder unerfahrene Politiker schwammige Gesetze schaffen. Im Grund zu dämlich (oder zu infam), die Zusammenhänge von – zugegeben subtiler Unterdrückung, Ausbeutung, Missachtung und versteckter oder offener Unzufriedenheit, Politikverdrossenheit, von Krawall, Gewalt, Terror zu sehen (oder von physikalischen Gegebenheiten/ Duisburg 2010 und 2013 die von Boston usw.).

> **Was ist Sünde?** Nach Katechismus: Trennung von Gott alias von der Liebe! Da etymologisch wenig Genauigkeit über die Entstehung des Begriffes Gott im KKK erfolgt, kommt Verwirrung auf. Zwar könnte das indogermanische ghau - [an]rufen) durchaus das Anrufen eines Wesens bedeuten, von dem man sich Hilfe versprach. Vielleicht wurde aus ghau > gut > got, den man auch anrief, um sich Unerklärliches wie Blitz und Donner zu erklären; und über jenes Wesen vielleicht auch das 'Gefühlsbündel der Zuneigung' besser verstand. Aber ob – wer weiß es wirklich?

Biestige Frage, Herr: Sapiens: noch Affe oder schon Christ? Nur ma so alljemeien jefragt: oda Christ als Affe? O Gebieter, o, o, oh, welch Schandmaul, ich, das Nutztier! Unerhört und voll gegen des Menschen Würde? Eingedenk meiner Zweifel, ob es überhaupt in echt Würde gibt – in der Gesellschaft der Benutzung. Wer hat Würde kreiert? Du GOTT? Und wann? Vor der Entstehung der Sprache oder danach? Vor dem Urknall oder danach? Vor der Christianisierung oder danach – falls ...

Was bedeutete die gesetzwidrige Hausarztentscheidung für SIE und für mich? - Rückkehr in die Klinik, ja. – Sogar politisch geduldet – obwohl mit weitaus höheren Kosten verbunden und weniger Effektivität.

Und dieser bürokratisch elitäre Blödsinn nicht nur in X.

Die Patientenfabrik – TV, phoenix 11.02.13. Es wäre viel Text erforderlich, um Ärztefusch und ärztliche Überheblichkeit und Gier, um Nachlässigkeiten in der Hygiene u.v.m dieser Sendung aufzulisten. Kosten senken, Einnahmen steigern. Skandale contra Mensch. Beschneidung der Lebensqualität für Patienten und Angehörige.
44 000 Ärztefehler pro Jahr - zdf. 01.02.13 Einem Patienten wurde die falsche Halsschlagader operiert. Folgenschwer, usw. usw..

Oder in unserem Fall für das Recht auf Genesung das 'Dach über dem Kopf' aufs Spiel setzen? Die Finkhas etlicher politischer Bagage-Typen im Süden sind nicht in Gefahr, klar. Denn das Seelische, Psychische ist Privatsache, obwohl die Folgen ins soziale Netz fallen. Belastung der Öffentlichkeit.
Aber keine Frage: Wir haben wirklich die besten, die Klügsten, die Schlauesten da oben in den Etagen der Entscheidungen. - Gewiss, hie und da. Dennoch zu hohe Dosierung von Luschen, nun ja – wie sagte der geschichtsträchtige Golo Mann „Die die sehen, haben nicht das Sagen. Und die das Sagen haben usw. ...“
Die Missachtung durch die Hausarztentscheidung - **Halbierung der Anwendungen** - hat jedenfalls zusätzlich zur Unterversorgung in X dazu beigetragen, IHRE Entwicklung auszubremsen. Hat vielleicht IHREN Heilungsprozess sogar gestoppt. Gewalt auf Nonverbal. Bürokratische Christlichkeit, die für uns fast wie das Aus erschien.

WER FÜRCHTET SICH VOR CHRIST-SCHIMPANSEN?

Trennung von Gott gleich Sünde, okay. - Doch was, wenn Gott nur Menschenwerk ist?
Naja, anjenommen, et jibt dir, jütijer Allmächtjer; und dat janze Universum aleene von deine Jnaden jelenkt. Naja, anjenommen, da is so eener wie du. Ernsthaft: der alles geschaffen hat – und durchaus auch auf evolutionäre Weise. Der also schon vor dem Urknall (villeicht vor mehr als vier Milliarden Jahren so übern Daumen, wa?) das

Universum in Händen hielt. Mal anjenommn, et wär so: Wie kommt es dann aber – rein chronologisch gesehen – dass die Bezeichnung für deine 'Allmacht' – der Name GOTT – allenfalls üba Daumen so 2,5 Millionen Jahre alt sein kann, eben weil sich erst da Sprache in den damaligen hominiden Lebewesen, wenn überhaupt schon, hatte entwickeln können.

GOTT könnte also ooch anders wie ehmt Gott heißen, wa! Meesta, villeicht LIEBE, wa! Passt aba nich uff Katechismus. Un Bibel schon gar nich: ...Am Anfang schuf LIEBE... *nee, det jeht wohl nich. Oda doch? Un ooch ejal, wann Sprache effektiv nutzbar zur Verfügung stand. Hoppla, effektiv, hm? In welcher Weise?* ...'Die Wahrheit zu verteidigen, sind daher anspruchsvolle und unersetzliche Formen der Liebe'. ... Es ist eine Kraft, die ihren Ursprung in Gott hat, der die ewige Liebe und die absolute Wahrheit ist ... *Verflixt, effektiv wie? Im Sinn von unmissverständlich oder von Manipulation? Und wenn man die hirnphysiologischen Erkenntnisse der Neuzeit mit einbezieht – wie sieht es dann wohl mit der Wahrheit und der Effektivität aus?*

Andererseits ganz sachlich: Ist es wirklich wichtig, wie diese Kraft ursprünglich hieß – die alles 'in ihrer Hand hält' – wenn ...? Ist nicht die Frage bedeutender, wie es damaligen geistig noch bei weitem nicht so hoch entwickelten Menschen möglich war, die <u>einzige</u> Allmacht korrekt wahrzunehmen und zu definieren, so wie es die christliche Lehre seit knapp zweitausend Jahren (erst knapp 2000) glaubt, verbindlich benennen und formulieren zu dürfen?

Wohingegen det erste Menschlein na so immerhin schon, über den Daumen, vier Mio Jahre uff unsa Kugel rumkrakeelt, damals noch als soon jebückten Australopithecus oda Tomai uff Scheibe.

Und dazu die 'nur' 2000 Jahre Papst-Geschichte, also Kirchengeschichte und Vollmacht-Geschichte, Macht-Entwicklung, die weiß Gott nicht beispielhaft für MITEINANDER ist.

Nur einige Beispiele:

> **Papst Urban II.**, *Pontifikat von 1088 bis 1099, Initiator der Kreuzzüge (Ein Kreuzzug war zugleich Bußgang und Kriegszug, der nach Auffassung der (nicht orthodoxen) katholisch christlichen Zeitgenossen direkt von Gott durch das Wort des Papstes verkündet wurde.* wicki *Urban wurde 1881 von Leo XIII selig gesprochen.*
> **Papst Urban VI.**, *Pontifikat von 1378 bis 1389, ließ Mitbewerber bestialisch ermorden.*
> **Julius II.**, *1503 bis 1513, prachtsüchtiger Renaissancepapst und Vater von drei Töchtern. Luther nannte ihn „Blutsäufer", das Volk 'Il terribile'.* wiki, *weil Julius keinerlei Hemmung hatte, Menschen zu töten, und keine Gnade kannte.*

Was für eine Willkür! Was für eine Benutzung der Gläubigen, die durch Knebelung oder gar Verbot existentieller Gefühle bei der Stange gehalten wurden. Jeder kann in der Papstgeschichte nachlesen, wie viel Päpste durch ihr Sexualverhalten nicht nur den Widersinn katholischen Unzucht-Denkens bewiesen haben sondern auch nachhaltige Machtgier mit schrecklichen Folgen für die Schwachen; nicht dabei gewesen, aber überzeugt – wie ehemals von der Scheibe (logisch – ohne Weltraumkapseln).

VERTRAUENSWÜRDIGKEIT DURCHLÖCHERT

Päpstliche Kompetenz mindestens 15 Mal völlig aus der Art geschlagen, historisch belegt. 15 Miespäpste voller 'Wurzelsünden' (Mord, Meineid, Tempelschändung, Blutschande) - von kleinen menschlichen Verfehlungen anderer Päpste mal abgesehen. Ja, 15 Luschen von 264 (ohne Gegenpäpste) insgesamt scheint über 2000 Jahre hinweg durchaus vertretbar. 15 von 264 sind noch nicht mal sechs Prozent Ausschuss – das scheint wirklich nicht viel, lässt aber das Vertrauen in eine Institution doch sehr wackeln, die für den Aufbau von Vertrauen in ein sinnvolles soziales Verhalten (Moral) verantwortlich zeichnet; ohnedies begründet auf einem aus heutiger Sicht fragwürdigen Glauben an die große Allmacht, zumal aus dieser Institution heraus die 'Unfehlbarkeit des Papstes in Glaubensfragen' erst 1870 n. Ch. konstruiert wurde. Weder Jesus noch Petrus haben das in die Wege geleitet. Auch das Gewaltdenken nicht (Kreuzzüge, die Machtgier von Päpsten, die auch vor Auftragsmord und Kriegs-Schlachten nicht zurückschreckten, das Sittlichkeits-Denken jener Zeit, das ohnedies erst durch Urban VI. (*(1378–1389)* nachhaltig im Katholizismus durchgesetzt wurde, zum finanziellen Vorteil jenes Papstes, von dem es heißt: ...Die Leichen von zwei Kardinälen ließ dieser Henkerspapst im Öfen austrocknen und dann zu Staub zerstoßen... Liste der Päpste) usw.. Dazu diese ganze Entwicklung jener Denkstruktur vor dem Hintergrund der Erkenntnis des überholten ptolemäischen Weltbildes, z.B die schleppende, sehr späte Anerkennung der Leistung von Kopernikus und Zeitgenossen.

Also, Erhabener (man kann gar nicht oft genug danach fragen): Was, wenn ... Was, wenn Mose am Berg Sinai real gar keine Stimme gehört, sondern aus seiner Verantwortung für das riesige Heer der Israeliten heraus nur mal so in der Einsamkeit des Gipfels paar vernünftige Regeln ausgetüftelt hat: die allseits bekannten zehn Stück, Herr, die von irgendwem zu Geboten gemacht wurden. Und was, wenn der Zimmermanns-Sohn Jesus schon damals erkannt hat, dass ein Übereinander immer Unfrieden bedeutet; du verstehst, ein sozial durchaus weitblickender Mann, aber eben nicht der Sohn Gottes, oder? Oder was, wenn der Fischer Petrus das Miteinander als Basis der Friedfertigkeit von Jesus voller Überzeugung übernommen und weiter getragen hat: Du erinnerst dich doch „Du bist der Fels ..."

Was, wenn diverse Nachfolger dieses Fischers das Übereinander voller Arroganz ihrer Macht gezielt gelebt und gelehrt haben? Korrupte, machtgeile Päpste, alles andere als Seelsorger, Erhabener, vergessen? Vetterleswirtschaft, Brutalität, Gier (ob sie Clemens oder Julius hießen und römische Ziffern hinterm Namen platzierten.

Na, hahm se etwa nich mit ihre Süchte de Natur vonne Mitbüjer jrau-
samst vawundet? Rücksichtslos. Im Namen det jroßen Herrn Macht-
missbrauch, ungezählte Menschen geschädigt (soziale Ansteckung).
Haben jene Kirchenfürsten von SÜNDE nichts gewusst oder wollten
sie nichts wissen? Oder war ihnen voll bewusst, dass es 'Himmel und
Hölle' nicht erst im Jenseits gibt und sie sich deshalb schon im dies-
seits ein Paradies zu schaffen suchten mit Mätressen, Machtspielen
und Besitzgier.

Was, wenn das (erst oder schon?) rund zweitausend Jahre alte
Machtgebaren des Vatikan das Fundament für das kranke
Übereinander fördernde Machtverhalten des Kapitalismus ist?
Hierarchie muss erhalten bleiben. Oder überhaupt: Was, wenn all
die Schreiberlinge der christlichen Geschichte sich ohne gesicher-
te Quellen so ihre Gedanken gemacht und aufgeschrieben haben,
so wie z.B. u.a. die Borgia, die damals schon einen sehr gezielten
Info-Service boten. Was also, wenn das ganze vatikanische Denk-
gebäude auf Sand gebaut ist und deshalb so allmählich dieses
Bauwerk – auch durch naturwissenschaftliche Erkenntnisse ins
Wanken kommt (Molekular-Biologie, Neurophysiologie mit Teil-
bereich Elektrophysiologie).

Oder auch - aber ja doch - was, wenn die Phantasie von Lustempf-
finden tatsächlich schon die Trennung von Gott alias der Liebe bedeutet? *Wat nu ma eene absondaliche 'Liebe' wär un wat ehmt ee-*
nem absondalichen Jott entspräche. Denn: Außerehelich kopulieren
oder uff Menschen ballern, Erhabener, wat treibt mir wohl in Echt
von Liebe weg? Na, Macht villeicht – nüscht anders, wa!

Wird hier – aus welchen Gründen auch immer – Wahrheit ausgeklammert? Die Wahrheit einer durchaus gut meinenden, aber rigo-
rosen Macht? Die die Psyche in eigenem Interesse zu manipulieren suchte und immer noch versucht, sie zu manipulieren?

Und   *... wenn det wahr is, bete zu Gott, dass es niemand erfährt ...*

WAT VAWUNDET DE NATUR DENN NU IN ECHT?

Ja, verflixt, ich Piesepampel (wat in Berlin 'n blöda Mensch is), darf ich überhaupt so denken, wie ich denke? Kleen, unbedeutend, villeicht zu doof zum Denken? Und über Lust schon gar nicht, Herr! Insgesamt nicht – außer über z.B. die Lust als 'Lust zum Sterben'! Mensch, mein König, komisch: D<u>et darf ick sojar denken.</u> Logo, nich tun. Det is vaboten. Und da frag ick mir schon wieda, wer wat wann und warum erlauben oder nich erlauben darf. Denn <u>Lust auf Lust</u> det darfste nach Katechismus nich mal <u>denken</u>. Und tun nur dann, wenne dein Ego reprodeßiern wills. Logo, mit Ehe-Zertifikat. Und ick frag mir so mittenmang, warum Schimpansen immer dürfen – ohne Lizenz? Villeicht, weil se keene Psyche hahm? Oder hahm se? So een bissken villeicht? Also nich janz soo uffgebrezelt, wie sich Sapiens dünkt. Na, eher tierisch ehmt hie und da? Primitiv-Verhalten festjefahren? Oder hahm se 'ne Seele jrundsätzlich überhaupt nich? Und vielleicht deshalb auch keenen mit Jottes Vollmachten abjefüllten Papst? Oder haben alle Tier-Primaten doch so was wie Psychen, also seelenmäßig vergleichbar oda soo? – Nu ja, Chef, injebaut bekloppte Denkart. Jotteslästerung! – Denkste doch, Boss, oda!

<u>Ich</u> sehe es jedenfalls nicht so, aber anderes sehe ich ziemlich klar: Kein Mensch der industrialisierten Welt, nicht mal ein Oberhirte käme doch auf die Idee, z.B. eine Grippe-Erkrankung als sündig zu verteufeln. Schon der Gedanke allein, Mann o Mann, wie absurd! Folglich würde auch keiner der Genannten einen Geisterbeschwörer, Medizinmann usw. bemühen, um die oft unfreiwillig eingefangene Erkrankung zu heilen. Logisch, eben weil jeder einigermaßen aufgeklärte Mensch heute weiß, was bei Krankheit im Organismus sein Unwesen treibt und dass der Organismus, unterstützt von Medizin, selbst

mit den Erregern fertig werden muss. Warum nur findet diese seit langem weit verbreitete und akzeptierte Logik keine allgemeine Akzeptanz in Bezug auf die Psyche, in die ebenfalls 'Erreger' – wenn auch auf völlig andere Art – eindringen können, also im Hirn ihr Unwesen treiben. Du weißt doch: z.B. zu wenig Verstand, zu wenig Empathie, aber voll Überzeugung, christlich zu handeln. Haben denn unsoziale Hirne tatsächlich ein Loch im Frontallappen wie jener Gage, dem eine Eisenstange sein soziales Gemüt in ein Macho-Hirn verwandelt hat (USA, 1848 – 1861). Ich meine, wer ist das denn, der da glaubt, erlauben und verbieten und bestimmen zu dürfen, was sündig ist? Der Katechismus, klar. Schwarz auf Weiß, z.B. mit der Suggestiv-Antwort auf die Frage:

> **369 Gibt es Handlungen, die immer unerlaubt sind?**
> *Es gibt Handlungen, die zu wählen wegen ihres Objektes (zum Beispiel Gotteslästerung, Mord, Ehebruch) immer unerlaubt sind. Ein solcher Entschluss bedingt schon eine Ungeordnetheit des Willens, das heißt etwas sittlich Schlechtes, das nicht mit dem Verweis auf Güter, die eventuell daraus entstehen könnten, gerechtfertigt werden kann.*

Grundsätzlich unerlaubte Handlungen also: Gotteslästerung, Mord, Ehebruch – in dieser Reihenfolge, mein Herr. Mag okay sein. Und natürlich die Erwähnung von materiellen Werten auch. Jedoch, Erhabener, ob eine ...Ungeordnetheit des Willens... *das Bisschen ist, mit dem ein Normalmensch und sein Wille wirklich was anfangen können, ick weeß et nich, Herr, und denke, wenn'et nu mal jefunkt hat, bei unerlaubte Bett-Lust, wat hält mir da uff'n Stühleken: irgend so ein Ordnungsmuster im Hirn sicherlich nicht? Denn, wenn du mal nachdenkst, die Geordnetheit des Willens zum <u>erlaubten</u> Beischlaf kann* ...die Natur des Menschen ebenfalls verwunden..., *Mann! Und dat herzlos brutal. Also trotz Ehe vaduftet uff diese Art jnadenlos de siemte*

Hümmel, wat de Liebe alias Gott is. Haste villeicht übersehen uff dein hohet Ross von de Keuschheit? Hie Vergewaltigung des Ehepartners, dort 'unerlaubter' Geschlechtsakt, aber voller Zärtlichkeit: Wat vawundet denn nu in echt? Doch det allet nur mal so nebenbei, mein Kaiser, König und Herrscher über Geld und Geist, wa! Denn weitaus fataler mein suchendes, durch den Katechismus verunsichertes Gemüt: Wo finde ich unter unerlaubten Handlungen etwas über die Ermordung von Seelen? – Na ja! Vastehste, Seele! Höchstet Gut! – Ooh! Hoppla! Nu Oojenblick mal – villeicht een bisschen verkrümmelt unter KKK Hauptsünden:

> **KKK 492**
> *Hauptsünden gegen die Keuschheit sind Sünden, ...die entsprechend der jeweiligen Natur des Gegenstandes schwer gegen die Keuschheit verstoßen: Ehebruch, Selbstbefriedigung, Unzucht, Pornographie, Prostitution, Vergewaltigung, homosexuelle Handlungen. Diese Sünden sind Ausdruck des Lasters der Unkeuschheit ...*

Aha! – Ähm, hm, wie, und? Ähm – also erstmal Pause, jroßer Mann – obwohl dieser Lehrsatz noch nicht vollständig ist. Pause. Denn für das, was noch folgt, muss sich jeder besonders wappnen. Geistig! Volle Konzentration, klar, uff Sündigkeit, die ...Ausdruck des Lasters der Unkeuschheit ... *is. Denn* ...wenn diese Sünden ... *doch lesen wir im Originaltext weiter:*

> *... wenn sie an Minderjährigen begangen werden, wiegen solche Handlungen noch schwerer, weil sie gegen deren physische und moralische Unversehrtheit verstoßen.*

Oh, meen liebes Gottchen, wen vajraulste da wohl schändlich! Det nu nimmt ma jedenfalls, vadammt nochmal, de Luft zum Atem: Sexuelle Handlungen an Kindern nur <u>deshalb sündig</u>, weil solche Akte gegen deren <u>physische</u> und moralische Unversehrtheit verstoßen?

Und die Psyche? Die Psyche des missbrauchten Kindes – selbst wenn die 'Geistseele' etwas anderes als die Psyche sein sollte - wo bleibt Psyche in einer Glaubenslehre einer Weltreligion des Jahres 2005?

Trennung von Gott ist gemäß den Autoren dieser derzeitigen Glaubenslehre also ein größeres Übel als die geschädigte Psyche eines betroffenen Kindes? Das kann nicht sein angesichts hirnphysiologischer Erkenntnisse. Es ist schlicht widersinnig, falsch. Und böse! Und wo bleibt da

> *... das Gewissen, das im Innersten des Menschen wirkt, [...] und gebietet, das Gute zu tun und das Böse zu unterlassen ...*

Und wenn darüber hinaus katholische Sittenlehrer Sündhaftigkeit mehr im erotischen Bereich als im psychischen ansiedeln, findet das nur eine Antwort, die der interessierte Leser, falls er diese Antwort wirklich noch nicht kennen sollte, selbst den katechetischen Texten des Jahres 2005 entnehmen kann.

Im Jahr 2010 outen sich zunächst über hundert missbrauchte Schüler von Jesuitenschulen. (Und dann immer mehr aus allen Ecken heraus). *Verstöße gegen physische und moralische Unversehrtheit, oder wie oder was? Und die Psyche?* Da ich als Schüler innerhalb von fünf Jahren zwei Klosterschulen kennen gelernt habe, muss ich allerdings dem, was von den Medien über Internate 2010 Verbreitung fand, etwas Wichtiges entgegensetzen: Solche Entgleisungen habe ich in 'meinen' beiden Klöstern nicht kennen gelernt. In keiner Weise. Deshalb bin ich auch ein wenig über einen TV-Beitrag eines seriösen Senders gestolpert. Ein 'Opfer' berichtet, dass zu seiner Zeit Schüler nackt im Garten mit dem Schlauch abgespritzt wurden – vorgeblich im Sinn einer Abhärtung.

An der Aussage des Opfers habe ich zwar keine Zweifel. Die Art der Dokumentation macht mich allerdings nachdenklich. Die Fragen nach Einzelheiten des sexuellen Missbrauchs wurden fast ausschließlich mit den angeblichen Abhärtungsmaßnahmen beantwortet. Was die wirkliche Motivation der Erzieher war – Abhärtung oder subtile Lustgefühle - nichts (ist auch kaum festzustellen). Es blieb folglich den Zuschauern das Gefühl des Missbrauchs von Schülern mittels Nacktheit. Es hätte jedoch nachgefragt werden müssen, ob die Schüler partout nicht wollten, also rücksichtslos oder auch nur über subtilen Druck zur scheinbaren 'Abhärtungsprozedur' gezwungen wurden; wie in einem anderen Fall, wo Opfer sich gegen Fotografieren, ohne Repressalien zu fürchten, nicht hätten wehren können. Immerhin haben wir uns als Pfadfinder auch schon mal nach einer Nacht im Zelt gemeinsam im See nackt gewaschen - mit einem Mordsspaß. Niemand hätte das Sippen- und Stammesführern als Missbrauch ausgelegt. Denn nicht Nacktheit (Organisches), sondern der Zwang (Psychisches) bleibt als Traumata und Last an Opfern hängen. Der psychische Druck und die Folgen solchen Machtverhaltens blieben jedoch in jener Sendung unerwähnt, obwohl die Verletzung der Psyche nun mal die größere Sünde ist. Nein, falsch: ein wirklich übles, eines der schlimmsten Vergehen. Denn nach dem Hirnphysiologen und Bewustseinsforscher Damasio ('Ich fühle, also bin ich') ist der Organismus *untrennbar mit dem Geist eines Menschen verbunden...* Wenn ich mich schlecht fühle, bin ich nicht nur gefühlsmäßig beeinträchtigt, vergleichsweise 'wertlos', sondern auch der Organismus leidet. Dazu kommt, dass ich als 'sich wertlos Fühlender' den Wert anderer Menschen selten zutreffend einschätze. Also muss ich primär die Psyche schützen. - Logisch, oder nicht?

> **Katholische Klinik weist Vergewaltigungsopfer ab**, Februar 2013
> Was passiert mit der Psyche, wenn ein Mensch in existentieller Not abgewiesen wird - und das wegen einer längst 'überholt sittlichen' Anordnung, - die dann plötzlich geändert wird (durch Kardinal Meissner). Wer ist Verursacher dieses vermeidbaren menschlichen Leids?

Immerhin wenige Wochen nach dem Outen vieler Missbrauchsopfer der <u>Aufschrei der Gläubigen</u> und schließlich auch etlicher

Oberhirten: Die Verletzung der Seelen war – zumindest in Teilen - endlich angekommen – in oberhirtlichen Hirnen. Beim damaligen obersten Oberhirten äußerte sich das 2010 allerdings erst ansatzweise. Und im Katechismus indes weiterhin das Ignorieren der Verwundung der Psyche betroffener Minderjähriger. Warum?

Wie verträgt sich das mit dem Gewissen:

> **KKK 372:** *Das Gewissen, das im Innersten des Menschen wirkt, ist ein Urteil der Vernunft, das ihm zum gegebenen Zeitpunkt gebietet, das Gute zu tun und das Böse zu unterlassen ...*

Wie mit der Liebe?

> **KKK 404:** *... Die Liebe, die gerechtes Handeln verlangt und ermöglicht, ist das größte soziale Gebot.*

Wie mit der Wahrheit

> Zitat **DEUS CARITAS EST**: *[...] ... Jeder findet sein Glück, indem er in den Plan einwilligt, den Gott für ihn hat, um ihn vollkommen zu verwirklichen: In diesem Plan findet er nämlich seine Wahrheit, und indem er dieser Wahrheit zustimmt, wird er frei (vgl. Joh 8, 32) ...*

Wie mit der Sünde?

> **KKK 392:** *... Sünde verwundet die Natur des Menschen und beeinträchtigt das menschliche Zusammenleben ...*

Wie mit der Macht?

> **WEBER** *...Macht ist, jede Chance innerhalb einer sozialen Beziehung den eigenen Willen auch gegen Widerstreben durchzusetzen ...*

Bin ick villeicht deshalb von'n andern Stern, weil ick Nacktheit weniger sündig finde als den Machtmissbrauch diverser Oberhirten? Un det, weil se mir klösterlich verßogen habm? Oda villeicht jrad des-halb? Also det, wo meene Libido is, kannste nich nu ma so dran rummachen, ooch wenne Wasserträger von det Katholizismus bis, wat nu ma de Christianisierung benutzt für Knechte produßiern. Vaßogen ßu'n unnatürlichen Vahalten, wa! Wat de Basis von dies Buch hier is, wo ick mir natürlemang wünsche, det et ooch funktioniert. Aba ooch eene Denke, wat in viele Köppe natürlich nicht so furlifuzz Einjang findet. Jerade deshalb frag ik mir, ob es normal oder bescheuert is, wenn einem unverzichtbaren Vorgang das Kainmal des Sündigen uff-jestempelt wird; un det, wat Menschen in echt krank macht – Gewalt – naturjejeben sein soll.

> *Die Dichter* (in dem Fall Jean Giraudoux gemeint) *dürfen seit jeher genauestens beschreiben und auf der Bühne zeigen, wie ein Mord geschieht, wie das Elend, wie die äußere Qual und Quälerei zustande kommen und aussehen. Damit sind die Leser, die Zuschauer und die Gesetzgeber des guten Geschmacks völlig einverstanden. Jedoch die tausend Schleier vom fröhlichen Geheimnis der Liebe und der Erotik bis auf den vorletzten oder allerletzten abzustreifen, das gilt als literarische Todsünde.* (Erich Kästner im Zusammenhang mit einer Theater-Rezension, 1946, gesammelte Schriften, Band 8, Droemer Knaur)

Epigentisch verankerter Blödsinn also? Oder warum macht die Menschheit das? Oder ist es gar nicht die Menschheit? Wer ist es dann, wer bestimmt, dass es so läuft? Und warum? - Weil Hierarchie erhalten bleiben muss? Der Vatikan lebt das Übereinander immerhin beispielhaft vor. Warum konnten sich Renaissance-Päpste über Gesetzlichkeiten rücksichtslos hinwegsetzen? Warum konnte die Denkart eines Machiavelli so widerspruchslos verdreht werden: Legitimation der Macht – obwohl nur Analyse.

Ich frage ja nur. - Aber vielleicht liege ich mit meiner Auffassung und Bewertung katechetisch sittlicher Vorgaben völlig daneben, mag sogar sein, krankhaft daneben.

SIE hatte in X kaum, nein, eigentlich keine Chancen gehabt. Und jetzt war SIE daheim, bei uns, unter IHREN Lieben. Und dennoch schienen ihre Chancen gleich Null. Abermals runtergebügelt von einer dämlichen, vielleicht auch nur unüberlegten Arztentscheidung. Verfluchte Halbierung der Therapie! SIE war psychisch ohnedies schwach oder fühlte sich zu schwach in der seelenlosen Welt. IHRE Seele wollte danach einfach nicht mehr. „Hättet ihr mich doch sterben lassen ...“

X.

WARTESCHLEIFE MACHTMISSBRAUCH

Wenn wir doch nur Mücken wären
Ein Rentner weniger
Das wäre es gewesen
Frau Doktor mit ausgezeichnetem Ruf
Eiertanz im Vatikan
Im Häcksler – seit der Halbierung
Mensch, Frust, mach dich vom Acker!
Lass dir doch helfen
Tief im Loch und keine Leiter
Sie krabbelt mühsam, aber krabbelt
Endlich 'ha, ha' - und dann 'o Scheisse'!
Oktober bohrte Loch ins Hirn

'Empfindungen bilden die Grundlage dessen,
was die Menschen seit Jahrtausenden
als Seele bezeichnen' Damasio

WENN WIR DOCH NUR MÜCKEN WÄREN

Wir kleenen Scheißer Mücken: Wie wundaba det wär für Obahirtn und Konsorten, wa! Denn wenn wir Normalos wirklich hirnlose Viecher wären, Erhabener, hätten du und deinesgleichen es jedenfalls noch een bisskn leichta, uns Knechte ooch det letzte Hemde zu beschneiden. Einjebildete, Seelen verachtende Minderheit! Fadammt komische Wesen uff zwee Beene ehmt, die wo ßoziale Intelligenz wohl jar nich habm – ejal, ob viel Penunsen oder wenig in Beutel: Hundekot-Sünder, Drängler, Kinderschänder, Ausbeuter ehmt, ejal welcher Stufe, Terroristen, Killer und all deren Wasserträger usw.. De janze Mischpoke ehmt. – Zu dumm aba ooch, wa, det mit Psyche. Psyche macht euch det Lebm richtig saua. Dazu die vermaledeite Scheiße mit der popligen Verwandtschaft von det Psyche: Seele, Würde, Innenleben, Empfinden usw.. (Ähm, und det Jelaba erst aus meen Maul.) – Aba villeicht ooch Jewissen, wat da in mich rumpumpelt? Warum, Erhabener, warum haben Typen – und das kraft einer fraglich eingesetzten Hierarchie – zu entscheiden, was der Psyche nützlich ist und was nicht. Also was sittlich ist und was nicht? Warum dürfen Politiker ohne Scheu behaupten, es sei sozial ausgewogen, wenn die Reichen geschont und die Armen belastet werden? Warum dürfen sie ungestraft der Meinung sein, dass dem Armen Armut zusteht und dem Reichen Reichtum (Sparpaket 2010, atemberaubende Geistes–Leistung via Macht!) Jewiss nich unvablümt daher jeraspelt, nee, so bescheuert sind se nich, die Pseudogenies. Doch die

Denke hinter det Denken, fastehste, pfui! Soziale Eiseskälte, aba pfiffig. Und von wie viele Typen so ne Denke? Wat meenste, Herr? Alle? Oda fifty fifty? Scheiß Macht! – Een andres Bewusstsein ehmt wäre schon scheen! – Okay, abjemagerter Missbrauch von Macht gleich halbet Paradies, du lieber Hümmel, Patentrezept, nee! Sicher aber wären ungezählte missbrauchte Kinder nicht noch zusätzlich von Bürokraten jrausam jequält worden, wa! Ja, ja, großer Herr, und sogar – wie viele über lange Zeit glaubten – 'rechtmäßig' gequält.

Schande, wie man mit älteren Menschen in dieser Republik umgeht. Und nicht etwa, weil Helfer böse alias *concupiscent* sind, sondern ein falsches, latend sich steigerndes Bewusstsein aufbaut: z.B. politisch aufgebauschter Generationen-Konflikt. Oder gehen etliche Jüngere, denen nicht bewusst ist, dass es zwischen Wissen und Erfahrung einen Unterschied gibt, mit voller Absicht auf Distanz zu Älteren? Oder dahinter vielleicht Manipulation überheblicher Elnieten? Das Ummünzen auch akademischer Überheblichkeit in Respektlosigkeit zeugt jedenfalls eher von sozialer Blindheit als von rationaler Intelligenz.

EIN RENTNER WENIGER – DAS WÄRE ES GEWESEN

Peng! Du gutes Herz, du bist noch zu gesund. Okay, du hattest einen Infarkt, du liebes Nichtraucherherz. Du, das kaum Alkohol zu spüren bekommt oder Völlerei, den fetten Fraß der Unmäßigkeit. Nein, nur ein wenig Aufregung, Sorgen, die Last des geliebten Kranken haben dich angeschossen. Mehr nicht. Selber Schuld, du unfähiger Schmied deines Glückes!

Doch bedauerlicher Weise hat das System nicht gut genug gezielt und genau genug geschossen. Denn zu blöd aber auch, dass du rechtzeitig unterm Messer warst. Ein Rentner weniger – das wäre es gewesen. Das spart Geld. Und Beerdigungskosten, die sind nun mal aus der Privatschatulle zu begleichen.

Deshalb stehst du im Grund zum Abschuss frei. Peng, peng, du liebe Seele! Hinweg aus der Welt der falschen Verteilung, des geilen Profits. Hinweg mit dir, du nutzloses Etwas! *(Peinlich? Lachhaft meine Denke? Schräge Belustigung? – Oder Zynismus pur, was glaubst du, Herr?) Ich bitte um Verzeihung. Doch wie soll man es anders interpretieren, wenn in der effektivsten Heilungsphase die Therapie von einem Tag auf den anderen halbiert wird, obwohl der Patient ein Leben lang seinen Obulus zuverlässig den Sozial- und Krankenkassen zugeführt hat. Nein, keine Bange! Deine Medikamente bekommst du weiter, liebes Herz. Damit es dir aber nicht zu gut geht, muss die Seele, für die du Blut mit Sauerstoff fleißig in die Hirnregionen pumpst – sonst kannst du bekannter Weise nicht gedeihen – öfter mal einen auf die Rübe kriegen. Schließlich benötigt unser Gesundheitssystem kranke Menschen, um zu bestehen. – Widersinnig oder geschäftstüchtig?*

> Damasio: 'Die physiologischen Operationen, die wir Geist nennen, entstammen der Gesamtheit der strukturellen und funktionellen Organisation und <u>nicht</u> dem Gehirn allein. [...] Ich habe bei der Untersuchung von Gedächtnis-, Sprach- und Denkstörungen zahlreicher hirngeschädigter Personen die feste Überzeugung gewonnen, das geistige Aktivität in ihren einfachsten und höchsten Ausprägungen nicht nur auf das Gehirn, sondern auch auf den restlichen Körper angewiesen ist. Descartes Irrtum, s. 18

Leben formt das Hirn.

Ein Ehepaar: die Frau, eine lebensgefährliche Hirnblutung mit halbseitiger Lähmung hinter sich und ein halbes Jahr mühevolle Arbeit der Rehabilitation. Aber Rehabilitation genau in der Phase halbiert, in der die Patientin nach monatelanger Hilflosigkeit – kein Toilettengang ohne Hilfe möglich – wieder selbständiger zu werden beginnt. Abgesehen von der ohnedies hohen Belastung des privaten Budgets: und nicht nur Zuzahlungen (Medikamente, Heil- und Hilfsmittel). Krankheit kostet Geld: Zuzahlung Rollstuhl über 9 000.- €, Zuzahlung Treppenlift 7 000,- Fahrzeuge mussten mit hohem Verlust verkauft, ein geeignetes angeschafft werden. Mühsam erwirtschaftete (nicht etwa ergaunerte Boni) Ersparnisse verdampfen. Und bitte nicht übersehen, dass die ambulante Reha in vier Monaten mehr vollbracht hat als drei Monate renommierter Reha-Klinik. Und Klinikkosten weitaus höher als die Kosten für die ambulante Versorgung.

> ... Unser Gesundheitssystem denkt immer in einzelnen Säulen. Damit verschieben die Verantwortlichen Kosten zur anderen Säule - immer zu Lasten der Menschen. Es wird zu wenig betrachtet, was gesamtgesellschaftlich kostengünstiger ist. Manches, was in der Krankenversicherung bezahlt werden könnte, aber abgelehnt wird, produziert später massive Kosten in der Pflegeversicherung. Für die Versicherungsnehmer ist das teuer. Gesundheitsministerin Barbara Steffens, 2012

Ein politischer oder 'nur' ein wirtschaftlicher Skandal?

Was passt da nicht zusammen? Wird auf diese Weise nicht durch politische Kurzsichtigkeit und vielleicht Verschleierung ein mögliches Siechtum in Kauf genommen, so etwas wie subtile Euthanasie? Oder wollen oder können die Verantwortlichen – zumal sie nicht leicht fassbar sind – nicht begreifen, was letztlich wirtschaftlich ist. Wie viel Zeit brauchte Elite z.B., um zu erkennen, dass Planungs-Kosten für ein Projekt wie Stuttgart 21 z.B. niemals gehalten werden können. Warum 2013 der Jammer um 2 Mia mehr? Und Flughafen Berlin? Oder das 'juristische-Platz-Theater' für NSU. Schwachsinn von Eliten, Politikern oder Lobbyistenhörigkeit? Verantwortungsloses Machtgebahren contra Grundgesetz, Menschenrechte, Humanität – Rentabilität statt Humanität! Krankheit total Nebensache. Und Glückschmiede-Glaube.

Rund 4000 Köpfe dominieren etwa 80 Mio Bürger. Und es sind nicht immer Lichtgestalten, die da oben vor sozialer Verantwortung überschäumen. Dahinter ein fatales Netzwerk, das zu oft positive Ansätze negativ durchwirkt: jahrelang freie Fahrt für Rechtsextremismus, für Finanzjongleure, Spekulanten, Ausbeuter, Heuschrecken ... gestern kam da keiner - Blindheit des Denkens in höchster Potenz ...

DAUMENSCHRAUBEN-KLAMAUK

Wer arm ist, scheint zum Ducken geboren. Und wer außerdem krank ist, ist nicht nur vom Schicksal gedeckt: Und das ist fast wie Warten auf den Tod. Klingt zwar nach Guillotine: Resigniert. Verbittert. Endgültig. Wer jedoch die Bedeutung der Psyche begreift, weiß um den Wert dieser Erkenntnis. Der Biochemiker Frederic Vester hat schon 1976 in seinem Buch *Phänomen Stress,* dva, festgestellt, dass der *'ehemalig nützliche Verteidigungs-Mechanismus'* STRESS einerseits nützt, andererseits *'zum Ausgangspunkt vieler Zivilisationskrankheiten entartet'* ist.

Der Knüppel ärztlich destruktiver Macht bedeutet Stress. Halbe Therapie par ärztliche ordre du mufti ist ausgesprochen kriminell: *Mensch im Mittelpunkt?*

Logisch: Rücksprache mit jener Hausärztin. Und am 8. Juni 2006, abends 20:40 die telefonisch ärztliche Nachricht, dass es bei der Halbierung bleiben muss, sonst müssten andere Patienten weniger bekommen. Ohnedies sei ein Fortschritt zu verzeichnen. Und außerdem sei die bisherige Heilmittelverordnung eine Sonderregelung gewesen. - Also eine ärztliche Gnade? - Oder Zynismus pur? Ob Frau Doktor klar ist, was sie da von sich gegeben hat? Merkwürdiges Verhalten eines Menschen, der sich verpflichtet hat, Menschen zu helfen! Und der von dieser Hilfe ganz gut leben kann.

Klar, der Ärztin läuft das Wasser fast aus dem Hirn. So leid tut ihr diese Entscheidung.

SIE, meine Liebste darf nicht weinen, soll es ausbaden, soll es schlucken. *Ich* darf nicht weinen, muss nur die fehlenden unverzichtbaren Anwendungen irgendwie bezahlen und wollte eigentlich aufstocken. Denn keine Frage: Die Therapie muss privat weitergeführt werden – eine trotz Jahrzehnte langer Beiträge in die Sozialkasse zusätzliche Belastung des überforderten privaten Budgets (und keine Boni trotz Leistung).

Was jedoch unvergleichlich schwerer wiegt: die zusätzliche seeli-

214

sche Belastung – vor allem für SIE: 'Was bin ich der Ärztin wert?' Das ist das wahre Desaster dieser inhumanen grausamen Entscheidung, was uns um Jahre zurückgeworfen hat. Okay, Stress, weil dich ein Brett zu erschlagen droht, du aber noch wegspringen kannst, okay: nützlicher, 'gesunder' Stress. Doch kann deine Psyche wegspringen? Nur mal so aus einer Ohnmacht rasch heraus kullern? Glückschmiede pur? - Desaster also auch für mich, den Herzpatienten; der - Dank des Angebotes IHRER Tante – auf privater Basis zusätzliche Physiotherapie eingeschaltet hatte, die wieder verloren ging.

Auszug aus einem mir aufgezwungenen Schreiben vom Juli 2006 an die damalig verantwortliche Hausärztin:

```
xxx, 2006
Sehr geehrte Frau Dr.  ...
Sie haben einen ausgezeichneten Ruf als verant-
wortungsbewusste Ärztin. Und Sie haben - obwohl
Sie wussten, dass meine Frau Schlaganfallpatien-
tin ist - im Februar d.J. die hausärztliche Ver-
sorgung übernommen und sich bisher in vorbildli-
cher Weise um meine Frau bemüht.
Dafür bin ich Ihnen sehr dankbar.
Bei allem Respekt vor dieser Leistung - einen
Vorwurf kann ich Ihnen dennoch nicht ersparen:
Nach meinen bisherigen Recherchen hat der Arzt
die alleinige Entscheidungsgewalt über Art und
Menge von Heilmaßnahmen; das heißt: Keine Kasse
kann dem Arzt vorschreiben, was er und in wel-
cher Menge er es verordnet (wenn auch mit der
gesetzlichen Maßgabe, dass bei Überschreitung
des Budgets der Arzt die Verordnung als notwen-
dig rechtfertigen muss).
Deshalb verstehe ich nicht, dass Sie die Anwen-
dungen halbiert haben, kraft Ihrer Entschei-
dungsgewalt als behandelnde Ärztin, und das ohne
Rücksprache und ohne Hinweis an uns - an die Pa-
tientin oder mich - und mir damit keine Möglich-
keit gegeben haben, meine Sicht der Dinge aus-
reichend darzulegen (und dass Sie nicht nur mei-
ner Frau, sondern auch auf mich als Herzpatient
und die ohnedies kaum zu ertragende psychische
Last noch ein verflixt schweres Paket drauf ge-
```

sattelt und damit eine schwere Krise ausgelöst haben. Und das in einer Phase, da Schulter- und Rückenschmerzen bei der Ihnen anvertrauten Patientin zusätzlich auftraten.

Das ist nicht zu verantworten, weil es inhuman ist, moralisch also nicht zulässig, aber auch rechtlich höchst bedenklich, wenn ein Urteil des Bundes-Verfassungsgerichtes Karlsruhe (Urteil vom 6. Dezember 2005 (1 BvR 347/98) nicht nur auf dem Papier Geltung hat.

Hinzu kommt die Tatsache, dass in anderen Regierungsbezirken es eindeutige – und humane - Abmachungen gibt, die eine solche Entscheidung ad absurdum führen; Abmachungen, die leider im Bereich der KV ... noch nicht wirksam sind.

Bedenken Sie bitte: Wo der Arzt als alleiniger Entscheidungsträger gegen den Patienten entscheidet, ist Vertrauen nicht mehr möglich. Der Patient muss sich darauf verlassen können, dass er das, was er zur Gesundung benötigt, auch erhält, gleich, ob eine kurzsichtige unwirtschaftliche und letztlich schwammige Politik der eigentliche Sündenbock ist. Ethisch kann ich diese Entscheidung leider nicht nachvollziehen.

Gez.: Ehepartner

Eine Antwort auf diesen Brief gibt es nicht. Zu keiner Zeit. Das heißt: Jahre später eine zufällige, aber stumme Begegnung und verschämter Blick der Ärztin. Ansonsten Totschweigen. Aussitzen: bürokratische – und politische Realität. Üblich. Sitte.

Okay, Herr Erhabener, Reha futsch, weil Klinikverwaltung Scheiße – na ja, hm! Is passiert. Aba dazu ooch Therapie üba Jordan - nee, fahr zur Hölle, Politik, und komm nie wieder! Een Tag Klinik 127.- € (üba Daumen Stand 2005). Un eenmal Therapie 27.- Mäuse. Ooch üba Daumen. Hundert pro Tag jespart. Aba ooch det jenügt imma noch nich de Elniete. Nee, imma druff uff'n Buckel von de Schwachen. Selba schuld, wenn du een Jebrechen has. De Kasse braucht Kröten und de Dokta ehmt ooch. Un keen von beide kannste richtig am Aasch packen. Un Politik schon jar nich. Und Tomaten uff Oojen is nich straf-

216

fähig. Ob Rentenlüge, TV-Gewalt, Abschiebe-Praxis, Duisburg, Berlin, Stuttgart und, und – und hausjemachter Müll bis unters Dach. Bürokratie, du bis ehmt det Jröste. Klar, Unsinn kostest een bisken wat nebenher. Für nüscht is nich. Aba so is et nu ma, wa: Facharbeiter-Intellejenzler – in unserem Fall ärztliche, jestützt durch politische – hahm nu mal de Macht. Und dass unser Fall kein Einzelfall ist, Herr, sondern Methode hat, weißte ooch. Oder weißt du das nicht und wunderst dich deshalb über das Ausufern der Kosten und das Jammern darüber? Na ja, wundaan, wa? – Üba de Schwachköpfe villeicht, die dat jeduldig ertragen. Un Jammern – nu, man wird doch in einem freiheitlichen System wenigstens noch jammern dürfen. Okay, Patientin benachteiligt. Villeicht Folgeschäden zu hauff. Aber SIE lebt noch. Reicht det nich? Und was die Strafe der Angehörigen für stressige Pflege-Leistung betrifft – ähm, momang, wieso Strafe ...

Gewiss, die folgenden Monate (sogar Jahre) waren ein Auf und Ab für SIE. Für uns. Wie es wohl bei diesem Krankheitsbild üblich ist. Dennoch unter dem Strich eigentlich ein kontinuierlicher seelischer und körperlicher Niedergang. Für Patientin und Betreuer. Für SIE und für mich. Aber Verursacher - Politiker, Ärzte, Pferdefleisch-, Eier-, Wein- oder Immobilien-Betrüger - belangen, oho, nicht akzeptabel. Entscheidungsträger sind Würdenträger. Es sei denn, die Schäden gehen in die Milliarden - etwa zum Nachteil der Staatsgewalt. - Und ich benachteiligt – natürlich nicht, bin doch nur eingesackt wie ein Stück unterspülte Fahrbahn, der dünne Ast in meiner Hand von der Ärztin nur mal so eben gekappt.

Und wen kümmert es. Und wer versteht es?

Nein, Sie, Frau Doktor, werden das nicht verstehen, dass Sie den Schicksalsdruck aufs Unerträgliche gesteigert haben. Sie werden es nicht kapieren, dass die psychische Last auch ohne ihre gnadenlose Entscheidung schon groß genug war: die psychische Last des Wahrnehmens IHRES quälenden Elends der halbseitigen Lähmung, fast 24 Stunden pro Tag. Und dazu das brennende Gefühl in meiner Brust. Wann der nächste Infarkt? Schlaganfall? Schwindendes Vertrauen in Ärzte, Staatsgewalt! Gegenwehr chancenlos. (Zwar ausführliche Reaktion aus dem Bundesgesundheitsministerium nach schriftlicher Beschwerde über diesen Skandal, aber ohne jegliche Wirkung, da Staatsmacht fast immer nur verbal reagiert. Auch später noch ein behördliches/staatliches Versagen mit für die Gesellschaft großer Tragweite. (Davon mehr in Buch III) Staatlich subtil gefördertes Elend mit System.

Zwar stehen hinter Schicksal - Unfall, Schlaganfall, Trunksucht u.ä. - sehr unterschiedliche Biografien, eben weil durch sehr subjektive Gefühlswelten geprägt, doch Duldung und damit Förderung unsozialer, illegaler Verhaltensweisen durch behördlich staatliche Gewalt ist unerträglich und überhaupt nicht mit dem Slogan 'Alles menschlich' zu entschuldigen. Wer Führung übernimmt, übernimmt die Verantwortung und die Pflicht zur Rechenschaft. unbedingt den Menschen gegenüber, die durch Armut, Ausgrenzung, Verachtung gebeutelt, die in seelischen Schleudermaschinen permanent durchgewalkt werden.

Das alles kann ein Arzt nicht nachvollziehen? Beachtenswert!

Einer Probandin im Positronen-Emissions-Tomografen wurden leichte Schmerzen zugefügt und in Abständen angeblich Schmerzmittel dagegen verabreicht, in Wirklichkeit aber Kochsalzlösung. Eine beabsichtigte Täuschung der Probandin und ihres Hirns. Und dennoch konnten die Forscher an den Signalen im Tomografen ablesen, wie sich *körpereigne* Schmerzmittel (Endorphine) an die Rezeptoren im Gehirn banden und dadurch die Schmerzen tatsächlich und zwar messbar – nachließen. Suggestion und die daraus folgende Erwartungshaltung führen nachgewiesen zu einer biochemischen Antwort im Gehirn, 'bewirken also reale Veränderungen im Körper', so der Neurologe Prof. Jon-Kar Zubieta, University of Michigan. Das bedeutet eigentlich auch, dass auch psychologische Signale wie z.B. Zuwendung reale Veränderungen im Körper bewirken, z.B. die Selbstheilungskräfte des Körpers aktivieren kann. Der Italiener Fabrizio Bennedetti konnte ähnliches an Parkinson-Patienten beobachten.

… Die menschliche Vorstellungskraft – so der Turiner Bennedetti – könne im Körper Mechanismen in Gang bringen, die jenen ähneln, die von Arzneimitteln aktiviert werden.

Und wenn es ins Positive wirkt, dann gewiss auch ins Negative. (Somatische Marker). Sind Ohnmachtsgefühle vielleicht die Vorstufe für Depressionen? Kein Ausweg, keine Hilfe. Nach Damasios Signal-Prozess setzen sich vielleicht gestörte Strukturen im Hirn fest, was sich letztlich zur Depression entartet. Vielleicht eine Art Reizlosigkeit, die sich als Muster ins Hirn prägt.

Oder was geht wohl in gemobbten Hirnen und körperlichen Organismen vor? Werden durch Missachtung die Selbstheilungskräfte vielleicht gefördert, oder eher be-, mag sein, sogar verhindert? Also doch Verletzung, oder! Also Gewalt? Placebo oder Nocebo-Effekt (spiegel Nr.26/2007 **Wundermittel im Kopf**) - in der Realität eine subtile Form von Gewalt, kein Zweifel, denn es gibt eine Reihe weiterer fundierter Beweise zu diesem Phänomen.

Ärzte wirken jedenfalls - das weiß die Wissenschaft heute - auf die Neurobiologie der Patienten ein (soziale Ansteckung). Und wer nur ein bisschen was von Abhängigkeitsverhältnissen versteht (Erzieher - Kind, Chef - Mitarbeiter, Arzt - Patient, Kollege - Kollege usw), weiß, wie effektiv Mobben auf die Neurobiologie menschlicher Naturen einwirkt.

Im September schien die inhumane hausärztliche 'Halbierung' wieder überwunden – mit Hilfe von Provisorien. Doch dann der Oktober 2006 …

Unsere Bedürfnisse hat die Hausärztin missachtet. In der Wirkung dem Mobben durchaus vergleichbar, weil wir abhängig waren. Doch, was soll's! Man fühlt sich zwar übel bestraft, der Willkür eines Weißkittels ausgeliefert, die Seele zutiefst getroffen, der Lebensnerv nahezu zerschnitten; wie nackt auf Eis im tiefsten Winter, abgeschrieben in Richtung 'Gottesacker? Neuronale Daumenschrauben usw. - . Mehr aber nicht.

Wir modernen Erdlinge haben's zwar nicht mehr sooo mit der physischen Gewalt, wir praktizieren nur die feine Art: Grüntisch-Entscheidungen, Gutachter-Arroganz, Angst-Erzeugung (siehe Vatikan-Geschichte) usw..

2010 wird öffentlich bemängelt, dass es zu viele Heimabschiebungen von Kindern durch Jugendämter gibt. Die Mitarbeiter wollen nichts falsch machen, verfügen aber über zu wenig oder gar keine Fähigkeiten, die Gemütslagen oder Seelenzustände Betroffener korrekt einzuschätzen; holen sich Gutachten von Gehirnen herein, die mit jener ansteckenden Krankheit behaftet sind: der Anfälligkeit für Geld und Prestige. Und wenn diese Erreger auf Machtgier treffen, wird Wirksamkeit geradezu hochgepuscht. Gutachterarroganz (Gewinninteresse, Interessenverflechtung - ein Heimplatz bringt (2010) etwa 7 000.- € pro Monat, vom Steuerzahler bezahlt) ist subtilster Machtmissbrauch, ein mieses Werkzeug: Tatsachen schaffen, vernebeln, schönrechnen und durchsetzen. Duisburg 2010, Stuttgart 21, Finanzdebakel, verschlafener Rechtsrextremismus usw: augenfällige Muster kurzsichtiger Bürokratie. Und ungezählte versteckte Missbräuche. Logisch, es sind nicht alle Behörden unfähig, kurzsichtig oder rücksichtslos. Und zum Glück nur wenige Ärzte, die es nicht internalisiert alias sozialfähige Muster im Hirn zur Verfügung haben. Aber jeder einzelne Fall ist einer zu viel. Viele Bürokraten kapieren einfach nicht, was den Menschen ausmacht.

Und wir ahnten nicht im geringsten, was uns alles noch bevorstand.

EIERTANZ IM VATIKAN

Man wird angesichts vieler Bürokraten-Leistungen das Gefühl nicht los, dass bewusst manipuliert wird: *festgestellt 70 %*, basta; Oder im religiösen Bereich die schwammige Forderung: ... ist zur Bekehrung der Herzen aufzurufen ... basta; oder nach Kindesmissbrauch durch Priester: *„Auf das Geschwätz nicht hören"*, basta! So jedenfalls die besondere Fähigkeit eines Kardinals im Jahr 2010, ein schwerwiegendes Problem schönzudenken und -zureden. *Det janze Vatikaan is uff alle Fälle een Jeheimnis, dat de nich vastehn kanns, ooch wenn de wills.*

> Das sexuelle Geheimnis – ein religiös gekünsteltes 'Meisterstück der Unterdrückung'. Quelle unbekannt

Was passiert in Köpfen, die Sitten und Moral und Lebenssinn vorplappern, aber nicht vorleben? Was passiert z.B. unter den Priesterröcken, wenn Sittenregeln existentieller Empfindungen von jenen Röcken überheblich und offenbar wenig mühevoll, jedoch widersinnig zu Papier gebracht werden? Vielleicht 'ne Art Orgasmus-Ersatz unter Soutanen? Was passiert bei dem Versuch (immerhin neues Jahrtausend, erste Dekade), zwei unterschiedliche Prozesse, Glauben und Wissen, zu einem zu vermengen. Was für ein Eiertanz in diesen Köpfen, die hoffiert und oft genug zu Heiligen stilisiert wurden und werden. Päpste kriegerisch, aber heilig gesprochen. In den Himmel gehoben: Gebenedeit seist du ...
Schon Kaiser Konstantin der Große ist so ein in den Himmel Gehobener. Angeblich Christ (313 n.Ch: Konstantinische Wende, erlaubtes Christentum im römischen Reich) und deshalb noch heute für 'Gläubige' (jedenfalls für jene ohne Fähigkeit oder Willen zum Nachdenken) ein Vorbild, obgleich nur ein Mensch, der mehr als unchristlich rücksichtslos andere umgebracht hat oder umbringen ließ. Für Kulturhistoriker ein *großer Mann, aber ein rücksichtsloser und unreligiöser Egoist*. Ja, – damals vor fast

zweitausend Jahren. Frühes Mittelalter, klar. Und Jetztzeit: 2010 jene Exkommunikation von Katholiken in Brasilien: Exkommunikation der Opfer, nicht des Täters (gemäß *spiegel-online)*.

Mal naiv dazwischen gefragt:
OB ES WOHL GEISTER GIBT?

Natürlich nicht – nach meiner Überzeugung. Aber es gibt Geist, bzw. etwas, das nicht fassbar ist wie ein Stück Holz oder sichtbar wie eine Blume.
Aus dieser Tatsache heraus entstehen dann im Individuum gestörte Vorstellungen: Schlossgeister, Teufel, Engel usw..
Obwohl Geist zumindest nach meiner Kenntnis und Recherche die Leistung des Gehirns ist (*'...physiologische Operationen, die wir Geist nennen ... Damasio),*
die aus der Gefühlswelt heraus entsteht: Gier, Hass, Liebe, Neid, oder zusammen mit dem Verstand zu Berechnung, Überheblichkeit, Stolz usw. wird.
Die Wurzelsünden im Grund.
Und die stärkste geistige Leistung ist LIEBE.
Achtung: nicht Sex!
Sex ist ein 'greifbares' existentielles Bedürfnis wie Essen und Trinken.
Wer diese Logik sieht, kommt nicht daran vorbei, den Unsinn (das Herum-Eiern) z.B. innerhalb der vatikanischen Sittenlehre zu erkennen und die Folgen.
Oder auch den Hintersinn dieses Teils der Lehre zu durchschauen. Etwa die GEISTSEELE – obwohl der Geist sozialen Denkens und Verhaltens durchaus eine positive Hirnleistung (psychische Leistung) ist und sich deutlich von den unsozialen Gier-Mustern usw. abhebt.
So betrachtet gibt es tatsächlich eine GEISTSEELE als positive Leistung der Psyche, gesteuert von LIEBE alias Gott – ob er nun zu personifizieren ist oder nicht.
Und so gesehen ist jede Art von Gier (Macht, Stolz, Überheblichkeit, der Beste, der Größte usw.) teuflischen Geistes (*... das ist des Teufels).*
Und was macht die industrialisierte Gesellschaft: Sie fördert (normalisiert) das Hoffieren alias das Ducken (*politisch:* Schönreden, Lügen, Intransparenz; *kommerziell:* Werbung, Lügen, Intransparenz; *kirchlich:* kann sich jeder selbst denken).
Und das fördert damit gleichzeitig die Verachtung jener – und zwar pauschal – die, aus welchen Gründen auch immer, 'unten' sind: Alt und doof, Hartz-IV, Kranke, Schwache usw, usw.. *Jeder ist seines Glückes Schmied.*
Wem diese in sich logische Sichtweise gelingt, spürt die Krankheit unseres 'Christlich humanen Gesellschaftsbewusstseins'.

Erhabener, ma logo, da is doch wat total behämmert, oda? Bildung is jewiss een jewisser Schutz vor EINbildung, wa! Doch ob se, de Bildung, ooch vor de Ausübung von psychische Jewalt schützt? Offenbar nich so janz. Fast im Jegentum: Je jebildeter, umso kessa det Durchpauken von eijene Interessen. Ratzfatz üba Kleene wechjebügelt. Logo, nich alle Schpezies: de <u>Jutmütigen</u>: mächtich Unkenntniss oder gar mit Fleiß fehlgeleitet, schwach ehmt, von Glauben durchdrungen, Normalbürger ehmt? Die nich. Aba die <u>Rücksichtslosen</u>: Berechnung, Stärke, dünkt sich A-Klasse, Entscheidungsträger. Schiet machen se zwar alle – aber die einen eher aus Versehen, die anderen aus eiskaltem Kalkühl. Und das ist ja wohl keine Frage: Um eigene Vorteile und Interessen gegenüber wirtschaftlich Schwächeren durchzusetzen, braucht es Überheblichkeit, dazu een Schuss Intelligenz, logisch. Und vor allem Skrupelosigkeit. Normalbürger dürften da weitaus größere Skrupel bei der Durchsetzung haben. Oder nicht?

Zweiklassen-Gesellschaft! Auf der einen Seite Menschen, die über soziale Intelligenz verfügen – unabhängig davon, ob sie viel Geld oder wenig Geld haben. Diese Schicht versucht sich weitgehend menschlich, sozial zu verhalten. Auf der anderen Seite – und die scheint immer größer zu werden – Zweibeiner, denen soziale Intelligenz nur wenig oder gar nicht zur Verfügung steht - unabhängig davon, ob sie viel Geld oder wenig Geld haben: In diese Schicht gehören alle Hundekot-Sünder, Drängler, Kinderschänder, Ausbeuter (ob wirtschaftlich oder politisch) bis zum Terroristen und Killer.

Und Respekt und Empathie schützen vor solchem Missbrauch wohl mehr als das schleimige ...Feingefühl einer Keuschheit..., oder? Kann irgendein und sei es noch so lüsterner, gieriger oder sonst was für ein Blick wirklich mehr verletzen als eine von Machtgier getriebene Einflussnahme?

Und ab wann wird verletzt? Wo greift denn Sexualvergehen zuerst zu: im körperlichen oder im seelischen Bereich, schon rein chronologisch gesehen? Kann z. B. - noch ehe überhaupt Berührung erfolgt, tatsächlich eine Verletzung vorausgegangen sein? Und vielleicht verletzt nonverbales Sexverhalten (falls das Sünde ist?) erst dann, wenn das Opfer besonders empfindlich, empfänglich, weil verklemmt ist? Wer weiß! Bei normaler Einschätzung sexueller Vorgänge - z.B. bei entsprechender Resilienz diesbezüglich - kann es mir doch egal sein, ob einer lüstern schaut oder nicht. Mich rührt es doch auch nicht, wenn einer lüstern auf Auto, Geldbeutel, Haus blickt, so lange er sich nicht daran vergreift. Oder ist das kein vergleichbarer Blick?

Der Theologe und Psychoanalytiker Eugen Drewermann zu den Missbrauchsfällen in der Kirche:
„Der kardinale Fehler der katholischen Kirche besteht darin, ihre Kleriker zu nötigen, zwischen der Liebe zu Gott und der Liebe zum Menschen alternativisch zu wählen. Das ist gerichtet gegen ein zentrales Anliegen der gesamten Botschaft Jesu und nicht weniger gegen elementare Bedürfnisse der Menschen.“

Ick uff alle Fälle hab een Tacken ßu lang mit schlechte Jefühle anne Leine von katholische Jewalt jeklebt. Nee, eijentlich an de Bejierde von den Vatiklan, wo hinta de Kulissen een bestimmtet Ziel sein Unwesen treibt.

Erich Kästner hat es schon 1946 bemängelt: zwar eine Einlassung damals über ein 'Wahnsinnspapier' eines sogenannten intimen Kenners der Weltlage. Also irre. Dennoch ein Beweis für die Möglichkeiten von Sprache. *„Die Wirklichkeit galt nichts. Wirklich war stattdessen das Gesagte. Der Wunsch wurde automatisch Realität."* Kästner 1946 über das 'Totknüppeln' von Sprache und Denken im dritten Reich'.

Keine Frage: Die katechetische Sitten-Vorgabe wäre - mit Einschränkungen - durchaus zu tolerieren, wenn – ja, wenn Vatikan mit gleicher Vehemenz jede Art von Gewalt in diesem Schriftstück verteufeln würde.

Aba det janze Vatiklan is ehmt een Jeheimnis, vastehn tuste nüscht. Jlauben musste ehmt.

Die Kernaussage, nach der sich die Erde und die darauf lebenden Arten seit ihrer Entstehung in einem ständigen Prozess der Wandlung befinden, war eine ungeheure Provokation für die christliche Lehre damals zu Darwins Zeiten, weil nach christlicher Auffassung die Erde, Mensch, Tier- und Pflanzenwelt von Gott so und nicht anders erschaffen worden waren. Aber: In der Auseinandersetzung mit der die Wissenschaften dominierenden anglikanischen Kirche ging es um nichts weniger als um die Zukunft der Naturwissenschaft.
Aus DARWIN: ENTSTEHUNG DER ARTEN, phoenix zdf

Und dazu auf Vatikanisch: ...'Die Wahrheit zu verteidigen, sind daher anspruchsvolle und unersetzliche Formen der Liebe'. ...Es ist eine Kraft, die ihren Ursprung in Gott hat, der die ewige Liebe und die absolute Wahrheit ist ...

Tja, Liebe braucht ohne Zweifel Wahrheit. Aber auch Miteinander, Nähe. Kein Übereinander. Empathie. Und Empathie ist eine Gratwanderung zwischen Nähe und Distanz. Denn Distanzlosigkeit ist alles andere als Liebe.

Wie aba solln missbrauchende Priester det schnallen, wo doch det vaklemmte Jeschlecht det Hirn rejiert, wa! Neee, icke dem Papst traun, lieba vasauf ick mir.

IM HÄCKSLER LEBEN ...

Die Halbierung war eine Bombe psychischer Art. IHRE Seele scheint seither noch mehr als zuvor gegen Windmühlenflügel zu kämpfen. Gegen Mächte der Bürokratie. IHRE Seele - Kern IHRER Gefühlswelt. IHRE Seele im Kampf gegen die Missachtung aus der kapitalen Welt. Vielleicht ein vergeblicher Kampf, wer weiß! SIE jedenfalls unterliegt immer wieder und immer mehr. SIE - auf der Verliererseite. Verteufelt seelischer Druck!

Schleichende Zersetzung seit der Anwendungs-Halbierung. Unsichtbar. Der totale Absturz lauert gelüstig in ihren Neuronen? Abgleiten in die totale Hilflosigkeit, als hätte SIE absolut nichts an Bewegung dazu gelernt - seit dem Crash. - Aber nur nicht verzweifeln. „Fünf mal Armbeuge, 10 mal Strecken, danach gutes Frühstück." Ich – als Knüppel oben drauf - Dompteur der Liebsten. Es belastet wahnsinnig, SIE so quälen, schleifen zu müssen, SIE unter Druck zu setzen in der Hoffnung, dass sich trotz aller Missachtung irgend etwas tut. Irgend jemand muss es tun. IHR zu Liebe. Druck! Und immer wieder Druck! Letztlich auch zum Nutzen der Allgemeinheit, logisch: unbedingt raus aus der Hilfsbedürftigkeit. So müsste die Hausärztin eigentlich auch denken. Aber nein, Halbierung der Anwendungen. 13,50 pro Anwendung gespart. Aber es ist nicht das Geld (wir konnten die Verweigerung unseres Rechts zum Teil finanziell auffangen, viele aber können es nicht). Die grausame subtile und sehr wirksame Botschaft dahinter: *'Du bist nun mal nicht mehr wert als die Hälfte, defektes Wesen. Gnadenbrot, okay! Mehr ist nicht drin'*. Die herabsetzende Gesinnung: Die vermochten wir nicht zu neutralisieren.

Ich meine, sensiblen Menschen 'ne Heil-Halbierung vor den Kopf zu knallen – wer möchte da wohl an Menschlichkeit oder nur Warmherzigkeit denken. Nein, kaltherzig wie jede Gewalt, die immer zupackend ins Botenstoff-Geschehen und damit in den Körper eingreift? Zwar in diesem Fall subtil, also 'nur' Gewalt vom Feinsten, klar! Dennoch mordseffektiv, denn SIE z.B. kann nicht davon laufen, hinein gesaugt wie in einen Häcksler. Und immer dann, wenn man nicht davon laufen kann (Kinder z.B. können selten und missbrauchte Kinder fast nie) wird psychische Gewalt so richtig griffig effektiv. Machtmissbrauch. Was für ein Spaß: zunächst Frust ins Innere und unter bestimmten Voraussetzungen später wiederum Gewalt nach außen. Alles schon mal dagewesen. Somatische Marker – physische körperliche Markierungen positiv oder negativ. Sie wirken tatsächlich (Damasio).

Ich als Kind bin mehrfach mit dem Teppichklopfer verprügelt worden. Immer dann, wenn ich die verdammte kotzüble Brotsuppe nicht schlucken wollte. Oder unerlaubter Weise mit Opas altem Fahrrad gefahren bin. Oder sonst irgendeinen kindlichen Scheiß veranstaltet habe. Aufs Bett mit dem widerborstigen Knabenhintern und den Klopfer drauf wie auf 'nen verstaubten Teppich. Logisch: Das hat den Hintern glücklicherweise nur kurzfristig, mein

Hirn aber fast vier Jahrzehnte irgendwie nachhaltig beeindruckt. Tja, mei, warum ich dennoch nicht gewalttätig geworden bin? Warum wohl nicht? Oder bin ich es latent vielleicht doch? Bin ich nur nach außen zu einem Menschen geworden, der Gewalt absolut verabscheut? – Wer weiß! Vielleicht aber bin ich auch tatsächlich und dauerhaft Gewalt verachtend geprägt? – Durch irgendwas zum Nachdenken gezwungen? - Vielleicht war es meine frühe Fähigkeit, alles auseinander zu nehmen, zu analysieren? Eben nachzudenken! Nachzudenken z.B. über die Unnachsichtigkeit einer kapitalistisch geprägten Gesellschaft? Zu hinterfragen, warum die vielen Probleme entstehen? Und warum die meisten davon hausgemacht sind? Seelisches Elend quasi im 'do-it-yourself-Verfahren'. Vielleicht waren es auch die Kriegserlebnisse als Kind. Schicksalhaftes Elend hat jedenfalls eine andere Biografie als hausgemachtes. Ich meine, zwischen Alkoholikern und Schlaganfallpatienten liegen nun mal Welten – zumeist jedenfalls, und wenn nur soziale. Oder sehe ich es falsch?

Immerhin, trotz ärztlicher Gnadenlosigkeit bei IHR offenbar ein mentaler Fortschritt: Gedächtnis zwar noch nicht hochglanzpoliert, doch immerhin. Auf einem 'Treppengang' erwähne ich z.B. so nebenbei das Tages-Datum – Freitag, 2. Juni. Am Frühstückstisch findet SIE in der Tageszeitung das Datum bestätigt; und dennoch fragt SIE etwa eine halbe Stunde später – wie häufig seit dem Crash: „Was haben wir für einen Tag?"

„Überlege bitte", sage ich. SIE nimmt die Zeitung und stellt fest: „Das ist die Zeitung vom Freitag, den 2. Juni. Ist denn heute Freitag?"

„Überlege! Ich habe das heutige Datum schon erwähnt."

IHR Gedächtnis arbeitet sichtbar, aber ohne Ergebnis zunächst. Konzentrations- und Aufmerksamkeitsschwäche nach wie vor. Mit Persönlichkeitsveränderungen, die ich eigentlich nicht so recht wahrhaben will. Nach einem Stichwort von mir dann endlich ihre Antwort: „Der 2. Juni. Also Freitag." Fortschritt, wenn auch winzig und ohne Dauer-Garantie.

Und weitere klitzekleine Zeichen. Zeichen, die ihren ursprünglichen Mutterwitz hie und da zum Leuchten bringen. Am 6. Juni sind wir zum ersten Mal nach der Reha-Klinik bei der uns bekannten Physio-Therapeutin. SIE wird freundlich empfangen. Sogleich unter Führung Lauftraining über den Flur und zurück in die Praxis hinein. An der Rezeption vorbei. Dort sitzt, tief beschäftigt Therapeutin G.,, die aber nicht gleich aufschaut, während SIE vorbei stolpert. Absolut spontan klopft SIE energisch vor dem Gesicht von Frau G. auf die Theke. Motto: hier her geschaut! Ich bin wieder da.

Nein, gesagt hat SIE es nicht. Aber in dieser klopfenden Geste steckte ein Teil jener Energie, die SIE früher fast immer an den Tag gelegt hat. Einen Tag später: zur Toilette allein gelaufen – am Stock, ohne direkte Aufsicht. Toll! Ein Stück Selbständigkeit mehr. Und das baut auch mich etwas auf.

Obwohl die große Frage noch immer droht: letzte Aufwallung ursprünglicher Energien oder echter Ansatz zur Besserung? Ich weiß es nicht. Denn physisch ging es in diesen Tagen zwar tatsächlich ein wenig aufwärts, psychisch aber fiel SIE immer tiefer ins Loch. Und wenn der innere Wille gebrochen ist oder ausgetrocknet wird, dann geht - zumindest vorübergehend - nichts mehr. Ohnmacht als Muster im Hirn. Handbremse angezogen. SIE lief unter größter Konzentration und Anstrengung. SIE lief zwar immer öfter und immer längere Strecken allein: Riesen-Strecken - statt vier, vielleicht acht Schritte – am Vierer-Stock, logo. Ob SIE nur unter meinem Druck so handelte – keine Ahnung. Immerhin kein Stillstand. Verdorrende Entwicklung. Ein Bekannter interessiert sich und versteht sogar, denn auch er war mal in einem Loch: Aus vollem Lauf seelisch zu Fall gebracht. Berufsende, miese Kollegen. Zwei Jahre hat er gebraucht, hinauszukrabbeln. Drei Herzinfarkte. Er versteht ihr seelisches Elend. Hätte ich nicht gedacht. Betroffene Mitmenschen begreifen leicht. Und andere? - Sind sie zu bequem, gedankenlos, oder echt gnadenlos? Auch Ärzte. Zusatz-Belastung. Die Last ihres Schicksals einerseits, und andererseits ein Dreiviertel Jahr vernachlässigtes Haus. Ich werde das Gefühl nicht los, dass alles über mir zusammenstürzt. Ich weiß nicht, wo ich anfangen soll. Boot und IHR Auto müssten verkauft werden, denn unser Leben hat sich geändert. Ich bin tagsüber mit ihr beschäftigt: Sprechen, annimieren, anleiten, fordern, helfen, Essen zubereiten, Lebensmittel beschaffen, animieren, animieren, usw. usw.

Und die eigenen Bedürfnisse, Wünsche, dazu die ganz speziellen Verpflichtungen – dem Haus, dem Garten gegenüber? Ich muss ständig gegen den Strom schwimmen, gesellschaftlich und privat: gerade den inneren Schweinehund besiegt und begonnen ein Fenster zu streichen, schon kommen IHRE Probleme dazwischen. Vorrangig, klar, aber sehr nervlich belastend für mich. Nonverbaler Druck. Gewiss, jede Reha nach Schlaganfall verläuft anders. Individuell. Weil sehr subjektive Gefühlswelten dahinter stehen. Bei ihr zwar ein Auf und Ab, die Tendenz jedoch abwärts. Trotz verzweifeltem Kampf um die Normalisierung ihrer Gefühlswelt. „Wenn ich ... dann...", sagt SIE immer wieder. Doch SIE lebt jetzt. Mit ihren Handicaps. SIE muss so leben. Immerhin mit der Hoffnung, dass es – ein fast unsichtbarer Prozess – besser wird. Z.B. das betroffene Bein selbst in die Wanne heben. Beim letzten Bad musste ich noch das Bein mit Kraftaufwand anwinkeln und über den Wannenrand schiebend heben. Heute hat SIE es selbst getan. Fast wie eh und je.

Aber, ja doch, das Leben ist schön, und unseres besonders. Jeden Tag, jede Stunde mit ansehen, wie SIE sich seelisch und körperlich quält, mit suizidalen Gedanken im Kopf. Denn SIE spürt meinen Innendruck selbstredend und fühlt sich schuldig. „Heute mache ich dir einen Vorwurf", sagt SIE unvermittelt mit leeren Augen. „Du hättest mich sterben lassen sollen. Das wäre doch auch denen am liebsten gewesen."

Irrational ihr Wunsch. Denn hatte ich irgendeine Entscheidungsmöglichkeit? Und ihre immer mal wieder kehrende Todessehnsucht – so sehr ich dieses Gefühl verstehe, dieses Denken ist nicht begründet (und erst mehr als ein Jahr später wird mir die Problematik dahinter voll bewusst): IHRE schon länger verstorbene Freundin B., mitten im Leben an ALS erkrankt – bei dieser scheußlichen Krankheit wäre das vorgezogene Finale vielleicht berechtigt gewesen.

Doch ich bin derjenige, der immer wieder noch was draufpackt. Ach Gott, ist das Leben schön! Mit dem Gefühl in mir, als hätten wir nicht mehr viel Zukunft, obwohl ich vor ihr ganz anders rede. Mein Kopf rauscht auf merkwürdige Weise. Ich sehe nur Berge von Problemen vor mir. Die Überzeugung, die Probleme meistern zu können, ist abhanden gekommen. Auf unmerkliche Weise. Wie Wäsche den Zustand verändert, die nass in Sonne und Wind unmerklich trocknet. Das Schicksal hat unsere Seelen auf die Leinen der widrigen Zufälle gehängt. Und wir spüren nur das Produkt, nicht aber den Prozess des allmählichen Austrocknens unserer Seelen im Wind der dem Geld verschworenen Mächte.

Nahezu alles stelle ich zurück. Ich bin zu kraftlos, letztlich noch meine Medikamente einzunehmen, ignoriere Schmerzimpulse des Körpers, höre kaum noch Musik. Aber es ist auch das Gefühl der Erfolglosigkeit, das mich in den Klauen hält, das verdammte Kompensieren, die verhassten Haushaltsarbeiten, denen ich mich in gut siebzig Jahre des Lebens weitgehend entzogen habe und nun gezwungen bin, sie zu tun. Herrlich großes Jammern also! Es tut ja so gut! Strengt überhaupt nicht an – ganz anders als Nachdenken zum Beispiel. Stress pur - das verflixte Denken! Darf ich - muss ich SIE nicht ständig fordern, weil es sonst keinen Fortschritt gibt und SIE doch noch gute Chancen hat? Klar, will ich. Mit aller mir zur Verfügung stehenden Kraft will ich SIE fördern. Und halte doch ihre Last nicht aus. Und halte auch meine nicht aus. - Bisher habe ich mich jedoch fast immer den Realitäten gestellt. Also bitte, auf ein Neues!

„Du bist heute aber fleißig", sage ich.

„Ich habe ja sonst nichts zu tun", antwortet SIE.

„Tja, dein Arbeitstag, so sieht er aus, leider."

SIE schaut mich mit verletzt anklagenden Augen an, kontert: „Ich wollte nie im Bergwerk arbeiten."

Ich nicke betroffen. SIE beschwichtigt sogleich: „Mein Rücken. Bergleute haben es immer mit dem Rücken. Ich habe mein Leben gelebt", sagt SIE. „Ich kann eigentlich abtreten."

Ich drohe mit dem Finger und stelle fest: „Einbildung. Emotional gesteuerte Meinung. Du *glaubst* anderen zur Last zu fallen, mehr nicht."

SIE nickt. „Ja, das denke ich." Lächelt bitter: „Ist eben auch die Meinung des Geldes."

„Deine Nachbarn sehen dich noch immer als Mensch."

„Das kapitalistische Denkmuster, das ist nun mal unmenschlich", erläutert sie bitter, „betrachtet mich als Last! Frau Doktor hat mich doch längst aufgegeben."

„Denk nicht dran! Du hast ein Recht auf dein Leben, auch wenn die Natur es dir schwer macht. Du kannst damit leben."

„Ja, ja, denke nicht an Achterbahn!" flüstert SIE resigniert. „Und dieser Widersinn kostet das letzte bisschen Kraft.

Wer wüsste es nicht: Denkvorgaben aus Interessen gebundenen Kreisen haben schon immer zu falschen Denkmustern geführt, weil der Mensch zu selten bereit ist, die Vorgaben z.B. aus Kirche, Wirtschaft oder Politik zu hinterfragen. Oft wird blind übernommen oder gar in vorauseilendem Gehorsam Vorgedachtem zugestimmt. Der Acker, auf dem Ungerechtigkeiten, letztlich Diktaturen brutaler und subtiler Art wachsen. Wie z.B. die süßlich, lieblich verkleidete Diktatur des Profits.

Ich muss Frühstück zubereiten, darauf achten, dass SIE die Übungen macht, sich ordentlich kleidet, pflegt. SIE hat das vergessen; mit den Gedanken an Klinik- und Hausärztin im Kopf. Oder es ist ihr zu beschwerlich, wer weiß? Und ich muss wieder tadeln: „Du hast doch früher so sehr auf dich geachtet."

Irgendwann habe ich IHR Fotos aus der Stroke-Unit- und Klinik-Phase gezeigt. Wollte wissen, ob SIE die Betrachtung ihrer Kranken-Fotos emotional registrieren würde. Es hat SIE belastet, ja, aber SIE sagte überzeugt: „Ich muss es verarbeiten!" In einer solchen Phase fühlt man sich wie in einer seelischen Schleudermaschine. Momentan wird SIE passend geschleudert. Oder zerbröselt – automatisch dem Niedergang entgegen - trotz gelegentlich leichter Fortschritte in die Mobilität.

Irgendwann also Nerven verloren, schwere Auseinandersetzung. Auf harte Weise klargemacht; dass ich es nicht schaffe, wenn von ihr nichts kommt. Und das Ergebnis: Ende Juni 2006 ist SIE das erste Mal – ohne mein Wissen, also völlig ohne Aufsicht zur Toilette gefahren, hat sich selbst gewaschen, gekämmt, die Kleidung geholt, sich angezogen. Mühselig, aber getan. Meilenstein!! Und mir fiel plötzlich eine Last vom Solar Plexus ab.

Der Kampf um ihre Psyche – so etwas wie ein Erfolg für mich.

Und Geistseele null. Meine Geistseele jedenfalls. Ich - total von Gott entfernt. – Also kaputt und wohl auch nicht wieder herzustellen, denke ich. Also Geistseele in mir garantiert nicht. SIE aber ja. Und zwar eindeutig. Und doch leidet SIE mehr als ich. Wie das? Trage ich dafür die Schuld?

Dennoch war der Juni nicht schlecht – trotz der 'Halbierung'. In Obhut und unter sanftem Druck Ihrer guten 'häuslichen' Physiotherapeutin wiederum (2. Juni, 2006) weitere etwa dreißig Schritte am Viererstock auf dem Weg vor unserem Haus.

Nur ich bin leer wie nie. Unter Druck (oder Macht) können Psychen nicht wirklich gedeihen.

MENSCH, FRUST, MACH DICH VOM ACKER!

Klar, unter Frust gedeihen Psychen ebenso wenig. Aber – toi, toi, toi - alles in allem ein guter Juli-Beginn. Wir haben nach dem unmenschlichen Verhalten der Hausärztin die Praxis gewechselt. Und vielleicht sogar 'das große Los' gezogen? Gute Praxis, verständnisvoll. Die erforderlichen Heilmaßnahmen wurden von der neuen Ärztin selbstverständlich und problemlos verschrieben. Also guter Juli-Beginn. Sehr gut sogar, denn SIE ist soeben am 02. Juli 2006, nach langem Zureden und doch aus eigenem Antrieb um 16:40 - das erste mal – ohne Pause, allein am 'Hirtenstab' **auf der Terrasse 70 Schritte,** knapp dreißig Meter gelaufen. Und es sah sehr sicher und den Umständen angemessen gut aus. Ein echter Fortschritt. - Oder nicht? Während ich das notierte, lief SIE schon wieder – allein zum Rollstuhl. Eigeninitiative. 'Ich will' im Kopf. Also doch Durchbruch? Hat SIE - endlich, Wochen danach - die hausärztliche Missachtung IHRES Anspruchs auf Hilfe über- wunden, den hausärztlich verordneten Frust aus dem vergangenen Quartal vielleicht sogar weg gespült? Oder hat SIE nicht?

Oder bleibt Frust grundsätzlich kleben? Und wo? Vielleicht in der Verdrängung? Als Bremse, stets parat, ins Bewusstsein zurück- zukehren?

Etliche Tage später jedenfalls – am 10. Juli, - es ist zum Kotzen, von wegen Durchbruch! Wieder Sperre im Schädel. Schwächer als bisher, bewegungsunfähiger. Schmerzen. Die ganze Chose geht über meine Kräfte. Animieren, animieren, animieren. Und immer IHR überfordertes Gesicht vor mir. „Ich dachte, ich sitze jetzt im Fernsehsessel und brauche nichts mehr zu tun", sagt SIE leicht empört. Und ich denke: 'Mädchen, du willst nur liegen, liegen, liegen. Wohin soll das führen!' Aber ich sage es nicht. Vielleicht sollte ich SIE liegen lassen, bis SIE von selbst wieder aktiv wird. Ich könnte es mir tatsächlich einfach machen.

Andererseits: SIE hat es verteufelt schwer. SIE leidet Qualen, die immer häufiger nach außen fließen. „Ich kann nichts dafür, es kommt einfach!" sagt SIE entschuldigend und versucht unter Tränen auch ein Lächeln. SIE ist verdammt tapfer in all ihrem Leid. SIE kämpft. Viel mehr als noch Wochen zuvor, bekommt ausreichend Physiotherapie und sagt immer wieder mal: „In der neuen Praxis bin ich gut aufgehoben." Kämpft SIE nicht dennoch einen unsinnigen Kampf? Denn von Fortschritt in der Be- wegungsfähigkeit, in der Selbständigkeit ist in der zweiten Juli- hälfte 2006 nun wirklich so gut wie nichts mehr zu erkennen. Nur Quälen – am Stock - in popligen Dezimetern gemessen, nicht mal in Metern. Und doch, SIE bewegt sich selbständig weitaus mehr als noch vor etlichen Tagen. Dieser Prozess spult jedoch so ohne irgendwelche sichtbaren, erkennbaren Ergebnisse ab. SIE quält sich handbreitweise, muss schnell wieder sitzen, entkräftet. Und wenn überhaupt etwas in Kopf und Körper geschieht, dann verflucht elendlich langsam und unsichtbar.

Und wie war unser Leben doch ehemals schnelllebig aktiv. Ja, wir haben gerade in den Anfangsjahren oft unseren Spaß gehabt, ohne den heute so betonten Anspruch vieler junger Menschen, *nur* Spaß haben zu wollen. Nein, wir haben auch hart gearbeitet dafür und trotzdem gelebt: wenn man ein ausuferndes Besäufnis z.B. auch Leben nennen will. Nach einem Spaghetti-Mahl mit 'ner Schöpfkelle Rotwein in den Rachen geschüttet zu bekommen, scheint zwar auf Anhieb äußerst spaßig zu sein. Die zu belächelnden Folgen am anderen Tag sieht man vor lauter Gelächter allerdings nicht. Doch St. Christina, Dolomiten, bleibt so oder so ein unvergessliches Erlebnis – und nicht nur der zufriedenen Hühner wegen, die anderen morgens nicht verdaute Spaghetti unterm Hüttenfenster zu picken bekamen. Vor allem unvergesslich auch für mich, der seine Wäsche in der Hütte mühsam zusammen suchen musste. Und erst recht für die Freunde. Und was dazwischen geschah, entzieht sich immer noch jeglicher Kenntnis. Dank sei dem Herrn! Da war Kurtchens Striptease in Urbach ein echt greifbarer Mordsspaß gewesen. Und das zu einer Zeit, da Striptease in klerikalen Augen noch Sünde hoch zehn war. Unter Arbeitskollegen, Männer-Striptease in einem öffentlichen Lokal, 1960, mein lieber Mann!! Aber köstlich genossener Ausgleich zur brutal harten Arbeit: 2000 Ziegelsteine vermauern - Tagesnorm, das geht in die Knochen. Dank sei dem Himmel: Kein Schaden behalten, weder seelisch noch körperlich. Mit Alter 74 kann man das wohl zutreffend feststellen.

Anders bei IHR. Die Veränderung insgesamt zu akzeptieren, ist schwer. Dazu die ärztliche Ausgrenzung in X und die der ersten Hausärztin: Antrieb offenbar futsch oder zumindest überdurchschnittlich schwach. Fortschritte wo?

> ' ... *Wenn das Gehirn Gefahr oder eine ähnlich aufregende Situation entdeckt, so kommt es prinzipiell zu einer grundlegenden Abkehr vom Normalzustand – in begrenzten Abschnitten des Organismus ('lokale' Veränderungen) ebenso wie im Gesamtorganismus ('globale' Veränderungen). Vor allem aber treten **die Veränderungen <u>sowohl</u> im Gehirn als auch im Körper** auf ...'* Damasio, Descartes Irrtum, s 299.

Der Karren scheint sich festzufahren. Jedenfalls sieht es aus, als überwiegen die Rückschritte rein quantitativ. Zu häufig jedenfalls stößt IHRE Hilflosigkeit immer wieder gnadenlos wie ein Messer ins Hirn. SIE läuft am Stock, ja. Aber immer unsicherer. SIE schleppt sich schon manchen Weg dahin, doch es ist nicht mehr die 'Sicherheit' von Anfang Juli. Trotz der neuen Praxis. Und wir hatten keinerlei Ahnung, wie weit sich die einstmals gute Entwicklung wieder zurückbilden würde. Warum? Wer weiß? Vielleicht doch als Folge jener verordneten psychischen Last, die in ein durch und durch apathisches Hirn gedrückt worden ist. Okay, ich hatte von der Schwere dieser Apathie zu der Zeit keine Ahnung. Ärzte jedoch sollten eigentlich ausreichend geschult sein. Denn, trotz neuer und verständnisvoller Hausärztin, SIE fühlt sich wie in einem Traum, erlebt die Realität nicht real. „Wie in Watte?" frage ich. „Nein. Aber mit dem Kopf stimmt etwas nicht." SIE kann es nicht definieren. Da ist ein Bremse irgendwo, so scheint es. SIE lebt offenbar in einer Welt des Diffusen. Vielleicht macht dieses Empfinden es so schwer, SIE in die ehemals starke Kapitänin des Lebens zurückzuholen; IHR es so schwer, wieder die Verantwortung in den Bereichen zu übernehmen, die SIE meisterhaft beherrscht hat. SIE will, doch SIE kann offenbar nicht. Was ist in IHREM Kopf passiert? Ist zusätzlich etwas passiert? Kann es korrigiert werden? Zehn Monate nach dem Crash. Ja, fast zehn Monate ist es her, und der anfänglich stetige Aufstieg ist zu einem Auf und Ab geworden. Im Tagesablauf zeigt SIE immer wieder Ansätze, wollte neulich in der Küche sogar Teller abtrocknen, unterließ es aber wegen der Gefahr, das Geschirr mit der betroffenen Hand nicht halten zu können. Vernünftige Entscheidung. Jeder mental gesunde, reife Mensch reagiert so.

Doch in IHR steuert etwas anderes. Etwas, das nicht richtig zu fassen ist. Ist es Angst?

„Es lohnt sich wohl wirklich nicht", sagte SIE irgendwann. „Die haben wohl recht gehabt, die Experten. *'Das wird nichts mehr'*. Ich habe Angst. Ich meine, dass mein Kopf nicht mehr richtig funktioniert und Hand und Bein auf Dauer versagen. *Das wird nichts mehr.*"

Die Therapeutin fragt nach ihrem Befinden. Nach der Psyche. Die Antwort ist teilnahmslos. Das behagt der Therapeutin nicht so ganz, denn die Frau hat Bemerkungen von der neuen Hausärztin (mit dem neuen Quartal hatte wie gesagt eine neue Ärztin ins Geschehen eingegriffen) und anderen Therapeuten im Ohr, die sich über ihre Entwicklung staunend geäußert haben. Im Vergleich zu Patienten ähnlichen Alters und mit ähnlichem Schlaganfallfolgen. Kurzzeit-Bewertung. Wer länger hinschaut (wie ich) empfindet es anders: genauer, zutreffender. - Oder geschönt? Trotzdem keine Frage: Entwicklung – ja. Nicht nur physisch, auch mental. SIE kann wieder vieles, wozu andere vielleicht weitaus länger zum Lernen benötigen. Mental war SIE von Beginn an glücklicherweise fast nicht beeinträchtigt. Nur IHRE Psyche: Kein Selbstverständnis. Kein Selbstvertrauen. Irgend etwas scheint im Hirn zu fehlen. Wie in einem PC, der eine Farbe wie durchsichtigen Schmutz erscheinen lässt, wenn die erforderliche Zeichen-Kombination in der Software nicht zur Verfügung steht. SIE - auf dem linken Bein stehen, Voraussetzung fürs Gehen – so gut wie nichts. Loch in den Ganglien? Schwabbelig, Schwäche, Apathie. Ihre Schritte sind jetzt – zehn Monate nach dem Crash allenfalls kaum merkbare Zuckungen. Wahrnehmbar nur für jene, die den ganzen Tag um SIE herum sind. Dazu immer wieder ihr verkrampftes Gesicht. Was ist passiert? Kein äußerliches Indiz erkennbar. Kein Grund. Eines Tages am Frühstückstisch frage ich: „Hast du Kopfschmerzen?"

„Ja, wenn ich mich morgens vor dem Friedhof anstrenge." Mit vollem Ernst gesagt.

„Friedhof?" frage ich.

Kurzes Überlegen, dann verkniffenes Lachen: „Freudscher! Frühstück natürlich."

Am Abend. Ich sehe, wie SIE sich aus dem Fernsehsessel quält: „Die kleinste Bewegung eine Last, oder!"

SIE nickt bedrückt: „Manchmal denke ich vor dem Einschlafen – vielleicht wachst du morgens nicht mehr auf."

Ich darauf: „Und es ärgert dich, wenn du dann doch munter bist."

SIE – sehr spontan und nüchtern: „Ja."

Und irgendwie verstehe ich SIE. Ihre Lebensenergie ist futsch, ausgelöscht. Und meine? Erkältungsschmerzen, Schlappheit. Jeden Abend allein, jeden Abend die Gedankenflut und jeden Abend der feste Vorsatz: Lass dich durch das Schicksal nicht brechen!

Dann wieder irgendwann auf dem Weg zum Bett hebt SIE das betroffene Bein wie ein Tänzerin. SIE ist lustig, fröhlich: „Ich mache das öfter, ich will, dass das Knie nicht immer durchschlägt." Sie singt mit brechender Stimme nach der Melodie des Holzschuhtanzes: *Immer auf die Kleinen. Und Pudding in den Beinen: So tanze ich auf einem Bein die Seele wund.*

Aber tanzen kann SIE noch nicht: Kalt, warm, kalt.

Draußen ist ein bisschen Sommer. Und drinnen spielt das Schicksal mit uns ping-pong. Denn zwei Tage später erneuter Frust: Es ist keine wirkliche Entwicklung mehr zuerkennen, eher das Gegenteil. Wechselduschen. IHR Arm weiterhin kaum einsatzfähig. Dem Bein fehlt entweder die Kraft oder die Fähigkeit zum Gleichgewicht. Stehen bereitet IHR mehr Probleme als in den ersten Monaten. Riesenprobleme. Das Gehen strengt SIE über die Maßen an, so dass ich jedes Mal ein schlechtes Gewissen habe, wenn ich SIE zum Laufen weniger Schritte animiere. Dazu Muskelschmerzen aus dem Rücken bis in den Bauchbereich hinein. SIE stöhnt. SIE liegt fast den ganzen Tag im Bett. Kein Bad, kein Haare Waschen. SIE hat Angst davor. „Ich weiß, warum ich so ungern in die Wanne gehe: Da kommt meine ganze Hilflosigkeit zum Ausdruck. Es wird ja doch nichts mehr, nicht wahr!"

Unser Alltagsleben ist teuflisch durcheinander. Wenn man Nachbarn unbeschwert lachen hört, schmerzt es beinahe, weil bei uns das Weinen näher liegt als auch nur ein leises Lächeln. Positiv denken – wenn jeder Schritt, jede Bewegung fast zum Drama für SIE wird?

Okay, okay: Vor dem Hintergrund der vielen, vielen satten, vielleicht sogar fetten Jahre bin ich eigentlich moralisch verpflichtet, dieses Leid hinzunehmen. Und ich will es auch. Und verdammt noch mal versuchen, es zu ertragen. Ich bin stark, sehr stark, denn ich bin ein Kerl!

Fortschritte also nein! Stagnierende Entwicklung, stetiger, fast unmerklicher Niedergang. Irrer Sommer 2006. Dazu das Desaster einer zu häufig korrupten, an wirtschaftliche Belange angepassten Politik: Der Tanz der Rücksichtslosen Entscheidungsträger und anderer, die Schlafmützigkeit der Schwachen, die vielen Ärgernisse bürokratischer Art – Arzt, Parkplatz-Probleme – die gesamte Ungewissheit. Und ich weiß nicht, wohin ich den verdammten Überfluss an Gedanken schütten soll. Ein zweiter Infarkt – was dann?

Und Tage später – mittlerweile August – endlich wieder ein winziges Licht am Ende des Tunnels.

Unsere Situation rückt plötzlich Millimeter Weise normalem Leben entgegen. Die unbarmherzige Unerträglichkeit mildert sich, schleift sich ab. Denn jeden Abend auf dem Weg vom Rollstuhl zum Bett werden freie Schritte gegangen. Nun ja, gegangen! Es ist ein Staken. Aber es ist nahezu aufrecht und tatsächlich ohne stützenden Stock oder Griff nach dem stützenden Provisorium. Das geht schon seit etlichen Tagen so – im August 2006. Und das ist gut. Das macht Mut. Das nimmt ein wenig von der Superlast, die auf IHRE und auf meine Schultern, auf ihre und auf meine Seele drückt. Wozu also jammern! Jammern ist sinnlos. Außerdem gibt es ja die gut gemeinten Ratschläge zu Hauf. Und kostenlos dazu. Und ohne Gegengeschäft.

LASS DIR DOCH HELFEN

'Du musst dich schonen. - Sie sind Herzpatient, denken Sie daran. - Selbstmitleid hilft nicht. - Sie können nicht alles allein machen. - Putzen und pflegen und machen. - Holen Sie sich Hilfe!' usw.. Klugscheißersprüche von überall her: Die lieben Mitmenschen meinen es wirklich gut, ehrlich. Bekannte, Freunde voll guter Meinung. Und dennoch war es so, als würden jene oben am Rand stehen und ich tief unten im Brunnen. Und sie rufen mitfühlend, laut: „Lass dir doch helfen!" Aber sie holen weder Leiter noch Seil. Logisch. Weil sie nicht wissen, welche Art Hilfe erforderlich ist. Uns ist Leben ohne tief greifende Hilfe aufgezwungen: von Arzt zur Therapie, von Überraschung zur Erschöpfung. Und zur Frage: 'Wann folgt der nächste Schlag?' Ja, lass dir doch helfen!

„Schön", antworte ich jedesmal, „Und wie soll das aussehen? - Beispiel: Ich frage am Frühstückstisch nach der Blutdrucktablette, die SIE direkt nach dem Erwachen nehmen soll. SIE sagt, SIE hätte sie genommen. Wenig später stellt sich heraus: SIE hat sie nicht genommen. Anterogrades Problem. SIE ist sauer. Frust hoch zehn. SIE hat nämlich den gestrigen Vorgang erinnert. Ich versuche danach zu analysieren und deutlich zumachen, was SIE gegen diese Gedächtnisschwäche tun kann: Rückfragen, sich selbst oder mich. Nicht vorschnell antworten. Erst denken, dann sprechen und möglichst genau auf solche Fragen reagieren. Ja, SIE reagiert immer zu unvermittelt - fast ohne zu überlegen. - Klar, SIE ist frustriert", erläutere ich einem Freund gegenüber, „und glaubst du, mir macht es Freude, IHREN Schmerz im Gesicht zu sehen? Zuschauen, wie SIE sich abmüht, wie SIE ihre Bewegungswilligkeit mir vor Augen führt, - dann kommt der Schmerz, der meinen Infarkt ausgelöst hat, wieder hoch. Da fällt auch bei mir sofort die Klappe. Ein Jahr Seelenpein in unseren Gemütern. - Lass dir doch helfen. Okay! Nur wie? Kannst du meine Frau soweit heilen, dass SIE sich wenigstens schmerzfrei die kurzen Strecken zum WC bewegen kann?"

Mitte August dann der Zusammenbruch, seelisch. Nicht SIE – ich. Mein Gemüt hielt dem Anblick IHRER Qual nicht mehr stand. Dazu immer wieder IHRE um mich besorgten Fragen, schon morgens um sechs. „Kannst du nicht schlafen?" Und jede Stunde eine weitere sinnlose Frage – das ist einfach zu viel. Das Gemüt platzte auf. Die Folge ein sehr scharfes: „Halt endlich den Mund!" IHR betroffener Blick. Natürlich hatte SIE mich nicht reizen wollen. Doch ich hatte gerade zum xten Mal erklärt, dass ich und warum ich nicht schlafen kann.

Klar, Nachbarn fragen gelegentlich – und durchaus ernsthaft: „Und wie geht es *dir*?"

Das ist doch nett. Sehr nett. Man macht sich Gedanken. Um mich!? - Doch wie soll es einem gehen, dessen bessere Hälfte sich ins Leben 'zurückzuquälen' sucht! Dessen Herz abermals unter diesem Druck zu mosern beginnt. Wie geht es einem, dessen wichtigster Teil – hoffentlich nur vorübergehend – abhanden gekommen ist. Probleme über Probleme in meinem Nervengeflecht. Und überhaupt und grundsätzlich: Wie soll es mir gehen: Also mir persönlich oder als Folge des gedankenlosen (kalten) Verhaltens vieler Mitmenschen: Ärzte, Politiker, Bürokraten? Ich bin die durchaus gut gemeinten Äußerungen verdammt noch mal leid und möchte am liebsten stets auf dieses dokumentarische Buch verweisen (dessen 1. Teil allerdings erst Januar 2013 veröffentlicht worden ist): Mein Versuch, deutlich zu machen, warum effektive, nachhaltige Hilfe weniger am Geld, vielmehr am veralteten Bewusstsein - mit falscher Verteilung von Geld - scheitert. Wer die Bedeutung des Innenlebens akzeptiert, wird das verstehen. Doch die Gesellschaft ist noch nicht soweit. Und ich zucke immer nur resigniert die Schultern, denke an dieses bescheuerte Verhalten von jener Frau Dr.. Denn die physische Seite der Medaille – putzen, pflegen usw. - die habe ich schließlich mit meiner Art, Prioritäten zu setzen, noch im Griff. Logisch, keineswegs Staub unter den Teppich kehren. Also ich suche das Haus so sauber wie möglich zu halten. Doch in dieser angespannten Lage putzen nur dort, wo es wirklich erforderlich ist. Wer entlastet mich jedoch psychisch? Ist das überhaupt möglich? Bemühung immer wieder, aber auch immer wieder Sachzwänge: Hausarzt im Urlaub, Vertretung ohne Hintergrund-Kenntnisse. Pauschaldiagnose, Null-acht-fünfzehn-Therapie usw.. Heilen geht anders.

„Manchmal frage ich mich", sagte SIE neulich mit Traurigkeit in ihren Kirschaugen, „was habe ich verbrochen? Ich bin doch schon in der Hölle!" Ja, depressive Anfälle in ihrem Kopf, fast regelmäßig. Immer wieder. Wer hilft, das zu ertragen? Wer kann da helfen? Wer begreift es sofort? Gefühlswelten sind grundsätzlich privat, weshalb auch kluge Sprüche in den Medien nichts lindern. Jene zumeist Umsatz versprechenden Vorschläge von Autoren, die eine desolate Gefühlswelt entweder nicht kennen oder zweckgebunden ignorieren.

Natürlich gab es auch das in jener Phase: IHR munteres Flöten eines Morgens: „Ich wollte dir nur guten Morgen sagen." Ausgesprochen nett; zu dumm nur, dass wir uns zehn Minuten vorher schon herzlich begrüßt hatten. Falsche Zuordnung wieder mal, anterograd. Dazu der Anblick ihrer quälenden Bewegungen. Wahrnehmung ihrer Mühe, den Alltag zu bewältigen. Ja, SIE ist nicht mehr die, die SIE war. Aber SIE lebt. Lebt SIE wirklich? Lebe ich noch? Oder wälzen wir uns beide nur noch zwischen einzelnen Phasen tiefer Traurigkeit hin und her. Mir scheint es, als würde es mit jedem Tag schwerer, die Realität zu akzeptieren.

Selbst die 'Ballon-Phase' meiner Holzschutzmittel-Vergiftung ca. fünf Jahre vor dem Crash habe ich anders, vermutlich sogar leichter empfunden. Positiver. Mit großer Angst in jener Phase, da meine Schädeldecke wochenlang gen Himmel zu schweben suchte; aber mit dem Bewusstsein, dass der Dioxin-Pegel in Hirn und Körper eines Tages verduftet sein würde.

Diese verteufelten Holzschutzmittel, deren Gefährlichkeit seit 1952 zwar bekannt war, die aber noch 1980 verkauft werden durften. Die ich im guten Glauben an die Integrität der Entscheidungsträger gekauft, im Haus verarbeitet und eingeatmet habe. Mit Todesängsten, als das PCP und PCB im Hirn zu wirken begann. Dioxine mit Halbwertzeiten von fast zwanzig Jahren. Und kein Gegengift. Therapie praktisch Null. Bisschen Linderung durch Vitamin-C-Injektionen und neue, aber von den Kassen abgelehnte Verfahren. Die Kosten dafür haben nicht die Verursacher getragen; gelöhnt aus der Privat-Schatulle. Die rund 3000.- Mark fielen ja auch kaum noch ins Gewicht bei der Riesen-Summe für die Sanierungsarbeiten am Haus. Danke Väterchen Staat, der du wirtschaftlichen Machtmissbrauch durch politischen veredelst.

Wo wird der wirksamste Müll produziert?

Dennoch blieb mir damals das Gefühl, dieses Dilemma eines Tages abhaken zu können.

Im aktuellen Fall lässt sich leider noch nichts verdrängen. Gar nichts. Es war ehemals eine andere Ebene unserer Beziehung. Ich bin IHR immer auf gleicher Augenhöhe begegnet, habe mich eher etliche Zentimeter tiefer gefühlt. Jetzt ist SIE die Hilfsbedürftige, die ständig Fragende, die mich braucht als drittes Bein, als dritten Arm, als ihr Gedächtnis. Und ich möchte, dass es so wie früher wird – und fordere und fordere. Optimierungs-Fetischist, der ich bin. Mit zu hohen Forderungen vielleicht?

Was hat sich die Evolution im Lauf der Jahrmillionen da zusammengebastelt! Warum diese Schmerzzustände unter der Schädeldecke? Warum zerquetscht mich Ungewissheit, während andere sich kaum Gedanken um so etwas machen? SIE liegt oft nur da, tut kaum etwas – außer Toilettengang, bremst meine ohnedies müden Animierversuche ab, und ich habe keine Kraft mehr, nachhaltig zu stimulieren. Ich bin kaum noch vorhanden. Erst immer SIE. Und ich laufe zu leicht bekleidet herum, frierend, suche ihre Tasche, die SIE vergessen hat, die Wolljacke usw. usw. Ich baue augenblicklich völlig ab. Schmerzen überall im Körper, ob im Zahnfleisch, Knie, Rücken, supermüde, schlapp. Ein zweiter Infarkt – was wird dann mit IHR, die derzeit trotz allem tapferer um ihre Rückkehr ins normale Leben kämpft als die vielen Wochen zuvor? Wenn auch immer wieder mit den nervenden Fragen nach Alltags-

abläufen: „Soll ich mich anziehen? Soll ich mich dorthin setzen?"
– Als sei SIE ein Baby, das auf die Mutter nicht verzichten kann.
IHRE über ein halbes Jahr lang aufgezwungene große Hilflosigkeit hat Strukturen hinterlassen, die geändert werden müssen,
sonst bleibt SIE 'Kind'. Es droht sich etwas festzuschreiben, was
nicht sein darf. Und meine Reaktion ungehalten, spitz: „Soll ich
Luft holen, soll ich pinkeln, soll ich das, soll ich was usw.?"
SIE entschuldigend: „Ich bin nicht zurechnungsfähig!"
„Bist du sehr wohl! Doch solange du im Glauben der Unzurech-
nungsfähigkeit lebst, wirst du kaum noch Fortschritte machen. Du
musst deinen Tag selbst organisieren, dein tägliches Leben selbst
gestalten. Ich kann dein Leben nicht leben."
Mein Argument bringt SIE zum Nachdenken. Verbal akzeptiert,
Umsetzung fraglich. Denn abends Überdruck. SIE weint, ist inner
lich entsetzt, wieder eine der Depressiv-Phasen. „Was ist aus mir
geworden? Das Leben ist nur noch beschwerlich."
Und ich muss SIE morgen wieder fordern, noch mehr animieren.
Ob ich will oder nicht. Wenn es mir nicht gelingt, mir eine
bestimmte innere Härte zuzulegen, werde ich es nicht durchstehen. Und außerdem nichts erreichen. Ich habe Plakate gefertigt,
Meditationstext formuliert.
Ich rede jeden Morgen auf SIE ein, dass SIE umschalten muss –
von 'Ich will sterben' auf 'ich will Leben'. SIE hat guten Willen,
bleibt dennoch mit ihren Übungen auf der Strecke. Ich hatte mir
so vorgenommen, dass ich SIE pflegen werde und es auch kann.
Und es geht daneben. Es geht einfach daneben. Keine Reserven,
keine Kompensationsmöglichkeiten mehr in mir ... Schiffbruch
unserer privaten REHA. „Lass dir doch helfen!" Ist das Zukunft?
Unsere Zukunft? - Derzeit finde ich jedenfalls kein treffendes
Bild für den Zustand, in dem meine mir angetraute und mich mehr
als ein halbes Jahrhundert begleitende Lebensgefährtin und ich
uns befinden. Wir stecken fest. Ist es eine schiefe spiegelglatte
Ebene? Ist es ein tiefes Kellerloch mit einem vergitterten Fenster
oder eine Gletscherspalte, über die wir nicht hinweg springen

können, um in einen Landstrich zu geraten, der uns leben lässt? Wir krallen uns fest, um nicht abzurutschen. Und am Kellerrand oben stehen welche herum, die unsere Hilfeschreie stören. Die genervt abdrehen oder auch nur hilflos mit den Schultern zucken. Wir suchen nach einem Werkzeug, das uns das Gitter entfernen hilft. Und oben gibt es welche, die eine Feile haben, diese aber gedankenlos oder aus Kostengründen nicht zur Verfügung stellen.

Wir möchten über den Abgrund springen, aber SIE kann nicht springen. SIE kann noch nicht mal sicher stehen. Und ich – ich werde in keinem Fall allein hinüber springen.

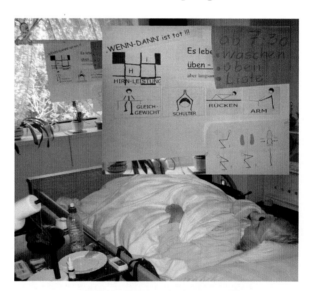

Daheim: optische, mentale Hilfen

TIEF IM LOCH UND KEINE LEITER

Der 24. August 2006 war wieder einer der schrecklichen Tage. Vor allem der späte Nachmittag. SIE sehr depressiv, ich logo angeschlagen. Und wieder mal IHR 'vorauseilendes Zerbrechen <u>meines</u> Kopfes'. „Wenn - dann ...".

Ich habe versucht, ihr klar zu machen, dass die psychische Komponente die belastende ist und nicht das Richten eines Abendbrotes. Als Folge wieder deutliche oder versteckte Signale ihrer Lebensmüdigkeit. Und von meiner Seite Forderungen nach korrekten Bewegungen. Das Aufstehen aus dem Rollstuhl ohne den rechten Arm, der schon zu lange das betroffene Bein ersetzt. Und SIE kontert: „Egal, was passiert, du musst nicht denken, dass ich dich ärgern will oder zu bequem bin."

Ich nach einer längeren Pause: „O ja, ich liege die ganze Nacht im Bett und grüble, warum du mich ständig ärgern willst, logisch!" Mein Sarkasmus hat Fluten von Tränen ausgelöst. Und man muss nicht unbedingt tief ins Esoterische greifen. Die Folgen psychischer Belastung geben sich auch so zu erkennen: Je mehr das Gemüt belastet ist, umso weniger achte ich auf körperliche Signale – Schmerzen usw. Es bleibt einfach keine Zeit und nicht die erforderliche Kraft für Vorsorge, für Relaxen usw.. Und von all dem sehen Außenstehende nun mal nichts, erhalten vielleicht gelegentlich ein kurzes Signal: Wir im Wartezimmer, neben etlichen anderen Patienten. SIE hat den ganzen Morgen über und auch schon gestern den 'Willen zum Sterben' auf den Lippen gehabt. SIE sieht die Leute und erklärt mir laut und resignativ: „Weil ich mich gut artikulieren kann, denken die alle, ich sei normal." Meine Reaktion: „Wie man sich doch täuschen kann!" Die Leute grinsen. SIE stutzt den Bruchteil einer Sekunde und lacht erst verbissen und dann lauthals los. SIE kriegt sich gar nicht mehr ein. Ja, ab und zu flammt Humor auf in ihr. Für Augenblicke. Doch den Hauptanteil ihres Gemüts, unserer Gemüter frisst der Frust. Ich schirme z.B. in ihrem Zimmer mechanisch jeden Morgen die Sonne ab, damit SIE noch schlafen kann. Doch SIE liegt oft schon lange wach, die Augen voller Tränen.

Sieht so das Ende zweier nicht krimineller Seelen aus? - Weil eine Reha-Einrichtung (Reha-Ziel: Rückführung ins selbstbestimmte Leben) nicht genügend Personal einsetzt, wird eine Schlaganfall-Patientin dem Gezerre zwischen überforderten Ärzten und geknebelten Krankenkassen ausgeliefert: Klinik überlastet, daheim Bürokratie, politische Kurzsichtigkeit und ärztliche Rücksichtslosigkeit. Kurz: hausgemachter sozialer Müll, der langfristig zu immer weiteren Kostensteigerungen führt. Vermeidbares Leid einerseits – vermeidbare Kosten andererseits: ein immer während er Teufelskreis. Das Ganze nennt sich Gesundheitsreform und ist das Gemeinschafts-Produkt christlich- und sozialdemokratischer Politik 2006, gestrickt aus Empathieunfähigkeit und Machtverhalten: Politische Gagelöcher – bei weitem nicht alle, aber zu viele!

Etwa eine Woche später, 2. September 2006: Es scheint, als sei SIE abermals ein Schrittchen voran gekommen: Drei, vier mal so selbstverständlich aus dem Rollstuhl aufgestanden, als sei SIE nur ein wenig älter geworden; aber Schlaganfall, nein – sah jedenfalls nicht so aus. Das Selbstverständnis wächst. Auch die Hand macht winzigste Fortschritte. Richtig gut. Doch am späten Nachmittag großes Einknicken. Seit unserer Rückkehr ist gerade ein Stunde vergangen. Wir waren mit dem Geländewagen unterwegs, um nach einem Fahrzeug auszuschauen, das auch eine Toilette führen kann. Und diese kleine Tour war wohl zu anstrengend für SIE. Eine schwere Stunde: Erschöpft und schweigend liegt SIE im Sessel, isst kaum etwas; und dann die Tränenflut. SIE will früh zu Bett. Sehr früh und flüstert mir von der Bettkante aus zu: „Ich habe ein komisches Gefühl."

„Kannst du es näher beschreiben?"

„Mir ist, als werde ich sterben."

„Hast du das schon mal gehabt?"

SIE schüttelt den Kopf.

Es mag lächerlich klingen, aber es scheint, als habe sich tatsächlich etwas verschlechtert. SIE lallt beim Sprechen und hat wieder größere Gedächtnisprobleme. Es ist, als habe SIE wieder einen kleinen Schlag erhalten.

Und ich sehe schwarz, suche mich mit der Möglichkeit ihres vielleicht bevorstehenden Todes zu arrangieren. Denn von hundert Schlaganfallpatienten sterben – statistisch – im ersten halben Jahr etwa 50%. Logisch, das ich diesen Schmerz nicht bändigen kann in mir.

„Gleich was geschieht", sage ich und nehme ihren Kopf in die Hände, „du musst wissen, du bist alles für mich. Und wenn du nun gehen musst ..." Mir bleibt die Luft weg, dann stöhne ich: „Was reden wir! Wir wissen es doch nicht, verdammt noch mal! Wir wissen nichts ..."

Das Danach ist nicht zu beschreiben. Erst nach langer Zeit habe ich mich wieder soweit in der Gewalt, dass ich nüchtern, sachlich über den derzeitigen Gefühlszustand von uns beiden reden kann. Dass ein solches, vom Kranken geäußertes Gefühl ernst genommen werden muss, keine Frage. Dass es jedoch auch Reaktion sein kann. Dass wir vermutlich morgen wieder gemeinsam frühstücken werden. Und dass wir dennoch nicht wissen, ob wir dazu noch in der Lage sein werden.

SIE ist dann bald eingeschlafen, hat ruhig geatmet. Mich ließ die Sorge nicht ruhen. Schreiben konnte ich auch nicht mehr. Trotz aller Bereitschaft zur nüchternen Bewertung solcher verrückten Hirn-Gaukeleien. Die Gefühle sind so überwältigend, dass es mich erschüttert hat. Nach fast fünfzig Jahren Verzahnung, Zuneigung, Liebe. - Vielleicht gerade deshalb? Am anderen Morgen haben wir zusammen gefrühstückt, logisch. Alle Belastung am Abend umsonst. SIE bekräftigt jedoch nochmal: „Mir war gestern so, dass ich meine Tochter nicht mehr sehe."

Auch unsere Tochter konnte sich diesem merkwürdigen Vorgang nicht entziehen. Das Kind ist an diesem Morgen voller Ahnung und krank zu uns gekommen und bestätigte die Sorgen: „Es hat mich fertig gemacht, dass jetzt alles wieder von vorn beginnt."

So spielt nun mal die Software 'Gefühlswelt' im Hirn – auch mit Intuitionen, deren Wurzeln in der Kindheit gelegt werden. Vor diesem Hintergrund stelle man sich mal einen Vierjährigen vor – mechanische Schnippel-Spielerei. Und die Mutter kommt mit 'ner großen Schneiderschere. Zwei blitzende spitze scharfe Messer, die Stoff wie nichts zertrennen. Hat das Bürschlein oft genug beobachtet. Denn Mama schneidert daheim. Und die superfromme Mama droht: „Wenn du jetzt nicht aufhörst, schneide ich es ab!" Lieber Gott, die 'Vergnügungssucht' eines Kindes unbedingt zerschnippseln! Katholizismus-Folgen! Was passiert da wohl in den Ganglien: Gefühle der Angst, des Bösen, schnipp, schnapp. Grausame Bilder im Hirn. Und für wie lange dort verankert? Für immer und ewig? Bis zum Ende des Lebens? - Gegen sich gekehrter sexueller Missbrauch, keine Frage. Missbildung natürlicher Gefühle per Macht. Kirchlicher Scheißdreck contra Kinderseele. Crash-Kommode im Kleinen. Hirn-Leere im Großen?

Kaum vierundzwanzig Stunden später: SIE steht aus eigenem Antrieb auf, rollt per Stuhl ins Bad, beginnt sich die Haare zu waschen, zu kämmen, zu föhnen. „Wieder etwas, das ich selbst kann", stellt SIE danach stolz fest. Ich habe absichtlich den kleinen Fön nicht zurecht gelegt. SIE hat ihn sich selbst geholt. Wieder einen Tag später, am 04. September hat SIE das erste Mal voll aus sich heraus – ohne Anstoß von mir - und überzeugend den Willen geäußert, das spastische Bein unbedingt zu bezwingen. „Und wenn ich stundenlang trainiere!"

SIE scheint – wieder mal - auf einem guten Weg zu sein. Würde SIE Arm und Bein kontrolliert einsetzen können – was beim Arm noch Schwierigkeiten bereitet – könnte SIE jetzt schon wieder Auto fahren, denke ich. Reizvolle Zeit der Rekonvaleszenz! Ich habe SIE in IHR Auto gesetzt, um zu sehen, wie SIE mit dem bis dahin 'teil-restaurierten' Arm und Bein Pedale und Steuer bedienen kann. Es ging an diesem Tag besser als erwartet. Doch vor allem das Leuchten in ihren Augen. „Mein Auto, da habe ich richtig Spaß. Ich werde wieder fahren. Ich will, ich will!"

Da möchte man doch die Welt umarmen. Tage später hat SIE endlich eine tiefer gehende geänderte Einstellung zu ihrem Schicksal. SIE läuft und übt weitaus mehr als ehedem. Dazu das Auto-Leuchten im Gemüt: Da passt der Deckel nun wirklich auf den Topf. Winziger Motivationsschub, und schon so was wie Auftrieb. Psychische Thermik, zumindest ein Hauch davon.

Anders ich. Bei all meiner Schlampigkeit, einen gewissen Ordnungssinn hatte ich mal. Seit dem Crash aber ist alles irgendwie liegengeblieben. Ich brauche einen Gegenstand und stelle ihn wegen zu großen Zeitdrucks nur zur Seite: die Tassen nicht in den Schrank, Gartengeräte direkt neben die Tür usw. Irgendwann kriegst du die Tür nicht mehr zu. Und ich schreibe mir das Gemüt nebenher leer. Kompensation. Ich brauche das. Ein Spleen, bisschen bescheuert. Aber jeder hat so seinen Spleen: Meiner ist die Psyche – das Herz des Lebens! – Na ja, und die Fragen dazu: Warum führen oft die Rücksichtslosen materiell ein besseres Leben? Warum sind also Seelentypen materiell zumeist irgendwie benachteiligt? Warum gilt der Mensch ohne Mammon, egal welcher Währung, als ein Nichts? (Okay, als Ausgleich göttliches Schulterklopfen im Jenseits, na klar, logisch.) Besteht also die Kunst zu Leben vielleicht darin, immer viel und gut von der Seele zu reden, ihre wahre Bedeutung jedoch nicht hochkommen zu lassen? Oder verlieren materielle Werte ihre Bedeutung mit der Zunahme seelischer Last? So betrachtet, wäre es nur folgerichtig, wenn die Seele systematisch (vom allgemeinen gesellschaftlichen Denkmuster her) ignoriert und stattdessen das goldene Kalb zur Gottheit geknetet wird.

Kurz: Warum muss man 74 werden, um zu begreifen, dass sich die Welt nur nebenbei um eine Achse, hauptsächlich um Geld dreht und dass jeglicher Vorwurf dagegen nur Zynismus ist und absolut nichts ändert. Oder was wäre die Welt, wenn nicht so viel vom Mammon zugeschwemmte Hirnmasse das Sagen hätte?

SIE KRABBELT MÜHSAM, ABER KRABBELT

Und die Zeit rast dahin: Die erste Septemberwoche ist um. Wir haben uns – ich denke, es war ein Sonntagmorgen - noch eine halbe Stunde Bett gegönnt. „Lass uns liegen bleiben!" sagte SIE. Wir sind doch hier nicht in der Klinik. Du bist der Chef!" Also blieben wir liegen – in ihrem Krankenbett. Danach war ich wegen der Enge in den Federn total verspannt. Der Chef – darüber habe ich gelacht und nachgedacht.

Augenblicklich bin ich der Chef. Okay, einer muss das Sagen haben. In einer komplexen Lebensgemeinschaft bedarf es einer Ordnungsstruktur, keine Zweifel. Aber es sollte der Fähigste sein, der führt. Und nicht der Gierigste; wie viele Päpste, Kaiser, Könige, Kanzler, Väter und Konsorten: elitäre Gagelöcher dürften grundsätzlich nicht führen.

Jedoch zielt das Hauptgebot der Liebe - ein von Menschen formuliertes Gebot - primär immer noch auf die korrekte Hochschätzung der Herren ab und nicht der Dienenden. Jedenfalls ist die sogenannte christliche Kultur auf diesem Denkmuster so geil gewachsen wie Knöterich, der sich gierig überall hineinzudrängen versteht. Und Protektion förderte und fördert zu oft Kriechtiere: Jasager, Angepasste, Vorurteilsbelastete, Charakterschwache usw.. Frage: Gelangt Rücksichtslosigkeit trotz oder gerade wegen miesen Verhaltens nach oben ?

Ich erinnere mich an den privaten Rat eines Betriebsrates aus einem Fremd-Unternehmen. Mit dem Mann hatte ich vor etlichen Jahren auf einer Tagung die Problematik „Rentabilität statt Humanität" eine Nacht lang heiß dikutiert. Betriebsratsvorsitzender sogar, ein netter Mensch. „Werde Schurke", riet er mir abschließend. „Denn nur als Schurke vermagst du aus der Gemeinschaft eine Seilschaft zu machen, mit dir an der Spitze. Und hole dir um Himmels Willen keine stärkeren Schurken an die Seite. Sie lauern nur darauf, dich von der Spitze zu drängen!"

Klar: Schurken können mit dem Begriff 'Miteinander' wenig oder gar nichts anfangen. Sie leben von Siegermentalität wie Parasiten von ihren Wirtstieren. Sie verachten das Miteinander-Denken gezielt. Denn diese Verachtung scheint der effektivste Weg zum Erfolg zu sein. Und da das Miteinander ohnedies durch Unterhaltungskultur völlig verdreht wird, Filmhelden und korrupte Wirtschaftsgrößen also oft die Vorbildfunktionen übernehmen und dazu dann noch ein falscher Freiheitsbegriff kommt, wuchert das 'wie-die-Axt-im-Wald-Benehmen' geiler als die übelste Schling-pflanze. Ein paar Lianen und schon dröhnt Tarzans Ruf durch die Gegend, auch wenn man in dem fremden Land nur Gast ist. Wie groß ist der Unterschied solcher ungehobelter, Empathie schwa-cher Menschen zu jenen Typen, die Klassenzimmer zusamen-schlagen und gnadenlos auf Schüler ballern? Oder Völker zusam-menschießen lassen? Gewiss, in der Realität gibt es leider immer welche, die völlig aus der Art schlagen?

Ich muss derzeit führen, obwohl nicht der Fähigste. Soziale Gesin-nung ok, aber bequem, wenn auch mit ausgeprägtem Gerechtig-keitssinn. Führen, weil SIE 'gebeincapt' ist, wie SIE mal formu-lierte. Okay, eine Stunde später sitzt SIE mir gegenüber und strahlt. Und wie glücklich es macht, IHR noch so gegenüber sit-zen zu können. Das verzögert zumindest die Ausdörrung unserer Seelen. Mein Kommentar zu ihren leuchtenden Augen: „Du lä-chelst so richtig schön!"

„Das ist die Therapie!" sagt SIE.

SIE erhält derzeit von der neuen Hausärztin Ozon und Thymus zur Stärkung. Herbst 2006. Ja, die ausgewechselte Praxis hat sich als eine ausgesprochen menschlich geführte Praxis herausgestellt. Das tut IHR gut. Ozon und Thymus: SIE ist schrecklich müde da-nach. Dennoch nach der vierten Anwendung scheint tatsächlich et-was in ihrem Körper zu passieren. SIE hat ohnedies, nach Wochen erkennbar, etliche Millimeter auf der Skala nach oben gewonnen. Und ich habe zum ersten mal seit Monaten das Gefühl, dass wir recht optimistisch Pläne machen können, etwa ein geeignetes Auto für mehr Mobilität kaufen sollten.

Denn SIE ist unglaublich gut drauf. In der zweiten Septemberwo-che. Offenbar aus dem seelischen Tief heraus gekrabbelt. Und SIE spürt vermutlich das betroffene Bein, denn SIE merkt selbst, wenn SIE es nicht korrekt belastet. Voraussetzung dafür, dass SIE siche-rer steht und geht. Es scheint, SIE hat es irgendwie gepackt. Das erste mal meldet SIE auch die Abwesenheit jenes dumpfen Ge-fühls im Hirn: Benommenheit, Traumgefühle. Ein knappes Jahr nach dem Crash. Ihr Wannenbad genießt SIE zum ersten Mal. Zuvor immer nur versteckte und nach dem Bad geäußerte Angst: „Und wenn ich nicht mehr aus der Wanne komme?!" Und doch muss in diesen drei Wochen etwas passiert sein. Auch der Tochter, die fast täglich rein schaut, ist aufgefallen, dass ihre Mama eine andere Ausstrahlung hat. Trotz sich ankündigender Atemwegsprobleme. - Ein Jahr nach Crash endlich Licht im Tunnel?

Anfang der dritten Septemberwoche das erste mal eine eindeutige Willensäußerung: „Ich will ohne Stock von der Sitzbank zum Rollstuhl gehen – wenn du aufpasst." Klar, SIE hat es geschafft. Kurz darauf das erste mal aus eigener Initiative und Willen allein aus dem Sessel aufgestanden, um am Stock von oben die Tasche zu holen, die SIE vergessen hat. Und so kann ich immer wieder selbstständige 'Aktionen' wahrnehmen. Winzige Willensäußerungen, die bis vor kurzem nicht vorhanden waren. SIE musste zu allem 'getragen' werden.

Und IHR Lachen ist wieder unbezahlbar. Das „Ich will" und der knize Ausdruck der lustigen Batman-Mützenzeit ist plötzlich wieder da. Ich teile ihr meine Wahrnehmungen mit.

„Ich weiß nicht so recht", antwortet SIE. „Ich merke es nicht. Aber wenn du es sagst."

„Vor etlichen Wochen konntest du das noch nicht", erkläre ich. „Kniz gucken, war dir einfach nicht möglich." Ich schaue SIE lange an. „Trotzdem: Vergiss dein Hirnleistungstraining nicht!"

„Brauche ich nicht. Ich spreche doch mit euch – mit der Intelligenz. Reicht das nicht!"

Das ist die alte 'SIE'.

Erstaunte Frage der Tochter: "Ist die Medikation umgestellt worden?"

„Warum?" frage ich.

„Mama ist ganz anders. So lustig!"

„Ozon-Therapie", sage ich.

SIE darauf: „Vielleicht. Vielleicht auch nicht. Ich habe zwar einen Schlag, aber keinen Schlag schräg. Ich bin nur gebeincapt!"

Und SIE sagt auch immer öfter zu mir – ihre alte tröstende Art: „Wir beide schaffen es."
Seit dem Hausarztwechsel ist jedenfalls was passiert – eindeutig. Es geht aufwärts, eindeutig. Und es wurde verdammt Zeit – keine Frage. Bleibt dennoch die Ungewissheit: Tunnelende oder Irrlicht?
Und trotzdem: Wenn ich es mal egoistisch sehe: Wie viel schöne Momente wären mir eigentlich entgangen, wenn wir damals aufgegeben, ihr Leben beendet hätten. Wie viele wertvolle Augenblicke tiefer Gefühle. Ja - es geht aufwärts mit ihr; obwohl eine Schnecke immer noch ein 'Silberpfeil' gegen dieses 'Super-Tempo' ist. Es läuft alles so ungenau ab. Kein Hinweis auf nachhaltige Besserung. Und Anzeichen vom Gegenteil wie Schatten im dicken Nebel. Die Angelegenheit ist nun mal zumindest zweischichtig: Auf der einen Seite ist jeder winzige Fortschritt erleichternd, auf der anderen Seite: Vor einem Jahr war SIE noch ok. Vor einem Jahr musste SIE sich nicht quälen beim Anziehen von Schuhen. Der Arm verkrampft am Körper, noch nicht einsatzfähig. Noch lange nicht.
Wer schweres Leid nicht erfahren hat, wer sich also überwiegend gut fühlt, der wird das Leben kaum als ungerecht empfinden. So wie auch Schmerzen mit guten Gefühlen weniger stark empfunden werden (nachgewiesen durch Hirnforschung). Wer sich müht und sich trotzdem mies fühlt, wertet es ganz anders; obwohl das 'Leben' mit seinem Drumherum (Bedingungen, Umstände/Umfeld) während dieser Empfindungen unverändert abspult.
Für SIE jedenfalls ein guter September 2006 - nun ja? Und meine Gefühle: Wunderbar, dass SIE noch lebt, dass wir noch miteinander reden können. Das macht mich dankbar dem Schicksal gegenüber. Dass SIE überhaupt Fortschritte macht. Denn jeder, der von der Sache etwas versteht, wundert sich, dass Entwicklungen überhaupt noch möglich sind nach dieser tief greifenden Hirnblutung. Also Freude über den winzigsten Auftrieb. Nur IHRE seelische Qual - und damit kommt auch meine Psyche ins Spiel: Ich habe

meine Bedürfnisse auf Null zurück geschraubt. Und jetzt beginnt etwas in meinem Gemüt zu revoltieren. Rational bekommt SIE selbstredend jede Hilfe, was SIE mir fast fünfzig Jahre ebenfalls zuteil werden ließ. Doch die Abende allein. Und sie werden immer länger, denn SIE geht immer früher zu Bett. Die Nächte allein. Tagsüber funktionieren. Und ich funktioniere, mehr nicht! Trotz der positiven Impulse. Irgendwas ist mit meinem Kopf. Sitze zwar vor der Tastatur, bin aber leer. Überdrüssig. Überdrüssig des Schreibens, überdrüssig des Funktionierens. Eine halbe, dreiviertel Stunde gemeinsames Frühstück – sonst nur Ausüben von Funktionen: essen, einkaufen, Reparieren, animieren, korrigieren. Wie lange noch? Habe nicht mit dieser endlosen Reha gerechnet. Ich habe den Fortschritt anderer Patienten gesehen und geglaubt, dass es bei IHR ähnlich 'rasch' ablaufen würde. Ich werde das Gefühl nicht los, dass eine versteckte Depression systematisch an mir nagt wie ein Biber an einem Baumstamm, der dann irgendwann fällt. Und bei all dem weiß ich selbstverständlich auch, dass es vielen anderen gesundheitlich und auch nach Umständen noch viel, viel schlechter geht.

ENDLICH 'HA, HA' - UND DANN 'O SCHEISSE'!

24. September 2006. Ein Sonntag, fast ein Jahr nach dem Crash. Ein besonderer Tag. Ein Tag etlicher Überraschungen. Am Nachmittag. Doch noch ist es nicht soweit. Beim Frühstück sitze ich ihrem liebenswerten Gesicht gegenüber. Die Trainingsbemühungen der letzten Zeit haben SIE sehr mitgenommen. SIE meldet versteckt die Last. „Immer üben. Ich müsste mal so richtig relaxen."
Ich verziehe das Gesicht, bemerke: „Das Üben ist deine Arbeit. Ich habe meine, du deine."
„Ich übe doch andauernd", sagt SIE verärgert. „Sechs Strecker habe ich schon gemacht!"
Andauernd? Ihr subjektiver Eindruck. Denn in der Realität kommen pro Tag nur ganz geringe Übungszeiten zusammen. SIE versteht es nicht oder vergisst es oder ist zu sehr geschwächt.

„Ja, lieber Himmel", entgegne ich, „zwei richtige am Stück hätten gereicht, doch das am Tag zehn Mal, zwanzig Mal."

„Du glaubst gar nicht, wie schwer es ist, sich als Behinderter ein Handtuch über die Schulter zu legen", erwidert SIE kraftlos, „und wie schwer es ist, Außenstehenden zu vermitteln, dass es schwer ist."

„Nochmal", predige ich, mühsam ruhig, „wenn du deinen Zustand nicht akzeptieren lernst mit der Tatsache, dass du durch Üben den Zustand ins Positive veränderst, dann schaffen wir es nicht. Es ist, wie es ist. Und jede Übung bringt dich zwar nur einen Tausendstel Millimeter, nur ein My deinem Ziel näher. Aber bei zehn Übungen hast du zehn My. Und wenn du negativ denkst, hast du wieder fünf My weniger."

SIE, 'unterstützt' von Resignation: „Du kannst alles, was du willst, und ich kann noch nicht mal richtig aufstehen."

Was beißt da wieder in ihrem Kopf zu: die im Sommer durch ärztliche Vernachlässigung geschwächte Psyche? Oder mehr die Ängste oder nur der innere Schweinehund? SIE weiß, SIE muss üben und dass dieser Wille zum Üben aus ihr kommen muss. Was also bremst SIE aus: Der ins Unterbewusstsein injizierte Gedanke: *Das wird nichts mehr*? Oder hat SIE es vergessen? SIE scheint jedes Mal todtraurig, wenn ich 'predige'.

Und eines Tages ein Geständnis: „Keiner kann so schnell Ausreden erfinden wie ich." Dazu ihr knizer Blick – wie früher – und die Ergänzung: „Da kann man nicht doof sein." Spitzbübisches Lachen und ihre ernüchternde Erläuterung: „Alles nur Galgenhumor. Ich brauche das, sonst halte ich es nicht aus."

Auf und Ab. „Ich habe immer Arbeitstag", haucht SIE. „Ich auch", entgegne ich betont, denke nach und ergänze: „Denke an Aufbau, nicht an Arbeit."

Sie nickt. „Das ist besser." Dann verzieht SIE das Gesicht. SIE kämpft gegen das Weinen. Das kommt immer wieder vor, wenn SIE sich ihre Hilflosigkeit vergegenwärtigt.

Ich schaue zum Fenster hinaus.

„Richtig", sagt SIE. „Schau einfach weg. Es dauert etwas, bis ich das belastende Gefühl verarbeitet habe. Schau einfach weg."

Ja, ich muss SIE immer wieder 'zum Jagen tragen', auffordern, die Forderungen erklären und wieder fordern und wieder erklären. Dass SIE dadurch einem gewissen Druck ausgesetzt ist, liegt auf der Hand. Dass SIE sich dadurch nicht besonders wohlfühlen kann, ebenfalls. Und so gibt es auch immer wieder 'Auseinandersetzungen', obwohl SIE bekräftigt: „Ich weiß doch, du willst nur das Beste für mich. Wenn du nicht wärst – ich könnte das noch nicht."

Das schier sinnlose 'Predigen' macht den Alltag so schwer. Ich habe vorgeschlagen, SIE soll sich die Übungen aufschreiben, kontrollieren und abhaken, Gedächtnistraining. SIE macht es nicht. SIE klagt über ihr kaltes Zimmer. Die Tür, die ich gestern geschlossen habe, stand heute morgen weit offen. Badezimmertür weit offen, Oberlicht nachts natürlich offen. Wir heizen den Garten. Und jede meiner 'Predigten' macht SIE traurig. Logisch. Denn das Gefühl, nichts richtig zu machen, wird übermächtig. Und ich bin derjenige, der dieses Gefühl immer wieder erzeugt. Dieser Teufelskreis ist Gift für mich und den Stent am Herzen.

Andererseits immer wieder mal Überraschungen: SIE will an einem Sonntag nicht zur Nachbarin Kaffeetrinken, Nachfeier eines Geburtstages. Aber SIE wäscht sich dann doch die Haare wieder selbst - jetzt zum dritten Mal. Aus eigenem Antrieb.

Danach die <u>erste</u> Überraschung:

Ich stehe in ihrer Nähe und beobachte, dass SIE ohne jegliche Aufforderung beim Aufstehen aus dem Rollstuhl weder nach dem Stock noch nach meinem Arm zu greifen sucht, sondern ohne Stütze – also ohne Einsatz des 'drittes Beines' - drei Schritte zum Treppengeländer geht, zum Sessel oder Tisch. Das ist mehr oder weniger unbewusst geschehen. SIE hat nicht an ihre Angst gedacht, sondern ist einfach dem Erfordernis gefolgt, sich erheben zu müssen. Dreimal! Super-Leistung. Tapfer ihr Kampf, die ärztlich missachtete Gefühlswelt durch ihren Willen zu bezwingen.

SIE schafft sich unermüdlich weiter hoch, trotz Rückschlägen. SIE kämpft und erkämpft Fortschritte. Ich bin beeindruckt.

SIE hat in dieser Phase auch – aus eigenem Antrieb angekündigt, dass SIE mit Frau K. sprechen wird. Frau K. ist die Partnerin der Lesung zu ihrem letzten Buch 'Engel ohne Flügel', die im Dezember vergangenen Jahres wegen des Crashs ausfallen musste.

Und schließlich die <u>zweite</u> Überraschung: der Nachmittag bei der Nachbarin. Zunächst relativ 'belastend'. Das erste Mal in dieser Form seit dem Crash bei Kaffee und Kuchen gesessen. Aber SIE hat es angenehm empfunden. Am Abend IHR Wunsch wegen der 'Belastung' sehr früh zu Bett zu gehen. Auch eine Schmerztablette wird verlangt. Ich erwähne dabei ihre tolle Leistung vom Tag. „Bin ich wirklich zum Geländer gelaufen?" Ihre erstaunte, sie innerlich tief berührende Frage.

Eine halbe Stunde später etwa höre ich aus ihrem Zimmer einen leichten Hustenanfall, das Verschleimungsproblem. Ich rauf ins Zimmer, und laufe in die <u>dritte</u> Überraschung: SIE empfängt mich freudestrahlend: „Soll ich dir was erzählen? Ich bin eben allein gelaufen. Aus dem Bett raus, bis zum Stuhl und zurück. Ich musste mal und habe gedacht, da ich heute nach deinen Beobachtungen dreimal wie selbstverständlich zwei, drei Schritte allein gelaufen bin - ohne Stock und ohne Hang zum Festhalten mit der Rechten – versuche es nochmal. Und es hat geklappt. Und dann habe ich vor Freude geweint."

Das war am 24. September 2006, abends kurz vor 21 Uhr.

Um 21:07 höre ich nebenan ein lautes 'Haha!'

Ich sofort wieder hinüber.

„Schau mal, was ich kann", sagt SIE, steht fast munter auf und 'tanzt' etliche Drehbewegungen frei vor dem Bett. „Ich wollte wissen, ob ich es noch kann. Soll ich nochmal?" Missachtung durch Dr. Hausärztin Nr. 1 ausgelöscht. Endlich! Ärztliche Feststellung in X *'Es wird nichts mehr!'* passè. Ich nicke – fast sprachlos über diese energische Initiative. Und SIE 'tanzt' mit dem Hinkefuß und singt nuschelnd mit einem Selbstverständnis vor dem Bett herum, dass es einen tief rührt: *Aber auch die Kleinen mit Pudding in den Beinen, tanzen sich auf einem Bein die Seele frei.*

Es ist so was wie ein Durchbruch – wie die ersten dreißig Sekunden Stehen in der Reha-Klinik einen Tag vor Heiligabend 2005. Es ist etwas passiert in ihr. Ja, es ist etwas passiert. Etwas wirklich Positives.

Was hat diesen Schritt bewirkt: Die rationale oder die emotionale Seite? Sind es nicht primär Empfindungen gewesen: *allein gelaufen, ein gutes, lang ersehntes Gefühl - ich will dieses Gefühl nochmal erleben:* der Antrieb zu dem geglückten Versuch. Und dann das Weinen vor Freude, überwältigende Emotionen.

Und wenn nicht wieder einer dieser unmenschlich bürokratischen Müllhaufen über SIE ausgeschüttet worden wäre, hätte sich vielleicht wirklich Positives langfristig ergeben können.

So aber folgte nach IHREM erhebendem 'Ha-Ha' ein deutliches und verzweifeltes 'O Scheiße!

Denn kaum einen Monat später - im Oktober 2006 eine beschissene Aktion (und im November dann die schriftliche Bestätigung dieser bürokratischen Super-Scheiße).

Unsinnige, teure, und auch die Allgemeinheit belastende bürokratische Super-Scheiße, von gefühlskalten Hirnen erdacht und durchgeführt!

Und in der Tat: kurz darauf wieder nichts mehr mit Laufen auf zwei Beinen.

OKTOBER BOHRTE LOCH INS HIRN

Ja, Oktober 2006, etwa ein Jahr nach dem Crash. Dieser Oktober hatte es in sich. Er bohrte quasi zusätzlich ein Loch in IHRE grauen Zellen, bildlich gemeint. Ein ziemlich nachhaltiges Loch wie seiner Zeit bei Gage (siehe Buch I, S. 71). Und das bremste IHRE Entwicklung total aus: tief verletzte Psyche. - Denn Psyche hat nun mal mehr Einfluss, als wir allgemein annehmen.

Natürlich stellt sich die Frage: Warum SIE und ich z.B. - und logisch viele, viele andere Menschen - kaum oder gar nicht in der

Lage sind, das Leid anderer – auch fremder Mitmenschen locker wegzustecken? Während immer wieder welche sich mit Schaden und Leiden anderer im harmloseren Fall die Freizeit füllen, im hinterfotzigen sich darüber sogar diebisch freuen (Pannen-Show und dergleichen Mist). Oder grundsätzlich kein Mitgefühl für Verlierer haben? Wie muss man strukturiert sein, um Schadenfreude innerlich empfindungslos ablaufen zu lassen? Oder was steckt dahinter? Warum schafft der eine Empathie und der andere nicht? Soziale Reife gleich Null? Oder gar das Gage-Syndrom. Oder ist das eine äußerst vage Bewertung? Und wo gibt es überall Gefühlsdefekte? Nur in minderbemittelten Bürokraten-Köpfen? Oder auch in klugen Schreibtisch-Köpfen der Chefetagen? Oder durchaus auch in gestrigen Bet-Stuhl-Köpfen des Vatikan? Oder in Hunde-Kack-Köpfen? Oder auch (oder tatsächlich vor allem da?) in sogenannten Dumpf-Köpfen der viel zu oft und zu unrecht verachteten Unterschicht?

> Soziopathen sind ein Beispiel für ... *einen pathologischen Zustand, in dem ein Mangel an Rationalität von einer Minderung oder einem völligen Mangel an Empfindungen begleitet ist ... [...]*
> *... Allerdings resultiert die Beeinträchtigung der entwicklungsbedingten Soziopathen nicht aus einer brutalen [...] Schädigung im Erwachsenenalter, sondern aus abnormen Schaltungen und abnormer chemischer Signalgebung, die frühzeitig in der Entwicklung einsetzen.*
> Beide Zitate: Damasio, Descartes Irrtum, S 244

So ist es nun mal: das individuell neuronale Grundmuster der ersten Prägungsjahre - das eine gesund, das andere geschädigt. Also sozial oder unsozial? Oder dazwischen. Oder auch empathiefähig oder empathieunfähig? Oder dazwischen. Und viele Sieger sind vielleicht deshalb zu wenig oder gar nicht geschult, Mitgefühl für Verlierer aufzubringen? Mangelhafte Empathie-Prägung in vorgeburtlicher, frühkindlicher oder jugendlicher Phase? Oder sogar das Fehlen dieser Prägung (Alexhithymie)? Das wäre in der Tat ein mentales Defizit. Eine Behinderung. Ein 'geistiges Loch' im Hirn. Das Gage-Syndrom z.B.. *Gageloch* als Metapher für soziale Defizite, also für Soziopathen? Und es gibt viele Soziopathen, sowohl der krassen als auch der subtilen Art. Überall? Zu viele - und möglicherweise immer mehr? Denn wohin führt krankhaftes Siegerdenken?

Viele von denen da oben lassen sich jedenfalls die ausgefallensten Ideen einfallen, um die Hirne der Normalsterblichen ausbeutungsfähig zu trimmen (und letztlich auch ausbeuten: Niedriglohn-Drücker z.B., aufgedeckt 2010. Oder Spekulanten/Mietpreisexplosion uvm.). Eigentlich schon seit Tausenden von Jahren. Das nennt sich dann allerdings auch so in etwa 'allein seligmachende Kirche' oder 'sozialer Kommunismus' oder 'freiheitlicher Kapitalismus'; die einen wollen Gläubige benutzen, die anderen ihre Genossenschaft passend kneten und die dritten die zum Schweigen Neigenden (oder Ohnmächtigen) abkassieren. Und wenn man genau hinschaut, geht es allen drei Herrschermentalitäten nur um – also um was schon! Das Denkmuster meines Hirns ist jedenfalls nicht in der Lage, mit den Anforderungen dieses Lebens auf normalem Weg fertig zu werden. Ich muss über politische, wirtschaftliche und ähnliche Rücksichtslosigkeiten den Verantwortlichen die Krätze an den Hals wünschen, um am vielleicht vorzeitigen Ende zumindest zufrieden behaupten zu können: Ich habe anständig gedacht. Denn ob ich anständig bin und anständig handle – bleibt in den Sternen? Verrücktes Leben, so durchgedreht wie 'ein Schluck Wasser in der Kurve'.

Haben Typen mit dem 'Loch im Hirn' mehr Recht auf Leben als die wirklich Empathiefähigen? Siegerdenken und Machtgier; hat Macht nicht viele Gesichter? Es scheint z.B. vorwiegend in akademischen Schichten die Meinung vorzuherrschen, mit psychischen Mitteln Gewalt gegen Abhängige legal üben zu dürfen. Ein Naturereignis besonderer Intelligenz? *Oda wie oda was? Mensch Erhabener, unta Handwerkan und ooch Normalbürjern hab ick unzüchtjet Denken aba so jut wie nie erlebt. Soziopathisch, nee! Det ehmt kommt imma irjentwie von aus ner annern Ecke.*

Machtmissbrauch verhindert jedenfalls, den Wert jener langsam gewachsenen Eigenschaft zu erkennen: Den Wert der caricativen Liebe (Anerkennung, Achtung). Jene Eigenschaft, die nicht von Anbeginn der Menschheit vorhanden war, die aber als Folge der hoch entwickelten Psychen nunmehr eine echte, wertvolle Kraft geworden ist, durchaus fähig zu friedvollem Verhalten, bei entsprechenden genetischen Voraussetzungen und positiver Sozialisation: unverzichtbar für gewaltfreies Verhalten. Die fähigste Kraft überhaupt.

Alles, was auch aus Religionen diese Kraft fördert, ist gut – fraglos. Das verhindert zwar nicht Missverständnisse und Streitigkeiten, macht aber die Lösungen unblutiger, menschengerechter. Und alles was diese Kraft beschneidet, ist des Teufels. Ob manipulierender Katechismus oder unausgegorene, überholte Sittenlehren, befehlsmäßig in Hirne gedrückt. Offenbar denkt Damasio, die Erkenntnisse der Neuropsychologie könnten da hilfreich sein. Eine fast zu einfache Betrachtungsweise. Und doch: So durchsichtig wäre Moral im Grund, wenn sich die Sitten nicht festgezurrt, entgegengesetzt entwickelt hätten: die kranke Basis für Rechtfertigung von Machtverhalten.

261

XI.

SOZIOPATHEN-SPIELE

Denn Psyche bleibt der Arsch noch immer …
Und dann die MDK-Granate
Bürokraten-Kacke kost ja nix
Gruss an die liebe Pflegekasse
Wochen der Schmerzen
Kleinkrieg zwischen Verstand und Gefühl
Seelische Albinos?
Verbotene Gedanken

Vielleicht vertragen sich Gier und Liebe?
Vielleicht hat Sex mit Liebe tatsächlich zu tun?
Vielleicht ist Kopulieren sogar Liebe pur?
Doch lässt Psyche
im Spiel des Miteinander ein Vielleicht überhaupt zu?

DENN PSYCHE BLEIBT DER ARSCH NOCH IMMER ...

Tja, und damit zur heimischen Oktober-Bürokraten-Sch... ande. Was ist geschehen mit IHR? Oder in IHR? In IHREM Gemüt? Im Oktober 2006. Fast ein Jahr nach dem Crash hatte nochmal ein großes und vor allem ein vermeidbares Desaster biestig zugeschlagen, hatte der Medizinische Dienst der Krankenkassen (MDK in unserem Fall aus R.), die 'Erste Wiederholungsbegutachtung' durchgeführt. Eine Mitarbeiterin, genauer eine 'Wasserträgerin' des MDK, offenbar in *... einem pathologischen Zustand, in dem ein Mangel an Rationalität von einer Minderung oder einem völligen Mangel an Empfindungen begleitet ist ...* stellte am 11. Oktober 2006 eine halbe Stunde lang intime Fragen an SIE über Dinge, die grundsätzlich niemanden etwas angehen. Das allein grenzte schon fast an sexuelle Belästigung. Und dazu - wenn auch verschleiert - drei dicke Unverschämtheiten oben drauf.

Nach dem gut 30-Minuten-Eindruck, also an der Bedeutung gemessenem ultrakurzen Eindruck bastelte jene MDK-Mitarbeiterin ein sogenanntes Gutachten, gedankenlos, seelenlos, soziopathisch eben - eine phantastisch 'minutiöse' Bürokraten-Leistung, absolut legal, rechtlich nicht angreifbar! Du, die Nummer, nicht Mensch. Intimität schutzlos, die Seele alias Psyche ohne jegliche Bedeutung: Unverschämtheit Nr.1. - Weiter ein Gutachten, das die Pflegestufe reduzierte, basierend zum einen auf Unwahrheiten, zum anderen in der Recherche IHRE Würde herabsetzend, verletzend: Unverschämtheit Nr.2, eingeschlossen Respektlosigkeit, Inhumanität. Nicht genug damit: Dritte Unverschämtheit ein Gutachten, das SIE, die schon relativ selbständig war, indirekt zur Simulantin stempelte, zur Lügnerin, womit die positive Entwicklung plötzlich nochmals auf den Kopf gestellt war. Ich kann mich tatsächlich des Eindrucks nicht erwehren, dass in gut geführten Zoos die Fürsorge für Tiere besser ist als die für viele Patienten in jener Zeit. Teurer Irrsinn pur folglich: Die zwischenzeitlichen Fortschritte durch den Schwachsinn einer angeblich medizinischen Einrichtung zunichte gemacht. MDK-Scheiße als Tüpfelchen auf dem I: unwürdig - und langfristig schädlich auch für das Volksvermögen.

Die Leistung des MDK also eher Wunderding denn Kontrolle, rotzig, kurzsichtig, beschissenen. Zwar blass und zerbrechlich im Wesen jene 'Wasserträgerin' des MDK, aber stark in der Intim-Wühlerei, was auch immer diese Marionetten-Frau dazu verleitet hat (gewiss auch die 'Macht der Abhängigkeit' von ihrem Boss). Gut dreißig Minuten verletzendes Herumackern im Gemüt einer Behinderten als Basis für ein sogenanntes Gutachten. Um vordergründig Kosten zu sparen, dafür langfristig den Heilungsprozess zu verteuern. Oder war diese 'Kontrolle' statt mit erforderlicher Rationalität *...von einer Minderung oder einem völligen Mangel an Empfindungen begleitet...?* Bürokratie erfüllt, doch Seele niedergewalzt.

Rausschmiss des Dämchens aus unserem Haus wäre fällig gewesen. Ich jedoch unter Tabletteneinfluss, daher keine angemessene Reaktion auf die entwürdigenden Fragen.

Kaum war jedenfalls die Haustür hinter der Schmächtigen zugefallen, hatte SIE erlöst aufgeatmet. „Warum", hatte SIE entkräftet spöttisch gefragt, „warum werde ich das Gefühl nicht los, dass die MDK-Tante noch eine Entschuldigung für meine Hilflosigkeit von mir erwartet hat? Etwa so: 'Sorry, für das Blut in meinem Hirn. Tut mir richtig leid, Frau MDK, dass ich Ihnen so viel Mühe bereite! Echt!" Und dazu hatte SIE erschreckend müde gelacht.

Das geniale halbamtliche Punkte-Ergebnis – genannt Gutachten – wurde schon fünf Tage später (nur 5 Tage, absichtlich schnelle Bürokratie) - am 16. Oktober 2006 – uns per Post zugestellt – mit der herzlosen Rückstufung in Pflegestufe 1: mehr bist du der Gesellschaft nicht wert, obwohl du immer fleißig aufs Solidar-Konto gezahlt hast.

Kurz: Es wäre besser gewesen, SIE hätte den Oktober-Scheiß total verdrängt, vergessen.

Dass es alexhithyme Menschen schon immer gab, daran besteht kein Zweifel. Haben sich empathiefähige kleine Leute die Greuel der Kzs ausgedacht, oder wer? Gewiss: auch 'Wasserträger' sind zur Grausamkeit fähig, jedoch stößt in deren Rücken immer eine Macht. Macht benötigt Knechte.

Die Folgen in Ihrem Fall: - Nun, ein Katalog seelischer Probleme – auf die im weiteren Verlauf der 'Rückführung in die Alltagskompetenz', genannt Rehabilitation, noch etliche Arzt-Leistungen der besonderen Art geschaufelt wurden.

Und wer in diese Situation gerät, kennt das vermutlich genauso gut wie wir. Hat ein Kranker bei dieser Bewusstseins-Lage struktureller Macht überhaupt noch eine echte Chance? - Natürlich hat er. Aber Hallo! Ganz klar und ohne Frage hat er. In einem Land mit hochentwickelten medizinischen Versorgungseinrichtungen, aber Hallo! Die besten Chancen, logisch.

Wenn er Geld hat - Gesundheitsreform-Denken eines Freidemokraten 2010, abgesegnet durch Christdemokraten. Dort begründet durch die Behauptung (24.11.10 zdf), der Staat könne nicht *für private Verpflichtungen* aufkommen. Klar, kann er nicht. Warum auch!

Doch was, wenn Armut erst durch politische Entscheidungen entsteht und damit private Verpflichtungen aushöhlt oder gar unmöglich macht (den Reichen immer mehr, den Armen immer weniger (ver.di PUBLIK, MÄRZ 13)? - Okay, wo gehobelt wird fallen Späne. Oder wurde in jenem politischen Spähnchen des Jahres 2010 solches wirklich bedacht? - Und wie, wenn die Bedeutung der Psyche - nicht mal als weißer Fleck in Ganglien existiert ...

Bei IHR ein deutliches Abwärts. Fast aussichtsloser Kampf um die Normalisierung ihrer Gefühlswelt – so wie Kinder oder auch sensible Menschen sich fühlen, wenn das sogenannte Leben sie beutelt: Armut, Ausgrenzung, Verachtung usw.. In solchen Phasen stecken die Opfer in seelischen Schleudermaschinen.

Woher diese rotzige abwertende MDK-Haltung – ohne Akzeptanz der Gefühlswelt. Wirklich verantwortungsbewusste Menschen handeln anders: so wie z.B. der MDK-Arzt der Erstbegutachtung.

Also, hoher Herr, Butter bei die Fische: Zielt christliche Sittenlehre tatsächlich hauptsächlich auf den Schutz der Psyche ab? Ähm, hm, wie? – Nein oder ja? Wäre durchaus zwar möglich? Nur – ähm, hm, wat hat de Katechismus-Jriffelspitzer aba jehindert, det ooch soo deutlich ßu formuliern wie Verteuflung von Sex? Na ja, Herr, damit so Dämlacks wie ike et ooch raffn? Oda sind da ehmt Gage-Löcher int Hirn? Mich beschäftigt die Frage auf alle Fälle, ob nicht die weit-verbreitete Spezies der Ausbeuter tatsächlich über jenes eklatante Loch im Hirn verfügt (du verstehst, Herr ...pathologischer Zustand, in dem ein Mangel an Rationalität von einer Minderung oder einem völligen Mangel an Empfindungen begleitet ist usw.*) So bedauerlich das auch wäre – wenn es so wäre. Es wäre immerhin ein hochwertigeres Loch; also das Gage-loch, das mit dem bekannt gängig minderwertigen nicht oder nur kaum vergleichbar ist. Weil oben im Fall des Vorhandenseins jenes Loches – im Sinn von Nichts mit was drum – etwas Bedeutendes dauerhaft nicht zur Verfügung steht, während unten ... nun ja ... in sich zwar ein logischer, nicht ehmt anjehnehmer Gedankengang das, der Begriff 'Ausbeuter' jedoch in dem Zusammenhang – ich weiß nicht. Denn o Wunder* ...ein Mangel an Rationalität... *ist Ausbeutern in der Regel kaum glaubwürdig anzuhängen.*

Andererseits gibt es ebenso wenig berechtigte Zweifel daran, dass

das Benutzen sagen wir von Kartoffeln zwecks Hungerstillung letzt-
lich tatsächlich auch so etwas wie Ausbeuten ist. Zwar empfin-
dungslos jener Frucht gegenüber allemal, ob mit oder ohne Rationa-
lität. Aba Kartoffel und Psyche? Was wiederum die Frage aufwirft –
siehste, Herr, wie es mich umwälzt – ob überhaupt die Theorie der
Liebe alias Achtung vor anderen einen Sinn ergibt: Entfernung von
Gott alias Liebe als Grundlage für friedliches Leben – trifft das zu?
Könnte es nicht sein, dass das sogar absolut blödsinnig ist? Weil
vielleicht Menschen nur deshalb gezeugt, geboren und groß gezogen
werden, um benutzt werden zu können; ehmt eine Art Zucht-Verfah-
ren also, logo, etwas edler als in der Viehwirtschaft, klar. Aber auch
logisch: Soldaten braucht das Land, Nachwuchs die Wirtschaft.
Was also denken wir Schwachen von uns überhaupt und wagen dann
noch zu zürnen? Wir sind von unersetzlichem Wert. Wir werden ge-
braucht – wir sind – gestatten Sie – die Kartoffeln der Macht. Oder
die unverzichtbaren Nachbarn für Hundekot-Hirne. Steuerzahler für
Diäten. Soldaten für Kriege. Autofahrer für Drängler. Kinder für
Priester.

Zynisch? Und warum werden geweihte Kinderschänder noch immer eher geschont (weltweit)? - Verhöhnung der Opfer oder wie
oder was! Warum dürfen Kinder, Jugendliche und alte Menschen
von der Polizei unter der Fahne des Rechtsstaates zusammenge-
knüppelt werden (Stuttgart 21, anno 2010)? Von einem Christ-
Demokraten verantwortet? Elite-Schicht: Was herrscht da für ein
Bewusstsein in der Gesellschaft?

Ist es da nicht erlaubt oder gar die Pflicht, hier und jetzt niederzu-
schreiben, dass der Begriff 'Hundekot-Hirn' (oder nach gängiger
Mundart ... na, Sie wissen schon) die Metapher ist für die Typen, die
Verantwortung nicht gelernt haben oder nicht leisten wollen; für Ty-
pen, die sich in jeder Art rücksichtslos verhalten – aus Gesinnung her-

aus. Wobei Rücksichtslosigkeit in der Wirkung höchst unterschiedlich ausfällt, logisch.

Gedankenlose Zustimmung zur raschen mehrfachen Diätenerhöhung von Parlamentariern hat eine andere Wirkung als die Entscheidung eines Platzhirsches für einen Krieg – am Gartenzaun, Bahnhof oder Weltall oder sonstwo; logisch; oder Hundekot unter der Sohle oder an den Rädern eines Behinderten; oder von oben herab eine falsche Sitten-Bestimmung beibehalten (Homosexualität bis 2013 katholisch geächtet) und andererseits Waffen segnen – Geist hoch zehn! – Na, was sagt uns das alles? Wie vielen – weltweit - in der Porno-Industrie Beschäftigten ist bewusst, wie dankbar sie der katholisch-sittlichen Betrachtungsweise sein müssten. Durch Neugier und Verklemmung Jahrhunderte lang systematisch gezüchtete Arbeitsplatz-Sicherung. Und nicht nur in der Porno-Industrie. - Zynisch oder zutreffend?

Merkwürdig immerhin: Wo Sexualität normal gewertet wird, gibt es kaum jene ausufernde, intensivierte, kommerzialisierte, oft viel zu hoch stilisierte Beschäftigung mit Erotik. Erzkatholisch ist folglich eine nachdenkenswerte Denkweise. Man hat mir jedenfalls eingebläut, wie ich und wie oft ich zu beten habe, zu beichten, zur Messe zu gehen habe, das Aufsagen der zehn Gebote, die Gehorsamspflicht usw. usw.. Sittenlehre ganz, ganz groß. Das A und O - und nicht grundsätzlich negativ. - Mitfühlen jedoch wurde mir nicht beigebracht. Das hat man oder hat es nicht – als Kind, Jugendlicher, Erwachsener. Mir wurde nie gesagt, was es für meine Seele bedeutet und wie sehr sie belastet wird, wenn der Lebens-Partner z.B. im Krieg bleibt. Wie sehr also auch meine Mutter gelitten haben muss, weil ein Teil ihres Lebens schießen und töten musste und nicht mehr wiederkehrte. Das wurde nicht angesprochen, nicht gelehrt. Auch später nicht, obwohl das Gehirn auch solches zusätzlich zu den genetischen Vorgaben einspeichern alias lernen kann, wenn es entsprechende Reize erhält. Was ist das also für ein Lehre, die das Belämmern durch Halbwahrheiten systematisch lehrt, aber nicht das Empfinden.

Logo, die böse (außereheliche) Erotik das große Übel! Verletzung der Psyche Dreck hingegen. – Verletzung wodurch auch immer? In allen Bereichen?

Siehste, du herrlich jroßes Männeken aus irjendwo und unbekannte Fernen, der du offenbar noch imma nich bejriffen has, warum ville mit de zwee Beenen sich so jeben, wie se sich jeben. – Weil se kaum anners könn. Oda dürfn? Und soo wirst ooch du wohl uff lange Sicht nich uff de eijnen Beene bleibm. Oda doch? IHR habm se nu ma voll een Haufen Müll jestreut, damit se wohl nich ßu rasch det Loofen wieda lernt, kapitsche?

Durch äußere Einflüsse bilden sich Muster in den entsprechenden Hirnbereichen und wirken unmittelbar auf entsprechende Körperbereiche ein – Wechselwirkungen, eben weil das Gehirn im Prinzip ein Abbild der Körperorgane ist. Diese Wirkungen machen Mobben/Verachtung, Ausbeuten, Benutzen u.ä. zu Gewalttaten, Tatsachen, die von vielen noch nicht akzeptiert werden, weil Seele (oder Psyche) in den Vorstellungen immer noch in esoterischen Bereichen abspult. In Realität sind es aber neuropsychologische Prozesse durch biochemische und elektrische Reize hervorgerufen.

Tja, und wer kann da helfen? Gebete, Priester, Politiker, Manager? Können Ärzte helfen?

Oder wirklich humanes Verhalten aller - und allen Mitmenschen gegenüber?

Logo, weiß jeder: Verhalten ist entscheidend. Dass aber Verhalten überwiegend (sogar fast ausschließlich) von der Psyche gesteuert wird, ist indes offenbar nur wenigen wirklich klar. Wer z.B. von Macht träumt oder sich gar schon in diesem Wahnverhalten bewegt, existiert selbstredend und ohne Zweifel auf dieser Kugel; jedoch <u>dünkt</u> sich jener nur im wahren Leben. Er 'lebt' genau genommen daneben. Er lebt nicht mal mit anderen zusammen, selbst wenn er sich im selben Raum befindet.

Schieflage pur.

Macht will immer benutzen. Verantwortung indes nutzt Empathie.

Noch scheinen wir, obwohl Menschen des 21. Jahrhunderts, jedoch dem Rand der ptolemäischen Scheibe näher zu sein als der Kugel.

Klar, der Astronom Ptolemäus konnte es etwa 100 bis ca.180 n. Chr. nicht besser sehen. Ihm fehlten technische Voraussetzungen. Kopernikus (1473 – 1543) nutzte, wie wir wissen, das ptolemäische Wissen, korrigierte entsprechend; und doch hat es weitere Jahrhunderte gedauert, bis die Kugel-Welt intus war.

Wird Akzeptanz der Bedeutung der Psyche genauso lange benötigen? Und haben wir die Zeit? Oder bleibt Psyche grundsätzlich das fünfte Rad am Wagen?

Denn bei IHR Schieflage pur in der Tat: Fußtritt der 'Dr. Hausärztin Nr. 1' im Juli 2006 in IHRE Seele – hinaus katapultiert aus unverzichtbaren Reha-Maßnahmen. Ohne Rücksprache mit uns, grausam überheblich. Was hat dieser Tritt in die Seele wohl an miesen Empfindungen zurückgelassen (nicht nur in uns, sondern auch in jener kurzsichtigen Ärztin?)

Bei uns letztlich - nun ja, immerhin: Trotz dieses 'Juli-Fusstrittes' hatte im September echte Freude bei uns geherrscht, zum Glück, ehrlich. Denn SIE hatte sich den Mut zur freien Bewegung mühsam zurück erobert, auch innerlich, psychisch. SIE hatte eisern am Lebenswillen gebaut. Äußerlich wenige Schritte nur, logisch. Aber mit dem Motto: 'Ich bin. Ich bin wieder. Mit meinem Recht auf menschenwürdiges Leben. Ich bin und werde weiter kämpfen!' Der seelische Tiefschlag der ehemaligen Hausärztin war im Frühherbst jedenfalls endlich, endlich überwunden!

DANN ABER IM OKTOBER 2006 - DIE MDK-GRANATE

IHRE Seele war an diesem Tag regelrecht zur Bedeutungslosigkeit gequetscht worden. Obwohl SIE immer wieder sagte: „Das Hinken stört mich nicht. Aber mein Kopf. Wenn ich wieder gesund bin, dann werde ich ...“

„Du bist doch nicht krank.“

„Den Kopf, meine ich.“

„Du bist im Kopf so gesund wie ich oder deine Tochter. Zum Glück! Klar, deinem Alter entsprechend. Okay, Bewegungsfähigkeit halbseitig futsch und deshalb verteufelt hilflos, ja, zugegeben! Was sich noch bessern wird. Aber krank bist du nicht! Glaube doch! Vertraue denen, die dir helfen! Denen, die alles tun, damit du wieder selbstbestimmt leben kannst.“

„Ach“, sagte SIE mit großen Augen, „hast du den MDK vergessen?“

Was auch immer es ausgelöst hat: Nach der schriftlichen Bestätigung der Herabstufung durch die Kasse ging es stetig bergab. SIE verweigerte sich. Das so wichtige Training geriet immer mehr ins Abseits. Die schon fast erreichte Sicherheit beim Stehen und Gehen äußerste sich immer öfter im Taumeln. Dreimal im Jahr 2006 noch fast gestürzt. Und dann konnte SIE nicht mal mehr allein stehen. Ängste, seelische Last drückten SIE nieder. Kampf gegen ihre Willensschwäche und gegen meine Resignation aussichtslos. Tendenz abwärts: Unsere Angst immer größer, IHR Laufen immer schlechter, die Depressionen immer tiefgreifender. Lass dir helfen, okay! –

Doch Hilfe wie? Uns oder allen anderen benutzten Kreaturen. – Es ist das Schicksal ungezählter Mitbürger, unter Machtmissbrauch und entsprechenden Folgen zu leiden. Und/oder Frust aufzubauen.

SIE sagte später: „Ich habe mich danach wie Müll gefühlt. Ich habe darüber nicht gesprochen, weil ich es nicht hochkommen lassen wollte." Ja, vieles hat SIE nicht abrufen können, doch jener Oktober hatte sich damals schon (und über die Jahre) festgefressen.

Jene ärztlichen und andere Tiefschläge haben den Abwärtstrend jedoch nicht allein zu verantworten. Doch wie viel braucht ein kippender Krug, um zu stürzen?

Villeicht also sollte die von uns abjesetzte Dr. Hausärztin Nr. 1 und ooch de funktionsfähjen, aber hübsch anjestrikten soziopathischen MDK-Mitarbeiter noch mal een steuerbejünstigtet Semester Sozial-Bildung dranhängen? Wäre volkswirtschaftlich gesehen von wahrlich jroßem Nutzen.

Ab wann ist ein Mensch kaum noch in der Lage, sich wie ein Mensch zu verhalten: gesittet gelassen, souverän? Ab wann rastet er aus? Wie viel kann sein Hirn verarbeiten, ohne zu explodieren? Pauschale Antworten dazu - nein, logisch. Jedes Hirn äußert sich – unterschiedlicher Grundprägung wegen – im Ergebnis individuell. Irgendwann aber ist ein Kanal voll. Man denke an Fußball-König Zidane und seine Kopfnuss in der Öffentlichkeit. Was auch immer seinen Zorn ausgelöst haben mag. Ein Tropfen reicht zum Überlaufen.

In unserem Fall beispielsweise ein Gesundheitszentrum, und keine Parkplätze für Behinderte! Die anderen voll. Und das vor einem Gesundheitszentrum. Vor jeder physiotherapeutischen Sitzung die Sorge, rechtzeitig - und in einem verregneten Sommer vor allem im Rollstuhl trocken - zur Anwendung zu kommen. Beste Voraussetzung für Frust-Wachstum. Dazu die Reaktion von Mitarbeitern des zuständigen Kirchenamts auf den Hinweis dieses Mangels: „Wir sind nicht zuständig." Später immerhin: „Das habe ich nicht gewusst. Das werde ich sofort klären." Und viele ähnliche Gutmütigkeiten. Dennoch weiterhin wochenlang kein Parkplatz. 'Sieh zu, wie du klar kommst, was kümmert es mich, dass du behindert bist.

Deine Bedeutung für die Gesellschaft ist doch ohnedies gleich Null.' Da wird der Frustkorb immer voller vor Ohnmacht. Da könnte man auch schon ein bisschen platzen. Jedenfalls schleichen sich immer wieder Impulse der Wertlosigkeit ins Hirn. Und wann läuft es über?

Gegenmaßnahme klar: Leserbrief, Tageszeitung, und - eine kolossal überraschende Wirkung, aber hallo!

Arztpraxen, Therapie-Einrichtungen, Apotheke, Fußpflege, sogar ein Frisör – Gesundheitszentrum – ideal und sehr praktisch für Behinderte. Nur - keine Parkmöglichkeiten für sie. Verantwortlich dafür das Kreis-Kirchenamt der EV-Kirche.

Solchem Amt jedoch Behinderten-Feindlichkeit zu unterstellen - also bitte ... nein! Aber Sachzwang: Aufstockungsarbeiten, ein Baukran braucht Platz, klar!

Wenn es allerdings einer Verwaltung nicht möglich ist, mindestens zwei oder drei geeignete Plätze für die Bauzeit zu kennzeichnen, tun sich – logisch - tiefgreifende Fragen auf:

Unwissenheit etwa? - Nein, seit Baubeginn sind die verantwortlichen Stellen mehrfach auf diesen Missstand hingewiesen worden.

Also Gleichgültigkeit? - Käme dicht an Behindertenfeindlichkeit heran.

Oder - ganz profan - das Aussitzen des Problems? Ein Kran bleibt ja nicht ewig stehen.

Vielleicht aber noch profaner: Kurzsichtigkeit? - Und das ist bös. Denn ein schlechtes Images lässt sich nur schwer wieder aufpolieren - vor allem das einer christlichen Institution.

xxx Unterschrift

Wie gesagt: Die Wirkung war tatsächlich beachtlich: Umgehender Anruf mit Entschuldigung und Zusage, sofort zu handeln. Sofort! Tja - und schon vier Wochen – 4 Wochen später war ein Schild aufgestellt. Etwa sechs Wochen vor Beendigung der Bauarbeiten. Und an einer Stelle aufgestellt, die von Bauarbeitern mit Privat-PKWs oder Baumaterial permanent zugestellt wurde. Bösartig handelnde Menschen gibt es nur selten, ganz klar; doch genial kurzsichtig sind viele mitunter. Und warum? Beherrscht da nicht doch irgendwie ein falsches Denken das Hirn? So nach dem Motto: Was kümmern mich Seele, Psyche, Gemüt von anderen: absolutes Privat-Ereignis.

BÜROKRATENKACKE KOST JA NIX

Oder wie oder was? - In dem Buch 'Das deutsche Führungsproblem' (dtv 2005) wird natürlich nicht explizit von Liebe gesprochen, aber sehr eindeutig eine *'Kultur des gegenseitigen Vertrauens'* gefordert und jeder Führungsstil, der eine *'Kultur der Angst'* schafft, verteufelt. Das entspricht dem Anspruch auf Anerkennung alias Ablehnung von Missachtung. Und das letztlich mündet in Wertschätzung alias Liebe oder in Benutzen alias Überheblichkeit. Manche sagen auch: Augenhöhe fehlt.

Am 16. Oktober 2006 erreichte uns jedenfalls der überhebliche empathielose MDK-Beweis in schriftlicher Form: Rückstufung in Pflegestufe I. Zwar bei IHR in der Entwicklung zur Selbständigkeit (genannt Alltagskompetenz) keine eklatanten Veränderungen im Vergleich zum ersten Gutachten festgestellt, und allein *eklatante Veränderungen* rechtfertigen nach Aussage eines Kassensprechers eine Runterstufung. Aber ein Minutenmaß als Maßstab für die Bewertung von Menschlichkeit reicht auch. Zwar irgendwie ein Entscheid wider das Gesetz, weil es das Gesetz so gar nicht vorsieht. Doch Auslegungssache: Erfolgsquoten-Erfüllung. Alles menschlich also: Sechs Monate für die Rückführung ins normale Leben, das muss reichen für eine Hirnblutung.

Kurzum: ein Haufen Bürokratendreck vor unserer Haustür. Da war wieder eine Menge zusätzlich zu fegen für mich: schriftlich Widerspruch usw.. Kampf gegen Bürokraten-Hirnmasse, träge, empathielos, (und angepasst wie jene Ordnungsamt-Hirne, zuständig für die Feststellung des Behinderungsgrades 70%). Wie auch immer: für uns ein finanzieller Einschnitt, klar. Doch schwerwiegender der absolut unzutreffende und ungerechte Schuss vor den Bug unserer beiden Gemüter. Die unerträgliche, unnütze Herabwürdigung: 200 statt 400 Euro. Mehr bist du nicht wert. Kultur der Angst. Denn das Resultat vielleicht sogar gewollt: Getretene kämpfen oft gegen Resignation und Missachtung an, bis sie nicht mehr können. Bürokraten-Ziel: *'Bist du erst in Nöten, geht dein Wille flöten'.* Und dann verlieren sie, verlieren immer mehr - bis schlimmsten Falls zum Suizid. Na und! Jeder ist seines Glückes Schmied.

Die böse, böse Unterschicht, die sowieso nicht recht weiß, wie der Hase läuft, sollte eigentlich dankbar sein, dass sie für die Oberschicht, wie schon angesprochen, letztlich doch irgendwie von Nutzen ist. Schließlich dafür sogar Geld erhält. Bisschen jedenfalls, nicht wahr, Herr!

Armutstudie Friedrich-Eberst-Stiftung (2006): 8% sehr arm, etwa 6 Mio in der BRD Sozialhilfe. Ganz unten also. Und hoch darüber die Superreichen, oft mit der Cleverness, sich der Steuer-Verantwortung zu entziehen (alias gagelöchrige Raubritter u.ä.). Und mit Kapital überhäufte Sportler und andere Überbezahlte gehören ebenfalls in des Teufels Kategorie. Und Krankenhäusern fehlt derweil das Geld. Für Finanzluschen Prämien und für Schwerstarbeiter wie Pflegende 'n Appel und 'n Ei. Seit eh und je ist der Trend bekannt. Glücklicherweise reden Politikvertreter die Scheiße wunderbar schön. (Hart aber fair 24.11.10 zdf: Pflegenotstand). Sonst hielte man es nicht aus.

SIE – SIE hat im Oktober/November 2006 zum zweiten Mal ein wichtiges Spiel verloren: Dank seelenloser Mitmenschen, hörig der Bürokratie, oft sogar vorauseilend willig.

Komisch: Menschen, die subtile Gewalt üben, werden in unserer Gesellschaft nicht etwa schief angesehen – nein! – Und es sind ungezählte. Druck ist normal! Machtmissbrauch ist normal. Gewalt ist normal. Krieg ist normal. Die Lüge ist normal (und unter dem Begriff Werbung sogar gesellschaftsfähig, wobei nicht jede Werbung von Übel ist). Ausbeutung ist normal usw. usw.. Und gegen gewalttätige Jugendliche, vor allem ausländische, schärfere Gesetze: Das ist christdemokratische Taktik, pardon Politik im neuen Jahrtausend. (Oder hat sich seit jeher auch da nicht viel geändert?) Ein halbes Jahr und länger war SIE fremdbestimmt inklusive Blase. Alles wurde IHR gesagt, alles hat SIE erfragt. Erfragen müssen. Jede Übung musste ihr in diesem halben Jahr fast aufgezwungen werden. Weil SIE innerlich nicht mehr wollte. Eine solche Rückführung zum Lebenswillen ist unglaublich schwer. Den Willen zur Selbsthilfe wecken, Ängste nehmen. Den Lebenswillen stärken – wie, wenn Ansätze immer wieder zertrampelt werden – von bürokratischen Trampeltieren! Oder politischen.

Immerhin: Im September 2006 hatte SIE – Dank unermüdlicher Arbeit an sich - schon sichere Schritte allein machen können. Doch dann im Oktober - 11 Tage nach dem ablehnenden Bescheid der Pflegekasse - ist SIE bei einem verunsicherten, verkrampften Versuch, allein aufzustehen, rückwärts aufs Bett gefallen. Innere Energie futsch. Der seelische Halt weg. Sicherheit weg. Und sicher die Folge auch der herabwürdigenden MDK-Befragung. Seither starke Schmerzen. Ohne Schmerzmittel läuft seit Mitte Oktober 2006 nichts mehr. (Stand Herbst 2013).

Der Crash hat Arm und Bein lahmgelegt, Schicksal – okay! Der MDK-Bescheid indes, ausschließlich hausgemachter Müll, hat das bisschen aufflackernde Kraft zur Selbstständigkeit regelrecht ausgepustet. Nein: zugeschissen, zugemüllt! Mal einfach so im Minutentakt gemäß Grün-Tisch-Formular: Pro Pinkeln eine Minute - Punkt. Und jeder Zahn a 1 Sekunde mal 32 - Punkt. Pardon: Wenn man sie, die Zähne noch alle hat - gleich 32 Sekunden Pflege – Punkt. Aber 30 Sekunden reichen auch usw. usw.. Dazu ein politischer Span: Karriere wichtiger als die Pflege eventuell kranker Eltern (Hart aber fair: 24.11.10 zdf: Pflegenotstand). Seither jedenfalls ist die Angst vor einem Sturz nicht mehr aus IHREM Kopf zu bekommen. Ein irres Verhaltensmuster, fest gefressen in den Strukturen - auf unbestimmte Zeit. Und jene, die die These 'des eignen Glückes Schmied' vertreten, glauben noch an den geistig ausgetrockneten Spruch.

GRUSS AN DIE LIEBE PFLEGEKASSE

Durchaus gutwillig die Sachbearbeitung der Pflegekasse und bürokratisch korrekt. Denn fünf Tage nur hat es gedauert, bis die Mitteilung der Herabstufung uns erreichte. Logisch schriftlich und mit sofortiger Wirkung; Pflegegeld halbiert, gestützt auf eine unsachgemäße Kontrolle und natürlich im Stil des 'Schwarzen-Peter-Spiels': Irgend jemandem muss er untergeschoben werden. Dem Schwachen. Denn er hat die geringsten Chancen zur Gegenwehr. Also sehr schnell Halbierung. Auf mein schriftlich gründlich ausgearbeiteten und fundierten Widerspruch wurde allerdings nicht ganz so schnell reagiert: Genau genommen zunächst überhaupt nicht. Dabei ist es doch ein präzises und aussagekräftiges Schreiben.

Anschließend der Original-Wortlaut der wesentlichen Punkte: So jedenfalls ist es aktenkundig, nicht nur in der Pflegekasse, auch bei der Gesundheitsbeauftragten der Bundesregierung.

Widerspruch gegen die Rückstufung in Pflegestufe 1 (Bescheid vom 16.10.06). Das Gutachten das zu oben genanntem Bescheid führt, erweckt den Eindruck, dass Patientin X. sowohl Körperpflege als auch Ernährung und die hauswirtschaftliche Versorgung weitgehend selbständig erledigen kann, also relativ mobil ist.
Tatsache ist, dass sich seit dem Gutachten vom 14. 03. 06 bis zum 11. 10. 06 nichts wirklich Entscheidendes in Richtung Selbständigkeit entwickelt hat. Patientin X. ist immer noch auf ähnlich viel Fremdhilfe angewiesen wie im März dieses Jahres.

Nachfolgend stichhaltige Gründe:

Beim Folgegutachten (11.10.06) wurden vier wesentliche Punkte nicht berücksichtigt:

1. Die hohe Gefahr einer weiteren Blutung

Durch die Art der Erkrankung (Stammganglien-Blutung und genetisch bedingt [Uni Münster] dünnwandiges Gefäßsystem; die Zwillingsschwester ist daran gestorben) ist jeder Versuch zu Stehen und zu Gehen für Frau X. mit großer Unsicherheit verbunden.

Ungesicherte Bewegungsabläufe könnten durch einen Sturz tödliche Folgen haben, anders als bei Patienten mit normalem Gefäßsystem. Deshalb ist die Sicherung durch eine zweite Person unverzichtbar.

2. Die im Folgegutachten festgeschriebene Ausgangssituation

'Massenblutung mit armbetonter Hemiparese links' ist nicht korrekt.

Tatsache ist, dass die gesamte linke Seite total bewegungsunfähig war und immer noch erhebliche Probleme bereitet – beim Stehen, Gehen, Greifen und mitunter sogar beim Schlucken (Erbrechen, Erstickungsanfälle wegen Verschlucken/Atemwegsverschleimung).

Hinzu kommen in letzter Zeit wegen des vielen Liegens Rückenprobleme mit erheblichen Schmerzen und diverse Schwächeanfälle.

Die Patientin kann sich also nicht selbständig - ungesichert durch Fremdhilfe, auch immer wieder durch das Umknicken des betroffenen Fußgelenks mit Sturzgefahr - durch die Räumlichkeiten bewegen und die Wohnung schon gar nicht verlassen.

Die Patientin ist zu keinerlei hauswirtschaftlicher Versorgung fähig. Sie kann sich weder das Essen selbst besorgen noch selbst zubereiten.

Auch die erforderliche Körperpflege/Intimpflege funktioniert nicht so, wie es im Gutachten dargestellt wird.

Sicheres freies Stehen ist der Patientin unmöglich. Halt durch die betroffene Hand ist nicht gewährleistet. Die gesunde Hand wird logischerweise anderweitig benötigt.

Es trifft also nicht zu, dass die Toilettengänge tagsüber grundsätzlich selbständig erfolgen. Aus dem Rollstuhl heraus mit Hilfe der Wandgriffe kann die Patientin zwar behelfsmäßig hantieren. Zur ausreichenden Hygiene benötigt sie jedoch Fremdhilfe. Und das zwingender Weise mehrmals am Tag.

(Näher auf den Bereich Intimpflege einzugehen, dazu ist weder die Patientin noch der Betreuer bereit. Auch nicht bei einer erneuten Untersuchung. Das ist absolute Privatsache. Die sehr befremdliche Befragung ging jedenfalls über das zumutbare Maß hinaus.

„Das war gegen meine Würde." Ausspruch der Patientin.).

3. Die anterograde Gedächtnisschwäche:
Die Patientin weiß, dass sie etwas getan hat, aber nicht ob korrekt oder falsch oder überhaupt oder wann. Es ist bisher leider nicht gelungen, die Patientin durchgehend zu autarkem Verhalten zu bewegen.

Beispiel: Sie will regelmäßig trinken und glaubt, soeben getrunken zu haben, in Wirklichkeit aber liegt das Stunden zurück. Unkontrolliertes Trinkverhalten hat schon in der REHA zu drei Kreislaufzusammenbrüchen geführt.

Außerdem verstärkt diese Gedächtnisschwäche nicht nur die Unsicherheiten und die Angst vor einem folgenschweren Sturz, sondern führt auch immer wieder zu falschen Informationen an die Umwelt.
Diese Gedächtnisschwäche ist erst jetzt voll bewusst geworden. Die erforderliche neurologische Nachuntersuchung wird im Januar 2007 durchgeführt.

4. Die körperliche Schwäche
Die Formulierung im Gutachten 'intensive Therapie' trifft nicht zu. Die physische Schwäche der Patientin lässt eine wirklich intensive Therapie leider nicht zu. Die Patientin ist nur durch permanente Aufforderung (anterograd und physisch bedingt) dazu zu bringen, intensiv zu üben (Fremdhilfe), muss aber vor Erschöpfung das Training immer wieder vorzeitig abbrechen.
Vor etwa acht Wochen - also nach einem dreiviertel Jahr 'Training' - ist es zwar tatsächlich der Patientin einmal geglückt, allein aufzustehen und zwei, drei Schritte ohne Angst zu gehen. Vergleichbare Beobachtungen jedoch (REHA-Klinik, vergleichbarer Zeitraum) zeigen andere Ergebnisse einer 'intensiven Therapie'.
Das Folgegutachten hat die Patientin immerhin drei Mal animiert, selbständig (ohne Anwesenheit einer zweiten Person) aufzustehen und zu gehen. Alle drei Versuche haben fast zum Sturz geführt: im ersten Fall glücklicherweise aufgefangen durch die Nähe des Bettes; im zweiten Fall durch eine Fensterbrüstung, und im dritten Fall ist der Betreuer (Ehemann und Autor des Widerspruchs) zufällig dazugekommen.
Ob das Folgegutachten solche Gefahr verantworten kann?
Dennoch gibt es winzige Fortschritte der Beweglichkeit, jedoch nicht in der Sicherheit. Angesichts solcher Umstände wird logischer Weise auch der winzigste Fortschritt von den Betroffenen hoch – vielleicht zu hoch eingeschätzt.

Fazit:

Das Ergebnis der 2. Befragung ist bei Beachtung der anterograden Gedächtnisschwäche sehr zweifelhaft, zumal auch der Betreuer wegen der Überbelastung und Schlafstörungen unter starkem Medikamenteneinfluss stand. Weiterhin: Bei Beachtung der Unsicherheit der Patientin ist Fremdhilfe außerhalb der Ruhezeiten unverzichtbar.
Es ist falsch, wenn in dem Gutachten von einer 'pflegestufenrelevanten Reduzierung des Fremdhilfebedarfs' geschrieben wird.

Ohnedies bleibt die Frage, wie in einer knappen Stunde eine korrekte Bewertung der Folgen einer sehr komplizierten Hirn-Schädigung zustande kommen soll, wenn nicht mal nach den Hintergründen geforscht wird, sondern nur äußere oberflächliche Merkmale herangezogen werden, basierend auf den Aussagen einer ,anterograden Patientin ... usw. usw..

Im weiteren Verlauf des Widerspruchs werden weitere Unstimmigkeiten im sogenannten Gutachten angesprochen: eindeutige Fehlbewertungen im Umfeld, Fehlverhalten einer Sachbearbeiterin in Vertretung und ein weiterer aktenkundiger Fehlentscheid des MDK aus R. vor etlichen Jahren schon. Dann noch eine Vermutung, wörtlich aus dem Widerspruchschreiben:

... Man kann sich des Eindrucks nicht erwehren, dass zunächst abgewiegelt wird, (was von neutraler Seite später auch öffentlich bestätigt wurde). Solche Handlungsweisen sind nicht sozial-menschlich; darüber hinaus auch widersinnig und letztlich für das soziale Netz unnütz teuer. Denn sie fördern nicht die Gesundheit, sondern lähmen den Lebenswillen, belasten die Kranken enorm, fördern Folgeschäden und arbeiten der amtlichen Vorgabe der 'Qualitätsverbesserung im Gesundheitswesen' entgegen. Sie lassen Lebensqualität nicht zu, wie es das Pflegequalitätssicherungsgesetz eigentlich vorsieht.
Dass darüber nachgedacht wird, ist aber kaum zu erwarten. Also rechnet der Autor auch nicht damit, dass die oben beschriebene sinnwidrige Entscheidung rückgängig gemacht wird ...
... Kopien an Gesundheitsbeauftragte, MDK, Patientenschutzbund usw., gez.: Unterschrift

Wie gesagt: Reaktion der Pflegekasse auf dieses Schreiben – zunächst gleich Null. Drei Monate lang absolut Null. Drei Monate lang!

Erst im März 2007 werde ich von der Pflegekasse hören, also mehr als drei Monate später. Und es ist nicht etwa eine Reaktion auf meinen Widerspruch. Nein, ich werde per Brief von der Pflegekasse aufmerksam gemacht, dass ich als Betreuer einen Urlaub zu beanspruchen habe mit gut 1300.- € Unterstützung durch die Pflegekasse. Nette Geste, oder wie würde der interessierte Leser das werten? Nett also ja, jedoch verwirrend. Also frage ich telefonisch an, warum mir Geld angedient und der Patientin Geld vorenthalten wird. Und warum auf meinen schriftlichen Widerspruch absolut keine Reaktion erfolgt. Wo doch eigentlich der ganze Vorgang im Computer nachzulesen wäre, also jeder Sachbearbeiter über unsere Situation Bescheid wissen müsste. Gläserner Bürger und so. Kurzum: Dieses Telefonat machte die Angelegenheit plötzlich zur Chefsache, obwohl offenbar mein Widerspruchschreiben nicht sofort auffindbar war. Aus Versehen oder mit Absicht, wer weiß. Immerhin bisschen telefonisches Hin und Her, und dann wurde die Pflegestufe II für ein halbes Jahr weitergewährt. Komisch, die plötzliche Korrektur?

Dazu – Achtung - abermals eine zu kurz gegriffene Entscheidung, denn Alltagskompetenz gemäß Gesetz war auch nach einem halben Jahr noch nicht erreicht. Genau genommen: reingelegt. SIE – also weiterhin ausgebremst durch kurzsichtige Bürokraten-Kacke. Gibt das nicht doch irgendwie zu denken?

WOCHEN DER SCHMERZEN

Dieses Hin und Her und die arrogante seelenlose Oberflächlichkeit des MDK hat SIE tatsächlich kaltgestellt und die Reha verzögert. Was daran rentabel ist – dumme Frage? Behindert. Nicht alltagskompetend. Mobilität nur per Rollstuhl. Das Grundrecht auf Genesung usw. festgeschrieben, aber Zahlen diktieren, eiskalt, herzlos, dämlich! Seelenlose Bürokratie mit Teuerungseffekt-Garantie. Und – man sollte es nicht vergessen: Die Macht politischen und bürokratischen Durchschnitts trifft nicht nur das Individuum. Sie trifft grundsätzlich auch die Allgemeinheit. Dieser Machtmissbrauch hat auch uns getroffen, klar. Und sogar in unserem Daheim. Wie falsch 'daheim' klingt, wenn Macht Lebensqualität aus den Gemütern presst. Volle Breitseite, klar, keine Frage, MDK-Volltreffer. Ja, wir waren noch schwimmfähig. Vorerst. Denn es sollte noch ein bisschen was dazu kommen. Von wegen irgendwann noch mal Auto fahren können. SIE wurde immer unsicherer, schwächer, hatte immer mehr Probleme mit den Atemwegen, klagte zudem in diesen Tagen immer häufiger über Rückenprobleme. Verkrampfung! Gefühlswelt eingeklemmt. Schraubstock. Die innere Energie verdampft. Kranke Gefühlswelt, Tendenz abwärts. Hoffnungen auf brauchbare Beweglichkeit des Beines, des Armes schwanden. – Trotz Ozon-Therapie kein Kraftgewinn. In diesem November scheint unser Leben am Ende zu sein. Immer wieder Tränen. „Ich bin doch nur eine Last für dich. Ein Störfaktor." Wir essen, schweigend, appetitlos, Leber, die ich sonst verschlinge. Und abermals: „Ich bin doch nur eine Last für dich." Dieser Satz kotzt mich schon lange an! Nicht die Akzeptanz ihrer eingeschränkten Beweglichkeit ist das Problem, sondern die Last, die SIE für andere zu sein glaubt. Gewiss hat sich meine Gefühlswelt mit ihrem Zustand nahezu arrangiert. Ihre Hilflosigkeit quetscht nicht mehr so sehr wie zu Beginn. Es ist wie es ist. Und drei Schritte Roboter gleich sind besser als absolute Hilflosigkeit. Und klar, SIE hat Schmerzen über Schmerzen. Jede Bewegung quält. Aber ich kann es nicht bessern. Kann nicht. Das belastet. Und Entlastung durch Schreiben, ja. Doch angenagt - oder schon zerstört von einem seelenlosen System. Von Menschen, die ins All fliegen können, aber nicht fähig sind, die innere Bedeutung zu achten. Und dem entgegen zu wirken, kostet unglaublich Kraft. Verbal will SIE, keine Frage. SIE verspricht, aktiv zu sein. Doch SIE kann es nicht oder vergisst. Wollen, versprechen, vergessen. Vergessen, dass SIE von sich aus etwas tun muss, wenn SIE die Folgen des Crashs überwinden will. Vergisst SIE wirklich? Oder schützt SIE Vergessen vor, um dem ungeheuren Stress zu entgehen? Wäre es so, dann verstünde ich auch das – ohne Vorbehalte. Denn IHRE verletzte Gefühlswelt diktiert, IHR Unterbewusstsein dominiert. Und da ich beide Möglichkeiten in Betracht ziehe, habe ich bis jetzt - zwar mit übermäßiger, aber freiwilliger Geduld - immer und immer wieder zu animieren versucht, und schließich eine 'Lösung' angepeilt, die mich entlastet und ihr trotzdem weiterhilft: Einen Übungsplan – den SIE sich nach ihrem Empfinden schriftlich aufstellen und einhalten soll, um ihren Gedächtnisschwächen entgegen zu wirken. Den ich, durch Beispiel vorgegeben, seit nahezu drei Wochen erwarte.

Es passiert leider nichts, trotz mehrerer Versprechen. Geduld angekratzt. Und SIE strickt nur den Satz: „Ich sehe es doch, ich bin nur eine Last für dich", unterstrichen vom Suizid-Wunsch. Unerträglich. „Warum immer wieder?" frage ich. „Du vergisst immer genau das, was wichtig ist für dich."

„Ich vergesse nur das, wovor ich Angst habe."

Hoppla! Ängste! - Also Diskussion über das Problem ihrer 'Vergesslichkeit' und Rätseln über medizinische Methoden, die die Ursachen dieser Ängste nachweisen könnten. Folgen der Blutung vielleicht? Neurologische Klärung des Kleinkriegs im Hirn - wie? Das Gespräch dreht sich um Nachweis. Doch gleich darauf plötzlich IHRE Frage: „Was soll überhaupt nachgewiesen werden?"

Ich falle aus allen Wolken – es ist mir unerklärlich, dass SIE den Kern-Inhalt unserer Diskussion schon wieder vergessen hat. SIE sieht an meinem Gesicht meine Verwirrung, überlegt kurz –

Erkennen folgt, danach der Satz: „Ich wollte nur wissen, ob du es noch weißt."

Logisch, SIE weiß, dass ich SIE durchschaue. SIE beginnt zu lachen und stellt fest, dass es nur ein Scherz gewesen sei. Klar, Scherz! Und ich weiß nicht: Hat SIE vergessen oder nicht? Subtile Spitze, typisch für SIE und Beweis, dass SIE geistig voll da ist. Warum aber immer und immer wieder das Vergessen wichtiger Aufgaben?

17. November 2006. Es ist schon nach Mitternacht. SIE hat so starke Schmerzen, dass SIE nicht schlafen kann. Trotz 3x 600mg Schmerztabletten. Kein Fitzken Schlaf. Mit einem Spritzer positiver Gemütsmasse haben wir das Glas bisher, bis zum Oktober halbvoll betrachten können. Hoffnung war vorhanden. Oder zumindest der Wunsch nach Hoffnung. Doch mit diesen seit MDK immer wieder auftretenden heftigen Schmerzen und den bremsenden Folgen: Schwäche, Antriebslosigkeit, Resignation - wird das Glas leerer und leerer. Lebensqualität? - Schmerzen, die auch den kleinsten Hauch von Wohlgefühl ersäufen, lassen Lebensqualität doch gar nicht zu. Nein, sie motivieren, erzwingen Todessehnsucht geradezu. Ich weiß, es ist nicht unbedingt nützlich, so zu denken. Nicht, weil es unchristlich ist. Nein, weil es die Seele zusätzlich würgt. Uns beide hatte das Innenleben nun mal so verschmolzen, dass z.B. mein Herzinfarkt die logische Folge IHRES Leidens war. Und immer wieder der knüppelnde Satz : 'Das wird nichts mehr'.

Nach Auffassung der Therapeutin wäre SIE durchaus schon in der Lage, motorisch das betroffene Bein einigermaßen zu beherrschen. Die große Bremse ist ihre Psyche, so die Therapeutin. IHRE durch Schicksal plus Bürokratie herunter geputzte Seele, IHRE verständliche und berechtigte Angst vor einem Sturz. Ohne Kontrolle geht nichts. Äußerst Sturz gefährdet nach viermal fast gestürzt. Und SIE darf auf keinen Fall mit dem Kopf aufschlagen. Hausmann, Gärtner, auch Physio- und Psychotherapeut, Trainingspartner, außerdem auch mit 'anwaltlichen Aufgaben', ausgefüllt - umfangreiche schriftliche Auseinandersetzung mit dem MDK, mit der Kasse mit Beschwerdeschriften ans Ministerium, Patienten- schutzbund usw. usw.: mein Leben. Bleibt Hoffnung. Sie stirbt doch zuletzt, heißt es. Natürlich geistert auch noch ein Quäntchen davon irgendwo zwischen den Mauern unserer von Frust gespick- ten Behausung. Und doch frisst sich das Gefühl immer mehr fest, dass der Endzustand erreicht ist. Zumal die Erfahrungen fehlen. Erfahrungen, die bei jedem Schlaganfall ohnedies anders sind. Und die guten Meinungen: 'Es wird schon wieder, der und der ist ja auch usw.' - nur schwacher Trost. Und es helfen auch nicht die mitfühlenden Gedanken aus der Verwandtschaft heraus nicht wirklich: 'Wir denken jeden Tag an euch.'

KLEINKRIEG ZWISCHEN VERSTAND UND GEFÜHL

Mitdenken wunderbar, doch es nimmt nichts von dem Druck. Nein, kein Außenstehender kann den Zustand korrekt erfassen. Nur Betroffene reichen mit ihren Erfahrungen an das individuelle Geschehen heran. Und reichen tatsächlich nur 'heran', mehr nicht. Es bleibt ein Kleinkrieg im Hirn zwischen Verstand und Gefühl. Und welche politischen Entscheidungsträger können schon mit Betroffenheit aufwarten! Ihnen genügt der Glaube, ihr Geld wert zu sein. Es müsste eigentlich eine Lösung von außen kommen. Oder ändert sich etwas nur von innen heraus?
Der Crash vor einem Jahr , und jetzt Beginn der schwarzen Phase: MDK-Volltreffer, Zugabe gratis: biestige Rückenschmerzen. - Ohne Erkenntnisse der Ursachen. Zunächst. In Summe mit der demotivierenden MDK-Unverschämtheit Lebenswillen nun restlos gebrochen. Nur noch das 'Heulende Elend' in des Wortes wahrer Bedeutung. Also ging es nicht aufwärts mit der sogenannten Rehabilitation. Nein, gestörte Gefühlswelt - und schon kippt die

liebe Seele um - wie ein Kerze, die nicht sofort verlischt, deren Flamme weiter leckt in Richtung Hölle. Bis die Bude richtig brennt. Insgesamt also ein bekloppter und verwirrender, für manchen Oberhirten aber wohl nur lästiger Reha-Verlauf; was Großkopfeten natürlich 'am Arsch vorbeigeht'. Also suche ich nach Änderung, grüble, sinniere, schreibe – und doch wird sich kaum etwas ändern. Alles nur für die Katz! Okay, Schreiben ist wie gesagt auch Entlastung. Doch wer will das lesen. Wer soll das lesen? Soll es überhaupt gelesen werden? Wen interessiert Seele schon – kaputt oder nicht! Geld, Gewinn, Siegen, Spass: Das ist Leben pur!

SIE hat in dieser Phase nicht mal mehr was von jener Wut in sich. Nur Hängen. Müdigkeit. Mittagsschlaf, schlafen, was eigentlich kein Schlaf ist, sondern mit Tabletten das Verdrängen des schmerzenden Rückens. Zwischendurch quälen. Toilette. Ich bringe den Stock, SIE stolpert los. Nach dem vierten Schritt bricht SIE zusammen und fällt gegen die Brüstung des Fensters. Schneller als ich zugreifen kann. Das betroffene Bein bricht einfach weg. Fünfter und ein richtiger Sturz. Zittern am ganzen Körper. Ich richte SIE mühsam auf, führe SIE zum Bett zurück. Dort stammelt SIE weinend: „Wir sind Kämpfer."

Ich nicke schwach: „Zumindest reden wir es uns ein."

„Nein, du kämpfst doch", sagt SIE mit Nachdruck. „Wir sind Kämpfer. Ich wollte schon paar mal aufgeben. Und doch bin ich froh, dass ich nicht aufgegeben habe."

Ach, nein, schimmert die alte Art ihres Lebenswillens doch noch etwas hindurch? Trotz starker Schmerzen. In zunehmendem Maß – im Nacken, im Rücken, betroffene Körperhälfte. Immer mehr Schmerzmittel. Doch Betäubung nur wenige Stunden. Die Lage nicht hoffnungsloser als vorher, aber permanent bedrückend. Man mimt Optimismus und weiß doch: Es ist, wie es ist. Und was daraus wird ... Und irgendwann die psychische Krise. SIE redet nur noch vom gemeinsamen Suizid. Es ist fast unmöglich, gegen ihr Ansinnen anzukämpfen. Doch SIE will nicht mehr. Psychisch absolut unten. 'Fertiger' geht es gar nicht. Und ich lasse es laufen, wie es läuft. Kann nicht schlafen. Schmerzen links. Der Stent? Ein Zahn? Was spielt sich da ab? Und die Kosten. Und wieder irgendwelche Pillen – nein! Mein Denken nähert sich einem gezielten Doppel-Suizid. Kein Kurzschluss. Nein, dem peinlich schmerzlichen Dahinsiechen früh genug einen Riegel vorschieben. Sich der Angst falscher unzureichender Behandlung entziehen.

Und ich habe wirklich geglaubt, unser Schiff durch alle Klippen, durch die ganze politische Scheiße hindurch irgendwann ans sichere Ufer steuern zu können.

SEELISCHE ALBINOS?

Vielleicht sind unser beider Seelen so was wie entartet? 'Schwammig', unfähig, Härten des Schicksals wegzustecken. Haben vielleicht unsere ungezählten Diskussionen über den Sinn menschlichen Lebens, über die Seele und ihre Bedeutung für Lebensqualität zu krankhaft ausgeprägten Empathie-Strukturen geführt? Seelische Albinos vielleicht? Oder ist unsere Art der Seelen-Sicht die normale Menschlichkeit? Das, was die Masse der Normalbürger grundsätzlich empfindet und lebt, durchaus eingeschlossen Stimmungsschwankungen, mal leichter, mal schwerer verdaubar. Mit Wünschen und Sehnsüchten gespickt. Und unsere Seelen nicht resilient genug?

Unsere Seelen von resilienten Typen absolut unverstanden? Typen mit krankhafter Sucht nach Geld und Macht, was zwangsläufig sozialen Erfordernissen das Wasser abgräbt. Und was steckt dahinter: vielleicht tatsächlich Empathie-Defizite? Wiederum als Folge seelischer Defizite? Wie sagte mal jemand: 'Unter seelischer Belastung hebt jeder sein Mitgefühl nur für sich selbst auf'. Und wer ist befallen von diesem würgenden Schleimpilz: nur eine Minderheit? Jene Robusten, als Sieger Beneideten, und doch die mit verdammt mageren Gefühlswelten Geschlagenen? Also hoch das Motto: Den Starken die Lust, den Schwachen der Frust? Lebensrecht allein für Rücksichtslose, denn alles andere kostet ja nur!?

Und selbst wenn wir – SIE und ich - mehr Empathie als üblich in uns hätten – so viel wie ungezählte andere der sechs Milliarden Typen dieser Welt vermutlich (vielleicht sogar die Mehrheit) – in welchem Gesetzbuch, in welcher Bibel steht, dass damit gleichzeitig der Anspruch und das Recht auf humane Behandlung verwirkt ist? Also nur robusten Gemütern Lebensqualität zugestanden wird, Erlaubt wird, Leben zu bestehen und zu genießen? Gewiss, Mehrheit entscheidet. Und die Mehrheit ist ja seelisch so verdammt robust, nicht wahr!

Oder tut die Mehrheit nur so? Und deshalb mit Klienten überhäufte Psychotherapeuten?

Vielleicht also ist es doch sinnvoll, den psychologischen Krempel, die Seelen-Pampe (Ignoranten-Sprachschatz) zu thematisieren? Nun ja, es gibt tatsächlich gebildete Menschen, die Johannes Heesters einstens vorwarfen: „Wie kann er mit über Hundert noch auf der Bühne sitzen!" Unverschämt der Mann, am Beruf zu hängen, nicht wahr! Löffel abgeben ist schließlich erste Altenpflicht! Oder?

Okay, SIE und ich leben! Wenn auch gegen den Strich. Gegen die uns eigenen Bedürfnisse. Genau genommen *vegetieren* wir also nur: SIE wegen ihrer körperlichen und seelischen Schmerzen; und ich vegetiere, weil von morgens bis abends nur funktional eingespannt. Und ich gebe gerne zu: Bei kleinerer Bandbreite meiner Empfindungsfähigkeit wäre vieles einfacher. Auch für SIE. SIE mit ihrer übergroßen Empathie ist letztlich dem seelenlosen Gesellschaftsbewusstsein zum Opfer gefallen. So wie mein Leben jetzt dem Druck dieses Lebens kaum standhalten kann. Selbst schuld also? Oder nicht? Aus unserem belasteten und ausgelasteten Leben wird wohl erst dann wieder ein normales, wenn SIE selbstständiger ist.

Doch diese Entwicklung stagniert, ist eher rückläufig. Schwer verdaulich für mein Gemüt, neben der Tatsache, dass für eigene Bedürfnisse so gut wie keine Zeit bleibt. Immer wieder dringende Arzt-Besuche. Ihre Ärztin (die ausgewechselte Hausärztin) bringt es bald auf den Punkt: „Sie sind eigentlich Ihre Frau."

Ich nicke: „Zumindest in diesen zehn Minuten hier in der Praxis".

Doch bei genauem Hinsehen sind es eben nicht nur zehn Minuten, weitaus über zehn Stunden pro Tag, da ich nicht mehr ich bin. Und das zehrt. Ja, zum Teufel ihre verfluchten Schmerzen! Morgens, mittags, abends. Rehabilitation. Und ich schreibe hier nicht von körperlichem Missempfinden, sondern von Schmerzen, die Leben zur Hölle machen; Wohlfühlen auf Minus 100 drücken.

„Da kommen mir nun mal suizidale Gedanken", presst SIE in solchen Phasen heraus. „Was habe ich in meinen Referaten den Leuten erzählt: Niemand muss unter Schmerzen sterben. Und ich muss mit diesen Schmerzen leben. Wie lange noch?"

Selbstmitleid oder Selbstaufgabe? Nachdenken oder gedankenlos urteilen? Und der nächste Tag: Schmerzen und wieder Schmerzen. Und SIE ist so tapfer, dass SIE – um mich zu schonen – die Schwere dieser Last verniedlicht.

Und das alles war mehr als Sex. Es war die Fähigkeit, ihre Innenwelt zu empfinden, ein Teil davon zu sein. Die jetzt so schmerzhaft wird, als würde mein Körper durch diese Last ächzen. Logisch: Körperlich empfinde ich das nicht. Aber meine Gefühlswelt kann sich nun mal nicht herauslösen aus IHREM Leiden. Verflechtung zweier Seelen. Und solche Verschmelzung kann auch ein Seitensprung vermutlich nicht wirklich zerstören, weh tun ja, aber die Beziehung nicht zerbrechen. Nur Äußerlichkeiten lassen sich wohl problemloser trennen.

Der letzte Sonntag in diesem verfluchten Monat November, früh am Morgen: SIE ist durcheinander. Merkwürdig. Die Schmerztabletten dämpfen offenbar mehr den Verstand als die Schmerzen. Denn eine Reihe von vergessenen Alltagsaufgaben: Toilette, Zeit, Körperpflege. Was zuerst? Ich habe das Gefühl, als breche alles um mich herum zusammen. Kurze Pause – Notsignal. SIE sitzt auf der Bettkante: „Ich habe so Schmerzen!" Ist SIE wehleidig geworden? Wäre im Grund kein Wunder: Wenn alles so schwer fällt. Jede Bewegung, jeder erforderliche Griff. Und jede dieser Negativ-Meldungen schneidet ein Stück Energie auch aus meinem Körper. Ich breche zwar nicht weg wie vor einem Jahr durch den Infarkt. Ich werde abgeschliffen. Schicht für Schicht werden die das Gemüt schützenden Hüllen abgetragen. Und es baut sich eine Art Wut in mir auf. Nicht gegen SIE, aber gegen ihren Zustand. Seit Wochen. Schmerzen. Scheiß Rehabilitation: ein einziger Brei aus Schmerzen?

Und dann denke ich am Ende dieses Monats zum ersten Mal und zwar ernsthaft, dass der Tod vor einem Jahr besser gewesen wäre. Ihr wären viele Leiden erspart geblieben. Ich weiß, dass solche Gedanken nicht okay sind. Doch ihre Schmerzen sind so intensiv, dass SIE nur noch wimmert. Das ist kein Leben. Jedem Tier würde man den Gnadentod geben. In meiner Brust jedenfalls rumort es enorm – denn ich kann ihr außer einer weiteren Schmerztablette nichts geben, nichts von ihrem Elend nehmen.

GG Art. 2.2: *'Jeder hat das Recht auf Leben und körperliche Unversehrtheit'*. In dieses Recht *'darf nur aufgrund eines Gesetzes eingegriffen werden'*. Und Psyche unverwundbar – grundsätzlich, oder? Und es gibt kein Gesetz, das gesunde Machtmenschen berechtigt, dieses Grundrecht einzuengen, zu beschneiden, manchmal sogar zu ersticken. Doch sie tun es. Noch nehmen sich etliche 'Arschlöcher' das Recht heraus, unsere Last zu erhöhen. weil sie dem Geld mehr Rechte zugestehen als der Seele. Der Würde. Kurzsichtige, habgierige Entscheidungsträger, die dem Kapital höhere Werte einräumen als dem Grundwert der Menschen. Fragwürdige Eigenarten, von denen es heißt: Das ist menschlich, Dass damit Rücksichtslosigkeit salonfähig gemacht ist, wird übergangen. Wer seine Eigenarten auf Kosten anderer auslebt, verstößt zwar gegen Kants ethische Grundnorm[*] [Erlaubt ist, was Unschuldigen nicht schadet: *Philosophie auf Volksmund-Art, in der Hoffnung, dass die Verdrehung Kantscher Intelligenz niemanden erbost*]; aber so viel Freiheit muss sein, meinen jene Ausbeuter wohl. Und dazu die Glückschmiede-Parole, und das Leben dreht sich weiter. Mit oder ohne Schmerzen.

Ein leidvolles Jahr liegt hinter uns. Ein Jahr Kummer. Ein Jahr Enttäuschungen, Rückschritt, Stillstand. Verzweiflung. Und doch auch die zweite Seite: auch ein Jahr Leben, auf irgendeine Weise. Nicht immer glücklich – nein. Doch auch ein Jahr tiefer Empfindungen. Ein Jahr Blick in IHRE Augen. Ein Jahr ihr Lächeln – immer wieder mal. Wie wäre das Jahr ohne SIE gewesen? All das Gute wäre nicht 'erlebt' worden. - Ohne ihre Liebe! Ohne Liebe überhaupt?

Andererseits – wie viel lässt der scheißgraue November an Leben noch zu? Denn es tut sich nichts mehr mit ihr, jedenfalls nichts, was das menschliche Hirn erkennen kann. Und wenn nicht Verzweiflung, so doch wachsende Resignation. Überstrapazierte Nerven. Und es bleibt vielleicht nicht mal mehr die Kraft für die Vorbereitung des Finales, um das Schiff so gegen den Felsen zu fahren, dass es mit 'Mann und Maus' zerschellt.

Wir – zwei Menschen, die keinen Krieg angezettelt, die andere nicht ausgebeutet, die hart gearbeitet und sich für die Folgen versichert haben, die ihren Lebensabend nur menschenwürdig leben wollten (wie die Mehrheit der Menschheit) – wir sind am Ende.

---

[*] Der Inhalt des kategorischen Imperativs als Grundprinzip der Moral lässt sich laut Kant allein aus der Vernunft herleiten. Klar, der Mensch ist zwar vernunftbegabt, aber nicht allein durch Vernunft motiviert – wie die Hirnforschung heute weiß: die Gefühlswelt motiviert oder demotiviert.

Weil eine Seelen verachtende, psychisch kranke Minderheit diese Welt zerstört.

Oder sind <u>wir</u> die tatsächlich lebensunfähigen, die unwürdigen Kreaturen? Ist nur Elite-Arroganz (in allen Ebenen) das allein wahre Leben? Darf nur diese Überheblichkeit auf dem Meer der Ignoranz von Psyche (Arbeitsplatzverluste, Frust, Süchte) lustvoll segeln?

VERBOTENE GEDANKEN

Ergo Psyche zisch und weg! Auslöschen. Kochend Wasser uff Empathie! Vadampfen den Schiet von Seele! Zak, zak, Warmherzigkeit raus, aba dalli, hoher Herr! Und schon biste richtig lebensfähig, hallelujah! Denn jeder kann, logo, er muss nur wollen, det Glück selba knetn. Jaaa, okay, ausjesprochen Pech, wer in eim vasüfften Elternhaus uffwächst. Aba ehmt selba Schuld. Keene Frage.

Wie viele Zeitgenossen teilen wohl das Denkmuster des Raubrittertums der kapitalen Welt? Was lässt elitäre Raubritterhirne zu Eis erstarren? Welches Wahrnehmen, Denken, Verhalten lässt menschliches Hirn in gedanken- oder rücksichtslose Eiseskälte abrutschen? Gene, Prägung, epigenetische Festschreibung? Oder nur Schicksal oder Erziehung? Oder das Bündel daraus? Und zu welchen Anteilen und Art? In welcher Qualität die Unzucht? Wie viele von dieser Art müssen erst mit der Nase in den Dreck fallen, ehe sie begreifen, dass auf schlechtem Boden keine guten Früchte wachsen können. Oder hilft auch das nicht? Vielleicht dient der christliche Gedanke des Miteinander auch nur dazu, die (Schein)heiligkeit (vermeintlich) Starker geschickt herauszustellen, zu kaschieren? Das Verhalten jener Wesen, die ohne Eigenleistung in Entscheidungsträgerschichten hinein geboren werden, sich elitär dünken, ohne Elite zu sein, und sich entsprechend gekonnt daneben benehmen. Gewiss boxen sich gelegentlich auch etliche von selbst nach oben und profitieren von solchem Verhalten. Also vom Boxen – was ja nicht jeder kann. Besonders im Krankheitsfall nicht. Und wenn das Innenleben die das Verhalten bestimmende Rolle spielt – wie Neurowissenschaftler meinen, dann beginnt Krankheit wohl schon an anderer Stelle als erst bei gebrochenen Knochen.

Wenn du verstehst, Herr! Teufelskreis vafluchta: ßu viel Mitgefühl, ßu viel krank ehmt. Ergo wie jesagt, vadampfn det Mitjefühl! Oda bessa: Löffel von det Pack weg – je früher je besser? Ehmt derowejen keene Lebensberechtigung. Un üba sowat wie de Trennung von Liebe alias Gott quasseln, warum – nö, nüscht! Bringt nix.

Nur die wenigsten oben in den Entscheidungsebenen – auch wenn sie besten Willens sind – sehen, erkennen wirklich, wie z.B. wegen Personalmangel auf eine schwer erkennbare Weise mies die Schwachen in manchen Heimen oder Kliniken behandelt oder durch Arroganz in den Sozialstellen abgefertigt werden. Elitäre Menschen, die das Sagen haben, aber nicht wirklich sehen oder sehen wollen (wie das vorhersehbare große Chaos Bahnhof Mainz 2013; dämlich kurzsichtige Personalplanung und - Arroganz mit Possenwirkung). Im Gesundheitswesen unerträglich.

Aber wen der Entscheidungsträger interessiert schon wirklich, dass die MDK-Bombe, jenes geistig gestörte bürokratische Bewusstsein, das endgültige AUS war für Sie, für uns. Nervlich, psychisch. Dass wir seit Herbst 2006 in einer permanenten Ungewissheit schwebten, wen kümmert's. Wir hatten keine Hoffnung mehr, keine Ziele mehr.

Quatsch – natürlich hatten wir Ziele, es deutete jedoch nichts darauf hin, dass noch irgend etwas zu erreichen war. Nach all dem Bürokraten-Schlammassel, dem Grün-Tisch-Denken, der rotzigen Kälte aus arroganten Herrscher-Hirnen, unfähig oder unwillig, Leiden zu erkennen.

Ein selbstgerechter junger Mann mit Tannenbaum unterm Arm hilft einer alten Frau, die einsam am Straßenrand steht, über die viel befahrene Straße, indem er die Widerstrebende unter den Arm fasst und forsch los marschiert. Auf der anderen Straßenseite geht der Mann zufrieden mit sich davon. Und die Frau winkt verzweifelt dem davon fahrenden Bus nach, auf den sie auf der richtigen Straßenseite eigentlich gewartet hat. Wie ist das Verhalten des Mannes zu bewerten: Nächsten-Liebe? Hilfsbereitschaft? Aktionismus oder gar Machtmissbrauch? Was fehlt in diesem Verhalten, dargestellt in einem bekannten Werbespot? Zunächst doch mal die Erkenntnis des Mannes, dass er falsch gehandelt hat. - Wie bitte? Falsch? Warum? Warum hat er falsch gehandelt? Er hat doch geholfen.

Nein, er hat nicht, er hat seinen Willen durchgesetzt - gegen den Willen der Frau. Fehlendes Einfühlungsvermögen, zu wenig Taktgefühl (nach Bedürfnis fragen), deshalb Unverantwortlichkeit – alles Verhaltensweisen der Macht.

Die Frau hat sich zwar gewehrt, aber der junge Mann hat es nicht erkannt und war stärker. Also muss die Frau weiter in dem Schmuddelwetter warten. Den Schwachen bleibt oft nur das Warten, was durchaus mit Hoffen verwandt ist. Vielleicht ändert sich doch noch was?

Wie das *Warten auf Godot**). Warten, bis sich der 'Meister Sachbearbeiter Krankenkasse' herablässt, auf meinen Widerspruch zu reagieren, um wenigstens das Gefühl ins Leben mitzunehmen: Die von unseren Beiträgen Lebenden bemühen sich um eine vernünftige Lösung für uns, die Geschlagenen. Nun ja, der Meister hat das Sagen. Warten also. Warten. Und immer wieder warten. Auf was? Was hat sich denn seit eh und je schon wirklich geändert? Die Methoden, ja natürlich, die sind um einiges feiner, subtiler geworden.

---

*) Bühnenszenen über ein Verhältnis von Herr und Diener. Uraufgeführt, Januar 53, Paris. - Pozzo, reich, mächtig, tyrannisch. Lucky der unterdrückte Diener, der für seinem Meister denkt und handelt und ihm alles beigebracht hat. 'Eine Beziehung zwischen Wesen und Sein, Materiellem und Spirituellem', so ein Kommentar.

Denn Korruption, politisches und kommunales Versagen gab es auch vor hundert Jahren schon (und schon immer. Im großen Stil z.B. 'Sklarekstadt' Berlin, S. 189 Gauner, Künstler, Originale). Früher vielleicht deutlicher erkennbar. Heute ist vieles gekonnt verschleiert, dennoch alles schon mal dagewesen.

Siehe Liste der Whistleblower. Schon Luther wurde genau genommen für sein Engagement, einen Missstand deutlich zu machen, bestraft. Und noch heute darf ein Christdemokrat jene Menschen, die sich gegen politische und bürokratische Unbillen von allgemeinem Interesse wehren, ohne Aufschrei aus der Bevölkerung als Denunzianten beschimpfen.

Menschen, die Misstände sichtbar machen, werden bestraft. Macher dagegen – ob aus Kirche, Politik oder Wirtschaft – die dem Gesellschaftssystem Schaden zufügen und tatsächlich Kriminelle sind, werden geschont. Merkwürdiges Bewusstsein – und jede weitere Argumentation dazu nur lästig. Also Ende. Schluss! - Nur nichts ändern am Bewusstsein! - Weitermachen wie bisher, klar!

Uns blieb jedenfalls nichts anderes übrig, als mit den Möglichkeiten, die wir noch hatten, irgendwie klarzukommen mit dem Rest des Lebens. Und was dieses 'Weitermachen' uns noch alles beschert hat – über die Jahre danach: 2007 bis .... warum sollte das jemand lesen wollen?

Viele von uns Normalos leben zwar auch unter der Knute jener, die selbstherrlich entscheiden, nur das eigne Wohl im Auge - oder das der Partei, der Kirche, des Betriebs. Jene Entscheidungsträger (aus allen Schichten) interessiert die Allgemeinheit wenig, obwohl Entscheidungsträger der Allgemeinheit verpflichtet sind. Diese Ignoranten sind die GAUNER DER MACHT, die sich oft Elite nennt und doch nur Elniete ist.

Doch die Mehrheit der Bürger lebt ja (duldend) gut. Und die Schwachen … jeder ist doch seines Glückes Schmied. Und nur nicht daran denken, dass manche schmieden und schmieden, von morgens bis abends. Und nachts. Und das Schicksal schlägt dennoch immer wieder zu. Zugegeben: Bei vielen ist es Unkenntnis von der Bedeutung der Psyche. Doch bei anderen – und das sind zu viele - steckt Böswilligkeit dahinter. Bewusster Einsatz ihrer Macht. Missbrauch. Durchsetzt von Lügen und bewussten Täuschungen. Man will gar nicht korrekt kontrollieren: Manko, im System installiert. Das System ist so durchwirkt von Unehrlichkeit, dass man schreien möchte. Geschäft über alles. Über jede Menschlichkeit hinweg. Namhafte Sportler können sich zwar lahmgelegten Hirnarealen anderer noch entziehen, Kranke nicht.

Natürlich haben wir – SIE und ich und die Tochter – geschmiedet. Es zumindest immer wieder versucht. Tochter Fuß gebrochen, zusätzlich zu MS. SIE Osteoperose, COPD, Muskelschwäche usw. So ist das Leben – bei vielen. Jeder hat sein Kreuz, gar keine Frage.

Und außerdem: Es war schon immer so, ja.

DOCH WER DIE WURZEL NICHT ZU HEILEN SUCHT ...

… wird den Wipfel kaum retten. Und 'Heilung' ist durchaus möglich, denn

> *... das Gehirn lernt permanent.* Prof. Frank Rösler, Marburg, DAS MANIFEST, 2004: *... Natürlich ist die funktionale Struktur des Gehirns nicht bei jedem Menschen gleich. Sie hängt ab von den genetischen Anlagen sowie der individuellen Lerngeschichte - und sie ändert sich ständig: Das Gehirn lernt permanent...*

Die Plastizität des Hirns bringt es also durchaus fertig, lahmgelegte Areale auf Umwegen wieder zu aktivieren. Ein Prozess, zum Verzweifeln langsam; dennoch ist Umdenken möglich, ein gesundes Bewusstsein erreichbar ...

> ... denn **GEWALTVERHALTEN IST ANERZOGEN**
> In der Apotheker UMSCHAU 1. 9.13 wird gefragt:
> **Können wir MITGEFÜHL wie einen Muskel trainieren?**
> Laut einer in dem Fachmaganzin *Psychological Science* veröffentlich-
> ten Studie ist das möglich: Zwei Wochen lang Training, täglich 30 Mi-
> nuten Mitfühlen im Sinn einer buddhistischen Meditation (äußere Im-
> pulse), und in den Hirnregionen der Probanden wurden höhere Aktivi-
> täten in den Bereichen gemessen, die am Mitgefühl beteiligt sind.
> Nachgewiesen per Kernspintomographie. Und die Probanden zeigten
> mehr uneigennütziges Verhalten als eine untrainierte Gruppe.

Bei aller Skepsis Studien gegenüber: Diese Studie bestätigt jene
Beobachtungen und Erfahrungen, die in dem Projekt GAUNER
DER MACHT anhand eines Frauenschicksals analysiert, hinter-
fragt, erläutert werden: das scheinbar normale Gewaltverhalten ka-
pitalisierter Gesellschaften – psychische auch subtile oder strukturelle Gewalt genannt.

Ein Gewaltverhalten, das tatsächlich anerzogen wird (die wahre
Unzucht) durch ein krankes kulturgesellschaftliches Bewusstsein.
Denn logisch: Wenn Mitgefühl trainierbar ist, dann ist auch Hass
trainierbar. Was positiv in Hirnstrukturen wirkt, kann auch negativ
wirken! ORBITALER KORTEX (die Ratio) hin oder her. Man
unterschätze bitte das Gefühlsleben nicht, auch wenn *die mittlere
Organisationsebene des Gehirns* (DAS MANIFEST) noch wenig
erforscht ist.

Ein gesundes Bewusstsein ist erreichbar - allerdings dann nicht,
wenn 'seelische' Steine aus Unwissenheit und Arroganz, Ignoranz,
mangelnder Transparenz und Gefühlsarmut Betroffenen oder allen
Gutmütigen permanent in den Weg gelegt werden – von denen,
die Geld haben. - Die also über Macht verfügen, was jedoch selten
gleichzeitig verantwortliches Können bedeutet. Leider!

BUCH III

Irgendwas läuft schief in der Welt

SIE – eine von vielen:
Hirnschlag – dicht am Exitus -
und die Versorgung danach inhuman

Zwei Weltanschauungen im Clinch:
RENTABILITÄT und HUMANITÄT.
Und noch beherrscht das Geld die
NATUR DES MENSCHEN

Leseprobe:

HORROR-JAHR 2008

Sollte jene gedankenlos verletzende Arzt-Bemerkung aus X - *'Das wird nichts mehr'* - letztlich recht behalten?

2008 ein grauenhaftes Jahr jedenfalls: Noch im März sagte SIE zwar: „Das weiß ich: Wenn ich die Bronchitis weg habe, dann habe ich noch ein lebenswertes Leben, denn ich kann die Folgen des Schlaganfalls noch korrigieren."

Doch dann Höllennächte und – Krankenhaus: Horror-Jahr.

Klappe: die ERSTE - Atemprobleme.

Nach diesem Klinik-Aufenthalt ohne Rollstuhl nichts mehr. 14. April wieder 'Fortschritt', der zwischen zwei Blätter Papier passt. 26. April erneut Reizhusten. Wieder Inkontinenz-Probleme, wieder ein Hammerschlag auf ihre Psyche. 02. Mai: eine halbe Stunde lang krampfartige Erstickungsanfälle, Stöhnen, Rasseln der Lunge, knallroter Kopf. Von den Angst überflutenden Nächten mal abgesehen: Ersticken oder nicht? Erst ein Kribbeln im Hals, dann funktioniert das Atmen nicht mehr, akute Luftnot. Der Kopf fast rot wie ein Tomate ... Krankenhaus – die ZWEITE ... usw..

Wer von den Verantwortlichen der Gesundheitsreform solche Nächte kennen und trotzdem die prophylaktische medizinische Versorgung bewusst kürzen würde – bzw. den Ärzten die rechtzeitige Verschreibung von wirksamen Medikamenten subtil erschweren würde, der kann nicht anders als unmenschlich bezeichnet werden. Und das ist noch viel zu schwach. Denn bei genauem Hinsehen ist es ein Verbrechen gegen Menschen- und Grundrechte. Leider mit dem Handicap, dass keiner der Verantwortlichen dingbar zu machen ist. Denn Absicht – natürlich nicht. Gestörte Wahrnehmung in solchen Köpfen jedoch garantiert: Augen, Ohren, Gefühle dicht (Alexithymie?). Kaum einer der Verantworttlichen dürfte Ähnliches durchlebt haben. Dazu der übliche Trick des Aussitzens, Elite-Dünkel, ohne Unrechtsbewusstsein, Ignoranz des Psychischen, Gewissen unbelastet. Sieger-Formel: Den Reichen immer mehr, denn nur Leistung kann belohnt werden.

Und die finanzielle Seite dieser politischen Kurzsichtigkeit: Statt vielleicht hundert € für vorbeugende und heilende Erkältungsmittel, nach wenigen Monaten der vierte Krankenhausaufenthalt, durchschnittlich fünf Tage a mindestens € **100.-** pro Tag; und das 'nur' für die Verschleppung von Atemwegsproblemen. Dämliche Folgekosten, die ja nicht Elite tragen muss. - Jeder ist seines Glückes Schmied. SIE hat mühsam versucht, IHR Glück entsprechend der Möglichkeiten zu schmieden, und ist von elitären Entscheidungen ausgebremst worden. Wahrhaft kluge Elite-Leistung!

Der dritte Teil des Projekts GAUNER DER MACHT dreht sich um die Tatsache, dass SIE - hätten wir Angehörigen SIE der alexhithymen Reha und Bürokratie überlassen – seit Jahren nicht mehr bei uns wäre …tot also, vermodert...

*Das Projekt rekonstruiert, analysiert, reizt zum Nachdenken. Und jedes Buch dieses Projekts auch ein WUTBUCH *).*

Denn die wahren Schuldigen unser christlichen Gesellschaft konnten bisher nicht zur Rechenschaft gezogen werden. - Noch nicht. Vielleicht irgendwann … wenn Zeit genug bleibt … oder nie? Christliche Welt …

*) im Sinn des WUT-Buches SCHLECHTE MEDIZIN, Dr. med. Frank, KNAUS

Weitere Bücher von jm olbrich:
Ebenfalls bei BoD erschienen das WUTBUCH
Gauner der Macht I - Seelenmorde
DENN LIEBE TICKT ANDERS
ISBN 978-3-8482-2232-2
Das Weltbild eines Menschen aus der Kategorie Normalbürger. Ein Weltbild in dokumentarische Erzählung gefasst.
Ein Weltbild, das möglicherweise die Wahrheit trifft

ab 16

Diskussionsschrift

DIE SÜNDE DES VATIKAN
Ebook
ISBN 978-3-7309-3372-5
Eine Kurzfassung neurophysiologischer Hintergründe von unverantwortlichem Machtverhalten

ab 16

Jugendbuch

GEFRESSEN WERDEN
DIE KINDER
Dürr und Kessler
ISBN 3-8181-6022-8
Schauplatz Breslau 1945.
Der II. Weltkrieg ist zuende. Es geht um das blanke Überleben von polnischen und deutschen Kindern
ab 10